◆ 2019年度河北省社会科学重要学术著作出版资助项目

乔治·米德符号自我理论研究

冯月季 著

燕山大学出版社
·秦皇岛·

图书在版编目（CIP）数据

乔治·米德符号自我理论研究/冯月季著. —2版. —秦皇岛：燕山大学出版社，2022.1
ISBN 978-7-5761-0284-0

Ⅰ．①乔… Ⅱ．①冯… Ⅲ．①符号学一研究 Ⅳ.①H0

中国版本图书馆 CIP 数据核字（2022）第 000640 号

乔治·米德符号自我理论研究
冯月季 著

出 版 人：陈 玉
责任编辑：孙志强
封面设计：朱玉慧
出版发行：燕山大学出版社
地　　址：河北省秦皇岛市河北大街西段 438 号
邮政编码：066004
电　　话：0335-8387555
印　　刷：英格拉姆印刷(固安)有限公司
经　　销：全国新华书店

开　本：700mm×1000mm　1/16　　印 张：18.25　　字 数：270 千字
版　次：2022 年 1 月第 2 版　　　　　印 次：2022 年 1 月第 1 次印刷
书　号：ISBN 978-7-5761-0284-0
定　价：52.00 元

版权所有　侵权必究
如发生印刷、装订质量问题，读者可与出版社联系调换
联系电话：0335-8387718

前　言

"自我"是什么，似乎每个人心中都有一个关于自我的观念，然而正如奥古斯丁在《忏悔录》中回答什么是时间一样，当没有人问起什么是自我时，我们倒有一些模糊不清的自我观或自我感。然而当真正回答什么是自我时，每个人便开始有些茫然了。

卡西尔说："认识自我乃是哲学探究的最高目标。"[1]蒙田也认为认识自我是世界上最重要的事情。在哲学思想领域，从奥古斯丁的"自我之谜"，经由笛卡尔的"我思故我在"，一直到现象学—存在论的"我在故我思"，都在认识自我的问题上着墨颇多，却仍旧在什么是自我的问题上争论不休。

在符号学家们看来，认识自我最好的方式就是把自我看作一个符号。皮尔斯、卡西尔、列维-施特劳斯、艾柯等人都从不同的角度说明了自我的符号特征。本书的研究对象——乔治·赫伯特·米德的自我理论，不仅摆脱了在哲学领域"唯我论"的不足，将自我看作是社会性的产物，而且将自我看作是一个秩序和结构并存的符号。

具体来说，这里的社会性包括两个层面的意思：其一，米德是一位现代社会契约论者，只有基于人们达成社会契约的普遍接受原则基础之上，自我的本质才能显现出来并得到他人的承认；其二，自我在旧的社会系统与新的社会系统转换过程中的调试关系。它既表明了自我只有在与他人的交往中才能存在，同时也表明，自我的存在与他人的自我具有主体间性的关系。从几个方面来看，自我的特征都与符号的表意结构具有相似性。自我既是使用符号的主体，同时自身也是参与社会交往的符号。

---

[1] 恩斯特·卡西尔：《人论》，甘阳译，上海：上海译文出版社，1985年版，第3页。

自我作为一个能够传达和解释意义的符号，是一个充满弹性的结构，而非笛卡尔意义上的心灵实体。正如米德所说的自我是一个符号过程，既然自我作为一个符号过程，而符号的意义一直处在动态的衍义和变化之中，由此也就否定了主体哲学领域绝对永恒自我的观念。

作为符号的自我要想有意义，就必须置于社会交往的状态，符号自我的另外一个特征是它的自身不完备性和有限性。在哲学领域，哲学家们一直试图从心灵内部出发认识自我，大都陷入了各种困境。作为符号的自我，必须认识到意义的社会交往本质，自我不能完全阐释自身，必须与社会上的其他符号自我发生交往关系，才能在自我超越中不断认识自身。正如萨特所说的，自我就像冰箱里的那盏照明灯，需要有人打开冰箱门才能看到灯的光亮。

将符号自我看作一个弹性的表意结构，强调的是符号自我的各种可能性和偶然性，在对自身表意肯定和否定序列之上的超越性。但同时我们也应当看到，符号自我除了结构上的偶然性和可能性，自身还存在秩序的稳定性和规范性，前者对应的是符号自我的"主我"，后者对应的是符号自我的"客我"以及"广义他者"。

三个部分构成了符号自我的三元特征，即社会上的每一个符号自我都是这种三元模式，没有谁比谁的出身更优越，身份平等应当植入每个符号自我的个人信念之中；在缔结的社会契约关系中，只有身份上的平等，每个人才能在具有普遍性的规则下行使自由，并且获得独立自主的地位。符号自我为建构民主社会提供了一种有益的自我研究模式，它同时反对向下还原的社会达尔文主义以及向上还原的新黑格尔主义。[①]

本书包括七章内容，此外还包括引言、结语、参考文献等。

第1章对米德的自我理论研究进行综述。首先回顾了米德的学术生平以及著作，从米德所处的时代背景和学术之路分析米德自我理论演化的内在逻辑；其次梳理了米德学术的国内外研究现状，并且分析了国内外研究现状的不足；本章结尾提出了米德自我理论的研究视角。

第2章从意识、心灵以及符号三个方面之间的关系分析米德的心灵自我。米德首先批判了行为主义当中否认意识存在的观点，米德认为意识是与经验

[①] 诺伯特·威利：《符号自我》，文一茗译，成都：四川教育出版社，2011年版，第176-226页。

前　言

共生的，经验形成于有机体意识与环境的交互作用。意识不但是存在的，而且人还有自我意识，自我意识的主要特征在于具有自反性。

心灵也与经验有直接的关系，它不是笛卡尔意义上的封闭心灵实体。米德认为："心灵是经验当中的一部分，个体在经验的一系列可能行为的表现中成为自身的对象，这种表现是通过过去经验的心理意象发生的，而过去的经验和心理意象是基于个人过去的经验和态度。因此，与依赖感觉经验一样，这种心理意象依赖有机体的结构和功能。"[①]

心灵和意识所具有的自反性智力具有创造符号和符号系统的能力，这是人与动物的主要区别，依赖表意的符号我们得以相互交往，自我的存在就是符号化的存在。

第3章主要从语言符号方面分析米德的语言自我。米德首先反驳了语言起源的模仿说与情绪说，认为语言符号是在社会情境中通过后天习得形成和发展起来的，其中伴随着非语言符号的形成；米德将语言看作是一种社会符号，看作是一种社会组织原则，语言使得独特的人类社会成为可能。

从米德关于语言符号的社会性观点来看，他最早提出了言语行为理论的框架，并将米德的言语行为理论分别与维特根斯坦及牛津学派进行比较。语言符号的形成为符号自我提供了理性社会交往的可能性，但是米德语言符号交往只分析了交往的后果，缺乏对语言符号意义解释过程复杂性的分析，某种程度上，哈贝马斯弥补了米德理论的不足。

第4章主要分析符号自我的主体间性特征。首先列出米德关于符号自我的三组关键概念，分别是"主我、客我""角色扮演""广义他者"，并且回顾了哲学史上自我主体间性的研究路径以及困境；在此基础上，米德的符号自我开启了自我主体间性研究的转向，从符号互动、解构先验自我、内心对话、自反性等几个层次分析了米德自我主体间性的概念。

第5章主要分析米德的时间自我。时间性在米德的自我理论中是一个很重要的部分，《现在的哲学》就是一本米德关于时间研究的专著，遗憾的是，迄今为止学术界对其不够重视。本章首先回顾了思想史中对时间与自我关系的研究，然后阐述了米德的时间观。在对时间的理解上，米德与现象学—存

---

① David L. Miller, ed., *The Individual and the Social Self: Unpublished Work of George Herbert Mead*, Chicago: University of Chicago Press, 1982, p.177.

在论的"三维时间观"具有一致性，即都认为时间的过去、现在和未来构成了自我存在的立体结构。

同时符号的三元表意结构与时间的"三维结构"具有一致性，从时间的节点上来说，符号对应着时间中的"过去"，它是已经在我们的头脑中形成的观念；对象对应着时间中的"现在"，它是符号自我在当下所要面对的文本；解释项则对应着时间中的"未来"，即符号自我给予对象的释义。

本章结尾从时间性出发，比较了米德与主体哲学自我同一性的差别，主体哲学研究自我同一性分别从本体论和认识论出发，最后得到的不外乎是对自我同一性具有绝对必然性。米德认为自我同一性必须被看作是处于交往关系的变化的符号结构，意味着从超出主体自身的角度来理解自我同一性。强调自我同一性是基于认知和实践层面，因而符号自我的同一性不是由自身能完全决定。

第6章主要讨论符号自我与社群的关系。经典实用主义重视自我与社群的关系，特别是皮尔斯对社群的理解，并且说明了科学方法在自我进入社群关系上的重要功能；其次分析了社群中的符号规则，它们是构成社群中成员意义交往的符码。在传统符号学中，规则限定了符号的表意范围，符号意义受到符号规则的制约。而在米德看来，规则的制定者是人，因而人在规则面前具有主体性，掌握的符号规则越多，说明人拥有的自由越多；第三点分析当代社群主义自我观与新自由主义自我观之争，米德的符号自我理论反对两种自我观存在的还原论的倾向。

第7章主要阐述米德的道德自我。道德作为一种符号规则，常常显现为某种意识形态的符号；米德分析了道德论的三个层次：分别是功利主义道德论、理性主义道德论、实用主义道德论。功利主义认为道德是纯粹的外在符号领域，理性主义认为道德是纯粹的内在符号领域，米德认为道德是一种外在的符号领域，有时候它返回内在符号领域发挥作用，同样不具有绝对终极性；本章结尾分析了基于平等和自由等自然权利上的符号自我对于建构民主社会的重要性。这种平等和自由在长期的民主实践中内化为符号自我与民主社会的秩序，主要表现为以公共讨论和公共理性作为社会进步的基础。

目　录

引言 ... 1

第 1 章　文献综述 ... 4
1.1 米德学术成就与研究现状 ... 4
1.1.1 生平与著作 ... 4
1.1.2 学术成就 ... 7
1.1.3 研究现状 ... 10
1.2 米德自我理论的思想基础 ... 13
1.2.1 对机械论的批评 ... 14
1.2.2 从进化论到过程哲学 ... 17
1.2.3 实用主义 ... 20
1.3 本书的研究视角 ... 23
1.3.1 作为符号的自我 ... 24
1.3.2 米德论社会交往 ... 26

第 2 章　心灵自我 ... 34
2.1 米德的心灵哲学 ... 34
2.1.1 对笛卡尔心灵自我的反驳 ... 34
2.1.2 心灵的认知过程 ... 39
2.1.3 身心关系 ... 43
2.2 意识的本质 ... 48
2.2.1 意识与心灵的关系 ... 48
2.2.2 意识的运作过程 ... 52

2.2.3 自我意识与社会意识 59
2.3 米德的符号与符号自我理论 62
　　　2.3.1 姿态、态度与符号 62
　　　2.3.2 符号的意义及其功能 66
　　　2.3.3 自我如何成为一个符号 71

第3章　语言自我 75

3.1 语言的产生机制与功能 75
　　　3.1.1 语言的起源 75
　　　3.1.2 语言的产生机制与功能 79
3.2 米德与言语行为理论 84
　　　3.2.1 私人语言与语言本体论：维特根斯坦与米德 85
　　　3.2.2 以言行事：米德与奥斯汀 90
　　　3.2.3 言语行为中的意义与意向性：米德与塞尔 93
3.3 语言与交往理性 96
　　　3.3.1 韦伯与米德：从目的理性到交往理性 96
　　　3.3.2 哈贝马斯对米德语言交往理论的批评 100

第4章　主体间性自我 103

4.1 符号自我的关键概念 103
　　　4.1.1 主我、客我 103
　　　4.1.2 角色扮演 107
　　　4.1.3 广义他者 110
4.2 传统哲学对主体间性的探索 113
　　　4.2.1 康德自我研究认识论转向 114
　　　4.2.2 费希特对康德的继承与改造 116
　　　4.2.3 黑格尔对自我主体间性的贡献 119
　　　4.2.4 胡塞尔的交互主体性自我 121
4.3 米德自我研究主体间性转向 124
　　　4.3.1 个体存在与社会互动 125

4.3.2 米德对先验自我的解构 129
　　4.3.3 内心对话结构 132
　　4.3.4 自反性 136

第 5 章　时间自我 148
5.1 思想史中的时间与自我 148
　　5.1.1 物理时间与超越时间的自我 150
　　5.1.2 心灵时间与先验自我 156
5.2 米德的时间观 162
　　5.2.1 时间的本质 162
　　5.2.2 时间与符号学 167
　　5.2.3 米德与存在主义时间观的比较 172
5.3 时间与自我同一性 178
　　5.3.1 时间与自我同一性的两个维度 178
　　5.3.2 米德论自我同一性 183

第 6 章　社群自我 190
6.1 经典实用主义的社群观念 190
　　6.1.1 科学方法：皮尔斯与试推法 190
　　6.1.2 符号自我与社群的关系 195
6.2 符号规则 200
　　6.2.1 社群中的意义建构：符码与隐喻 200
　　6.2.2 传统符号学框架内的规则 204
　　6.2.3 相反的观点 208
6.3 当代社群主义与自由主义自我观之争 211
　　6.3.1 对自由主义自我观的批评 211
　　6.3.2 对社群主义自我观的批评 218
　　6.3.3 两种自我观的还原论倾向 223

第 7 章　道德自我 228
7.1　符号价值与道德论域 228
7.1.1　作为符号的意识形态 228
7.1.2　符号与价值论 233
7.1.3　道德论域 240
7.2　米德论道德的三个层次 243
7.2.1　功利主义道德论 244
7.2.2　理性主义道德论 247
7.2.3　实用主义道德论 252
7.3　民主社会中的符号自我 256
7.3.1　人的自然权利 257
7.3.2　作为秩序与结构的自我与社会 264

结语 270

参考文献 273

引 言

在奥柏林学院学习期间，米德开始阅读德国唯心主义著作，也就是从这个时候，米德开始关注人的自我与心灵问题。在德国唯心主义的视野中，尽管存在进化论的思维，不过在米德看来，德国唯心主义的自我观主要通过内向反思来认知自我。这种通过内省认知自我的方法正是亚里士多德所说的人的感性生活，或者说仅仅是人的一种感觉、感知，当然不能透彻每个人的深层自我。

这种单纯的内省认知自我的方法构成了传统哲学自我反思的进路，并且在现代被证明如此所得到的自我概念，乃是"人类本性的一幅非常残缺不全的图画，一具无头断肢的躯干而已"[①]。当从纯然的内向反思转向纯粹的外在行为领域，即接触到行为主义之后，米德发现行为主义与生物学上的"刺激—反应"原理并无二异，尽管行为主义后来构成实用主义的一个方面，不过由纯粹的行为主义出发来研究人的自我就会走向身心平行论的歧途，至多只能窥见人的表层自我。

把人的自我当作一个纯粹的心灵实体，或者外在的生物学个体，都会陷入自我阐释或自我认知的困境，是人们长久以来无法摆脱的二元论观念。因此必须重新确立一种思路或方法，这种思路或方法必须将人的内在领域与外在领域联结起来，既要承认自我的意识和心灵存在，又要把自我的反思延伸至外在的行为领域。

这是一种三元的自我观，米德在皮尔斯、詹姆斯、杜威等人的实用主义中找到了它的理论根基，这种自我观把人看作是一个不断阐释自身的符号，与社会中其他自我处于面对面的交往和相互阐释之中。苏格拉底说，一种未经审视的生活还不如没有的好，言下之意在于：人应当成为不断探究它自身

---

① 恩斯特·卡西尔：《人论》，甘阳译，上海：上海译文出版社，1985年版，第4页。

的存在物。当然，这里的探究不是意识哲学中的独白和自语，而是从内心和外在两个层面展开的对话。

从中世纪奥古斯丁提出"自我之谜"以来，人们就产生了许许多多关于什么是人的自我的概念。卡西尔说，所有的这些解释人的本性的哲学家都是纯粹从经验主义出发，并且他们对经验的解释从一开始就包含着越来越明显的武断性，"尼采公开宣扬权力意志，弗洛伊德突出性欲本能，马克斯推崇经济本能。每一种理论都成了一张普罗克拉斯蒂的铁床"[1]。因为这种状况，在马克斯·舍勒看来，研究人的学科日益增多，甚至出现了"一门自然科学的人类学，一门哲学人类学和一门神学人类学"[2]。

当所有这些学科规定了研究人的自我本性的图谱，并没有使我们得到一个较为清晰的自我观念，相反我们倒是在一大堆琐碎的材料中迷失了方向。但是在符号学家们看来，这样的迷失恐怕在于人们试图用某一个根本的道德律令来规定人的本性。无论是在笛卡尔，还是在康德、黑格尔那里，这样的道德律令和规定都屡见不鲜，显然这样做的后果恰恰在于忽视了人的自我的丰富性和多样性，不可避免的是遮掩了人的自我的本性。

因此必须采取一种开放的自我观，构成世界存在的是一个无限的符号宇宙，而自我就是存在于其中的一个符号。用符号自我来取代理性自我，只有这样，才能将每个自我看作是独立和平等的个体。人是符号的动物，比人是政治的动物或人是理性的动物更能揭示自我的本性，这在众多的符号学家那里都得到了一致的表述。

作为符号的自我不能完全阐释自身，在乔治·米德的社会符号自我中，人的本性是符号的、互动的和文化的。符号化的思维和符号化的行为连接起了自我的内在符号领域与外在符号领域，自我的三个组成部分——主我、客我与广义他者分别对应着符号表意的三元结构，在这个结构中，自我与社会中其他自我相互交往，进行否定或肯定的自我阐释，在这种结构下，"人根本没有'本性'，——没有单一或同质的存在"[3]。按照皮尔斯符号无限衍义的

---

[1] 恩斯特·卡西尔：《人论》，甘阳译，上海：上海译文出版社，1985年版，第28页。
[2] 马克斯·舍勒：《哲学人类学视野中的"人"——舍勒〈人在宇宙中的地位〉精粹》，王维达编译，武汉：湖北人民出版社，1989年版，第33页。
[3] 恩斯特·卡西尔：《人论》，甘阳译，上海：上海译文出版社，1985年版，第16页。

观点，在自我阐释的过程中，不断会有新的元素加入构成新的符号，如此自我就成为一个不断表意的符号过程。

把人的自我看成是一个符号，强调的是自我所面临的动态的各种偶然性和可能性。却并没有因此而剔除自我的理性部分，如果我们把自我的符号结构拆分来看，会发现它是理性、欲望和激情的混合物。自我的理性部分植根于深层自我中，包含于米德所说的"客我"中，构成了自我中具有稳定性的秩序，同样是一股强大的符号力量。

当然这里的理性不是来自于盲目的服从，米德在他的自我观中特别强调科学方法的应用，科学方法最大的优点在于将问题置于公共讨论的范畴，并且在由法律制度所保障的社会契约内使得每个人的意见都得以表达。这正是马克斯·韦伯在他的《新教伦理与资本主义精神》中所表明的资本主义理性的两个来源。

第1章 文献综述

1.1 米德学术成就与研究现状

乔治·赫伯特·米德（George Herbert Mead）作为美国近代著名的哲学家、社会学家、心理学家等，一生在学术上的著述丰富。正如他的学生莫里斯（C.W. Morris）在为米德《心灵、自我与社会》一书写的序言中所说的，米德在其总的理论框架中处处闪耀着真知灼见，它们对哲学、心理学、社会学、教育学等方面产生了不同程度的影响。杜威在回忆米德的一篇文章当中说，在其与米德早年接触的时候，发现米德思维当中总是充满各种各样的思考和疑问，并且总是能够就某个哲学或心理学问题提出与众不同的见解。

米德思想的重要性并不主要体现在其学术研究涉猎的广泛上，同样表现在对问题分析的深度与科学的创见性。难能可贵的是，对学术前辈的思想体系，米德并不盲从，而是善于综合创新，这使得米德在现代学术史上形成了自成一家的理论体系。

1.1.1 生平与著作①

米德 1863 年 2 月 27 日出生于美国马萨诸塞州的南哈德利（South

---

① 关于米德生平经历的介绍，我主要参考了以下研究米德的论著：①David L. Miller, ed., *The Individual and the Social Self: Unpublished Work of George Herbert Mead*, Chicago: University of Chicago Press, 1982. ② David L. Miller, *George Herbert Mead: Self, Language, and the World*, Austin: University of Texas Press, 1973. ③Charles W. Morris, ed., *The Philosophy of the Act*, Chicago: University of Chicago Press, 1938. ④Herbert Blumer, ed., *George Herbert Mead and Human Conduct*, New York: Altamira Press, 2004. ⑤Hans Joas, *George Herbert Mead: A Contemporary Re-examination of His Thought*, Boston: The MIT Press, 1997. ⑥苏国勋：《当代西方著名哲学家评传（第十卷：社会哲学）》，济南：山东人民出版社，1996年。⑦ 刘易斯 A. 科瑟：《社会学思想名家：历史背景和社会背景下的思想》，石人译，北京：中国社会科学出版社，1990年。

Hadley），父亲海勒姆·米德（Hiram Mead）是当地基督教会的牧师，并且是一名传统的新英格兰基督教清教徒。母亲伊丽莎白·斯托尔斯·比林斯（Elizabeth Storrs Billings）出身于一个显赫的知识分子家庭，自幼受过良好的教育，米德还有一个比他大四岁的姐姐。出生于这样的家庭，米德从小就接受基督教清教徒神学观念和人文知识的熏陶，为他以后的学术之路打下了基础。

1870 年，米德的父亲到位于俄亥俄州的奥柏林学院任职，一直到 1881 年去世，此后米德的母亲也曾在该学院任教两年。米德在奥柏林长大成人，19 世纪末的奥柏林，是一个充斥着基督教清教徒的伦理思想与美国中西部进取精神的城市。美国南北战争期间，奥柏林学院曾经作为南方黑奴逃往北方的主要"地下铁道"，并且该学院的院长崇尚至善论，在建校初期，招收学生的时候就不考虑种族和性别因素，这在当时是非常可贵的精神。

米德 16 岁进入奥柏林学院学习，学校管理非常严格，米德在这里主修的课程包括：古典语言学、文学与修辞学、道德哲学、数学以及一些基础的科学科目。米德非常反感学院开设的过多的神学课程，不过受学院和家庭影响的基督教观念和社会良心还是让米德受益匪浅。并且在学习期间米德结交了好友亨利·卡斯特（Henry N. Castle），后者曾在欧洲游历，学识渊博，富有教养。在卡斯特的影响下，米德开始对人类心灵问题感兴趣，并且与卡斯特经常就文学与诗歌展开讨论，两人后来一直都是学术上的密友。

1883 年，从奥柏林学院毕业后，米德进入一所中学任教。半年后因为开除一伙调皮捣蛋的学生，校方认为米德的做法剥夺了他们受教育的权利而将米德解雇。此后米德到美国西北部生活了三年，从事过诸如家庭教师和铁路勘探员的工作。期间，米德阅读了大量有关科学知识和科学方法的著作，比如查尔斯·皮尔斯（C. S. Pierce）的著作[①]，并惊叹于它们在实践中所显现出来的巨大能量。

因为这种游离不定的生活，米德一度对前途产生过各种各样的怀疑和不确定性。好在米德与好友亨利·卡斯特之间一直保持着书信联系，在米德迷茫的那段岁月，卡斯特说服了米德一同前往哈佛大学继续求学。

---

① 米德后来在科学方法、科学知识以及符号学上的观点与皮尔斯相似，或许与米德在此期间受皮尔斯理论的影响有直接关系。

1887年，对于米德来说是学术道路上的转折点，在哈佛，米德跟随乔赛亚·罗伊斯（Josiah Royce）学习哲学和心理学，在罗伊斯的影响下，米德接触了德国唯心主义哲学家的大量的著作，包括康德、费希特、谢林、黑格尔等。对希腊哲学和法国哲学也有所涉猎，并且开始对达尔文的进化论产生了浓厚的研究兴趣，摆脱了之前的基督教清教徒的思想观念。

　　在哈佛学习生活期间，威廉·詹姆斯（William James）对米德的学术研究产生了重大影响。詹姆斯是第一个发现查尔斯·皮尔斯学术天才的人，还是第一个阐发皮尔斯实用主义理论的人[①]。彼时的皮尔斯穷困潦倒，詹姆斯不但从经济上资助他，而且还向芝加哥大学推荐皮尔斯去任教。米德曾有大约半年的时间住在詹姆斯家中，边向詹姆斯请教，边担任詹姆斯孩子的家庭教师。在詹姆斯影响下，米德开始追随实用主义哲学。

　　在哈佛一年学习期满之后，米德到德国莱比锡大学深造，师从威廉·冯特（Wilhelm Wundt）学习心理学，冯特有关"姿态"（Gesture）的概念对米德后来形成的社会心理学起了很大的启发作用。在美国著名心理学家斯坦利·霍尔（G. Stanley Hall）推荐下，1889年米德来到柏林继续学习哲学和心理学，据说他在柏林大学听过奥格尔格·西美尔（Georg Simmel）的课，不过有一点可以肯定的是，在柏林米德完成了他的人生大事，他与好友卡斯特的妹妹海伦·卡斯特（Helen Castle）组建了幸福的家庭。

　　在柏林大学没有攻读完博士学位，米德就与妻子回到美国，在密歇根大学谋得了一份讲师的职位，主要教授哲学和心理学。约翰·杜威和查尔斯·霍顿·库利都在该校任教，米德与杜威私交甚好，两人经常讨论哲学与心理学问题，那时两个学科之间的界限就已经不那么泾渭分明。而库利是一位著名的社会学家，受亚当·斯密（Adam Smith）经济学中的"镜中我"理论的影响，库利将之应用到社会行为研究中，认为人们在看待事物时应当站在不同的角度，这项研究影响了米德后来提出的"角色扮演"理论。

　　1892年杜威到新建成的芝加哥大学任教。一年之后，米德受杜威邀请也来到芝加哥大学，与杜威同在哲学系任教，一直到1931年4月26日逝世。芝加哥大学学术氛围宽松、思想自由。杜威担任哲学系主任之后，积极倡导

---

① Darnel Rucker, *The Chicago Pragmatists*, Minnesota: University of Minnesota Press, p. 10.

实用主义哲学，他与米德经常就这方面的问题展开讨论，并且就实用主义当中的工具论、经验论和科学方法论达成了共识。那时的芝加哥大学哲学系人才济济，学术成就斐然，逐渐形成"芝加哥实用主义学派"。威廉·詹姆斯曾评价说："芝加哥学派的思想如此丰富，杜威了不起，那是一个真正的学派，有真正的思想。在哈佛我们有思想却没有形成学派，在耶鲁和康奈尔有学派却无思想。"①

米德开设的社会心理学课程吸引了相当多的外系学生来听课，杜威认为米德思维活跃、精力充沛。在课堂上，米德的讲解逻辑清楚，口若悬河。但是在写作问题上，米德却显得捉襟见肘，不像课堂上那么运用自如，杜威这样评价米德的写作问题："米德总是不满意自己曾经做过的事，他的思想总是超越自己曾经的表述，这使得米德不情愿用文字将思想禁锢起来。因此多年以后，整理米德文字的人就只有那些能够懂得他深刻思想的学生与同事。"②

这也是人们普遍认为米德生前没有出版著作的主要原因，米德去世后，他的学生将米德生前的讲稿整理成集出版，包括：《心灵、自我与社会》（Mind Self and Society）、《现在的哲学》（The Philosophy of the Present）、《行为哲学》（The Philosophy of the Act）、《社会心理学文集》（Essays in Social Psychology）、《个体与社会自我》（The Individual and the Social Self）、《米德著作选集》（George Herbert Mead: Selected Writings）等。

1.1.2 学术成就

约翰·杜威曾毫不吝啬地评价米德，认为米德是美国近代哲学上最富有创见思想的人，杜威说："米德哲学思想体系的完整性和持久性，它们的真正价值和意义还远远没有被人们认识到。"③的确，米德在他的学术生涯中涉猎多个方面，进行细致而微的分类并不是那么容易。他的学生莫里斯认为米德的学术贡献主要在社会心理学和社会哲学方面。

---

① Ralph Barton Perry, *The Thought and Character of William James*, Vol. II, California: Greenwood Press, p. 501.
② John Dewey, "George Herbert Mead", *The Journal of Philosophy*, Vol. 28, 1931, p. 311.
③ John Dewey, "George Herbert Mead", *The Journal of Philosophy*, Vol. 28, 1931, p. 313.

1.1.2.1 社会心理学

米德在奥柏林学院读书的时候,就对心理学问题开始产生研究兴趣,后来又在莱比锡大学和柏林大学深造。不过米德反对传统心理学中的内省研究方法和身心平行论的观点,他将心理学的研究放在社会范畴内来考察,从而发展出一套社会心理学的理论体系。

在米德看来,社会心理学的研究方法在于"把个体的活动或行为置于社会过程来研究;个体是一定社会群体的成员,他的行为只有根据整个群体的行为才能得到理解,因为他个人的行为包含在一个范围更大的、超出他自身并且牵涉该群体其他成员的社会行为中"①。

米德之前的心理学家,大都是将自我作为一个封闭个体,进行心灵、意识与外部实在的研究,来阐释社会经验。比如曾经对米德心理学说产生主要影响的三位学术前辈:乔赛亚·罗伊斯、威廉·詹姆斯和威廉·冯特,其研究方法都是遵循的这个思路。

乔赛亚·罗伊斯深受德国古典哲学的影响,认为世界的本质属于心灵的存在;威廉·詹姆斯研究心理过程提倡的是一种坐在椅子上空想的内省方法;而威廉·冯特虽然反对传统的内省心理研究方法,倡导用实验的方法进行心理学研究,却陷入了"身心平行论"的泥潭。后来的约翰·华生(John Broadus Watson)②作为"行为主义"创始人,试图摆脱身心二元对立的传统观点,试图通过研究外部行为构建"刺激—反应"的统一图式,认为人与动物在行为上并没有什么区别。

米德吸取了上述三人关于心理学的探究某些观点,然后加以整合提出了自己的见解。米德将之称为"社会行为主义"(Social Behaviourism),与华生的行为主义不同的是,米德的社会心理学在探讨心灵、自我与社会的问题上,既不同意身心二元对立的唯心主义观点,也反对将人的行为看作是简单的"刺激—反应"模式。

---

① George Herbert Mead, *Mind, Self and Society*, Chicago: University of Chicago Press, 1934, p. 5.
② 华生 1900 年进入芝加哥大学学习,曾经跟随杜威学习哲学,后来在心理学家 J. R. 安吉尔的影响下开始对心理学和生物学感兴趣,1903 年,完成博士论文《动物的教育》并获得芝加哥大学心理学博士学位,经杜威和安吉尔的推荐,担任芝加哥大学心理实验室主任。这时的米德也在芝加哥大学任教,两人的观点发生碰撞也是在所难免的。

米德认为："他们都在某种意义上把实存的心灵或自我作为社会过程发生的先决条件；即使就他们的确试图从社会角度予以说明心灵与自我的那些侧面而言，他们也未能将其机制分析出来。准备从中抽出心灵和自我来的那顶社会魔帽，事先已塞了些东西；除此之外，就只有一个虚伪的预告，说是可以变一番戏法，而这个节目本身从未上演过。"①

米德的观点是，心灵与自我都是社会性的存在，并且都是在社会交往行为中产生的。米德将冯特的"姿态"概念引入到他的社会心理学研究中，从社会生物学的角度说明了人在成长过程中，如何借助"姿态"对话的内在化，最后形成表意的符号，人们通过这些表意符号进行沟通和交流，其中语言符号发挥了重要的功能。

这样米德就将心灵与自我的问题从传统心理学的身心对立中解放出来，同时对行为主义简单的"刺激—反应"模式进行了修正，认为存在一个主体性的自我，他能够对所处的社会环境进行调试，具有创造符号、使用符号的能力，社会的进化是建立在自我与他人的交往基础之上的。

1.1.2.2 社会哲学

在米德的整个理论体系中，都蕴含着米德对社会的思考："从某种不完全意义上来说，由于自我起源本质，彻底的经验主义将人的精神世俗化了；在社会领域内，人的理解力具有净化与美学的功能；重建社会理想是有意义的行为；人们只要持有一种深刻的信仰，无论是能够帮助沉思，还是能够指导实践，都是一种有价值的思想。"②

当然，米德的社会哲学思想与社会心理学是紧密相关的。正如米德所指出的，人们在社会中的交往依靠具有普遍表意的符号，作为某一个社会阶段约定俗成的结果，符号的表意具有那个社会阶段的普遍性。因而社会中的个体在使用符号交往的时候会依据过往的经验形成习惯，并且由于社会中的自我具有角色扮演的能力，能够站在他人的角度上来看待自我。如果一个社会

---

① C. W. 莫里斯：《身为社会心理学家和社会哲学家的米德》，参见莫里斯为米德《心灵、自我与社会》所作的序言，赵月瑟译，上海译文出版社，2008年版，编者导言第5-6页。
② T. V. Smith, "The Social Philosophy of George Herbert Mead", *American Journal of Sociology*, Vol. 37, 1931, p.385.

个体的行为能够为整个社群中的所有其他成员理解与接受，就形成了社会的普遍性，也就形成了真正的自我。

但是米德同时又认为，在社会普遍性当中蕴含着相对性，一个社会总是会不断向前进化的，没有所谓的绝对普遍性，自我与社会一切都在变化之中。通过符号互动所形成的社会规则必然会遭遇挑战，人们的交往也不仅仅限于合作，还存在各种各样的冲突。在这种情况下，自反性可以为自我与社会进化提供观照功能，他们会在过去、未来以及现在的综合判断中调试自身的行为。

米德的哲学思想是从进化论、客观相对主义以及经验主义的结合，发展到后来的社会实用主义。在这些思想当中，"行为"（Act）这个概念具有十分重要的作用，虽然在有些情况下，米德对这个概念的表述不是很清楚，正如莫里斯所说的，米德有时候会把人的行为与动物之间的行为混为一谈。不过鉴于上文所提及的米德在文字表述上的困难，我们在这里可以将米德所说的行为理解为人的社会行为。

米德心目中的社会行为既包括人们为了共同利益而进行的协作，也包括为了某方面的利益而引起的社会冲突。在米德看来，无论是冲突还是协作都包含了人们对某种共同性的追求。不过在社会冲突的立场上，普遍的表意符号的存在，使得自我能够站在他人的立场看待问题，而且自我具有反思性智力，人们的社会行为根本上是趋向理性的。人们能够通过交往行为向普遍的道德自我发展，社会个体的利益就包含在社会整体利益之中，社会最终会朝着民主理想的方向发展。

1.1.3 研究现状

米德思想受到理论家们的青睐是在20世纪60年代之后，在那之前，学术界对米德的思想存在着某种程度上的误读："在论述实用主义的著作中，学者们无法证实米德的思想来自于威廉·詹姆斯与约翰·杜威的传统，米德游离于芝加哥实用主义的主流之外；而在芝加哥社会学的发展中，米德亦被置于边缘化的位置。"[①] 但是今天的学术界开始认识到米德的著作中蕴含着丰

---

① Mary Ellen Batiuk, "Misreading Mead: Then and Now", *Contemporary Sociology*, Vol. 11, 1982, pp.138-140.

富的思想遗产，纷纷从社会学、哲学、心理学等角度进行研究，仅研究米德的专著就不下数十种。

1.1.3.1 国外研究现状

国外学者对米德的研究主要是从以下几个方面展开的：

符号互动论：米德在其著作中多次提到社会个体之间通过表意符号进行交流的问题，逐步形成了符号互动的理论原型。米德去世后，他的学生布鲁默（Herbert Blumer）在《符号互动论：观点与方法》（Symbolic Interactionism: Perspective and Method）中表述了这一理论的三个前提："人们是根据事物对于他们所具有的意义而采取相应行为的；这些事物的意义是社会个体之间的通过符号交往衍生出来的；社会个体之间或者社会个体在与事物进行交往的过程中，会产生相应的意义解释并对其进行修正。"[1]

布鲁默在书中说，不能将社会中存在的个体看作是孤立静止的原子，而是认为社会呈现为一个动态的结构发展，其中起决定作用的是社会中的个体之间的互动。在这里我们看到了西美尔思想的影子，西美尔不满足于迪尔凯姆等将社会结构作为整体研究对象的方法，认为在复杂的社会关系和结构中，"起作用的是社会原子间的互动，这种只有通过心理的显微镜才能观测得到的互动，支撑着这个真实却又令人迷惑的社会全部的韧性与弹性、多样性与一致性"[2]。

虽然西美尔在符号互动论的生成中具有开创性的地位，不过布鲁默认为他的思想渊源主要来自于米德。但是在对米德理论进行分析的时候，不能将米德的学术遗产仅仅总结为符号互动论的贡献，那样"就从根本上掩盖了米德关于时空、自我与社会的富有创见性的思想"[3]。

实用主义哲学：这方面的代表性著作是加利·库克（Gary A. Cook）的著作《米德：社会实用主义的形成》（George Herbert Mead: The Making of

---

[1] Herbert Blumer, *Symbolic Interactionism: Perspective and Method*, California: University of California Press, 1969, pp. 2-3.

[2] 齐奥尔格·西美尔：《时尚的哲学》，费勇、吴曾译，北京：文化艺术出版社，2001年版，第2页。

[3] Hans Joas, *George Herbert Mead: A Contemporary Re-examination of His Thought*, Boston: The MIT Press, 1997, p. 6.

Social Pragmatist),该书从米德生平入手,介绍了其学术思想经历了由黑格尔主义到社会心理学研究的转变,米德与芝加哥社会和教育改革的内容,道德重建与社会自我之间的关系,以及米德晚年思想所受怀特海的影响。

作者在这本书当中通过研究米德的书信,还揭示了米德生前没有出版著作的原因,是因为米德对自己的写作能力非常失望。米德社会实用主义的最终旨归在于对民主生活理念的笃信,他认为:"倘若可以做到完美的交流,我们理想中的社会民主就会存在;在这样的民主社会中,每个人都能随时做出回应,每个人都能在社群中自由表达自己的声音。"①

符号学:具有代表性的著作是诺伯特·威利(Norbert Wiley)的《符号自我》(The Semiotic Self),该书比较了米德与皮尔斯之间关于符号自我的区别:在于内心对话的时间方向。米德认为这种内心对话从时间上讲是逆向的,从当下到过去,或者从主我到客我。皮尔斯则认为是顺向朝前的,从当下到未来,或者从主我到"你"(即一个人的自我在于即将到来的未来)。米德的主、客二我自反性和皮尔斯的我—你阐释过程,使得自我的实现都成为一个符号过程。

作者认为皮尔斯只看到直接的客体,并与此相对应的我—你对话关系。米德则只注意到了反思客体及相应的主—客我对话模式。可以将这两种理论并置起来,加以整合,那么此二者的综合体将是一个将两者置入符号三项式关系模中,即主我—客我—你。

社会行为主义:具有代表性的著作是米德的两个学生赫伯特·布鲁默(Herbert Blumer)和托马斯·穆恩(Thomas J. Morrione)共同编著的《米德与人类行为》(George Herbert Mead and Human Conduct)。该书是从这样的一个观点出发的:反对将世界作为一个固定的形式来看待。由于社会行为的不断探索功能,经验世界的实在一直处于变化之中。作为一位实用主义者,米德认为外部实在既不是存在于人的意识中,也不是独立于人的意识而单独存在的,相反,正是由于人的社会行为将意识与社会实在联系起来。在社群中,社会行为能够召唤起集体意识的合作,从而在人类群体生活中扮演着重要角色。

---

① George Herbert Mead, *Mind, Self and Society*, Chicago: University of Chicago Press, 1967, p. 327.

1.1.3.2 国内研究现状

对米德著作的译介最早的是上海译文出版社，1992年由赵月瑟翻译出版的《心灵、自我与社会》（该书2008年再版），以及1999年霍桂桓翻译的华夏出版社版本；2003年中国城市出版社出版了由陈虎平、刘芳念翻译的《十九世纪的思想运动》；同年上海人民出版社出版了由李猛翻译的《现在的哲学》（该书只译了原著一部分）；2009年社会科学文献出版社出版了由丁东红选编的《米德文选》。

目前国内还未有专门研究米德的学术专著出版，在国内一些学者早期研究实用主义的著作中，很少有将米德的实用主义思想纳入进来。可见，国内学者对米德思想的研究还很不充分。学术论文方面，国内学者主要是从符号互动论、社会学、自我理论、传播学等视角展开研究。由于这方面的论文数量较多，在此不一一赘述。

综合对米德学术思想的研究现状来看，特别是国内的研究，主要集中于对米德"符号互动论"的研究，并且在研究的文本上，主要依赖《心灵、自我与社会》，这相当大程度上限制了学界对米德思想的研究视野。如理解米德学术思想的多面性和丰富性，仅仅"读懂《心灵、自我与社会》将导致对米德自我理论的误读"[①]。或者说，若要理解米德的自我理论，必须拓宽研究视野，从米德自我理论之外的其他思想方面，甚至是通过与其他思想家的理论对照起来研究，如此我们才有可能获得一个比较全面的关于米德的自我观念。

1.2 米德自我理论的思想基础

毫无疑问，米德的自我理论是其思想中最富有创见的部分。本节将米德的符号自我作为研究对象，但不可否认的是，米德的符号自我理论有其成立的思想基础，如果我们首先将其进行梳理，将有助于我们对米德符号自我的直观认识，这些思想基础贯穿于米德整个学术体系。

---

① Leszek Koczanowicz, "Freedom and Communication: The Concept of Human Self in Mead and Bakhtin", *Dialogue*, 2000, Vol. 4, pp. 63-64.

1.2.1 对机械论的批评

首先，米德对机械论哲学并没有持完全的否定态度。因为机械论作为近代科学的基础，本质上是以反对文艺复兴时期自然主义泛灵论为指向的。自古希腊到中世纪再到文艺复兴时期，人们对自然的认识仍然笼罩在神秘主义和宗教神学的幽灵之下。要改变人们对自然的认识，就必须剔除人们认识论当中的泛神论色彩，将代表绝对权威和万能的上帝赶下台，才有可能重建以理性和知识为代表的新的认识论。

在米德思想历程的转变过程中，特别是在奥柏林学院学习期间，经历了从基督教神学论到现代科学思想的转变。在米德的陈述中，科学知识是我们所拥有的最确切的知识。从文艺复兴到19世纪的科学革命，以理性权威替代了中世纪的专制权威。米德说，现代科学是从文艺复兴中发展起来的。

文艺复兴时期的科学研究运动是从达·芬奇、开普勒、哥白尼、伽利略以及牛顿等人开始的。在这场运动中，"新的科学发现和科学研究的新方法"[①]为人们认识自然提供了强有力的臂膀，特别是许多科学仪器的发明，使科学家们在自然观察上提高了精确性。科学家们开始在研究方法上将神学和巫术的因素剔除，用机械论的观点对所观察的自然进行解释。

例如开普勒提出："在物理学的研究中，灵魂（Anima）这个概念应当用力（Vis）这个词来代替。换句话说，自身是量的并且产生量的变化的机械能的概念，应该取代产生质变的活力能的概念。"[②]科学家们开始将整个自然界看作是一台由各种零部件组成的机器，每个零部件之间都有固定的组合机制。

米德认为，文艺复兴时期兴起的科学革命，在研究方法与研究对象上与中世纪的基督教神学完全决裂，基督教神学主要关注的是上帝的世界和超验的世界，对自然科学和心灵哲学不感兴趣。

虽然在中世纪也曾出现过自然科学研究的端倪，例如罗吉尔·培根（Roger Bacon），他提出了实验科学比任何论证科学都具有确定性的观点，经验是认识自然事物的根本，对数学、光学和机械学他都提出了不俗的见解。

---

① S. E. 斯通普夫、J. 菲泽：《西方哲学史：从苏格拉底到萨特及其后》，匡宏、邓晓芒等译，北京：世界图书出版公司，2009年版，第184页。

② R. G. Collingwood, *The Idea of Nature*, London: University of Oxford Press, 1945, pp. 101-102.

但正如 W. C. 丹皮尔（W. C. Dampier）所说的，"培根虽然具有比较进步的眼光，他的心理态度大半还是中世纪的。一个人不管愿意不愿意，总是当代思想界大军的一分子，他只可能比这只大军的行列走得稍微远一点。……他虽然在其他方面猛烈地攻击经院哲学，但是却赞同经院哲学这样一个见解：一切科学与哲学的目的，都是为了解释与装饰至高无上的神学。"①

因此，米德将中世纪的科学称作是一段魔法的历史，中世纪的世界当中除了人类的存在以外，还有恶的精灵与善的精灵。但是这个魔法的世界并未因此而导致各种各样非理性的出现，因为存在一个无所不能的上帝，上帝能够战胜各种恶，因为上帝的存在，中世纪的世界是绝对理性的。在米德看来，"创造万物的计划是由一位拥有无限智慧的存在者制定的，他以极其完美的形式完成了这一切。每个细节完成得都像一台机械那样精确，如果上帝是一位机械师，他将会构造出一个完美的世界。"②

世界的绝对合理性的观点从中世纪延续到了文艺复兴时期，并一直影响了现代科学的观点。伽利略在探讨自然的观念时就秉持了这样一种观点：自然世界是绝对合理的，一切现象都可以被科学地解释。不过伽利略探求自然不是统领中世纪哲学的神秘主义，而是运用数学的语言来解读自然。

在伽利略的观念中，上帝是最伟大的数学家，"在伽利略看来，上帝把这种严格的数学必然性赋予自然，而后通过自然，创造人类的理解力，使人类的理解力在付出了极大的努力之后，可以探寻出一点自然的秘密"③。自然的构造像一台巨大的机器，每个零部件都是按照严格的数学法则来安排的。

在 17 世纪的科学革命过程中，不止一位哲学家表述过机械论哲学的思想，比如托马斯·霍布斯（Thomas Hobbes）、皮埃尔·伽森狄（Pierre Gassendi）等，然而在所有这些人当中，"勒内·笛卡尔对机械论自然哲学产生了比其他任何人都大的影响，而尽管他过于苛求，但他赋予了机械论哲学以一定程度

---

① W. C. 丹皮尔：《科学史：及其与宗教和哲学的关系》，李珩译，北京：商务印书馆，1997 年版，第 147-148 页。

② George Herbert Mead, *Movements of Thought in the Nineteen Century*, Chicago: University of Chicago Press, 1936, p. 6.

③ W. C. 丹皮尔：《科学史：及其与宗教和哲学的关系》，李珩译，北京：商务印书馆，1997 年版，第 199 页。

的哲学严密性，这是在其他地方没有的，而这种严密性正是机械论哲学所需要的。"①笛卡尔将数学看作是哲学方法论的典范，为17世纪的科学革命提供了自然观的理论基础。

对于机械论科学的革命性意义，米德是持肯定态度的，他认为文艺复兴时期的科学革命"标志着从我们之前称之为'神学教条'向现代科学的基本公设的转变"②。然而当笛卡尔试图将机械论哲学推向整个自然科学，"在笛卡尔的体系中，上帝在一开头的时候把运动赋予宇宙，以后即听其自然进行"。③机械论的哲学观在牛顿那里得到了更好的阐释，他的学说描绘了一幅秩序井然的机械宇宙的图景，所有的自然现象都是可以按照力学的原理逐步推导出来的。

生命现象同样也是遵循机械规律的机器。米德对此观点是：人作为一个物理和生物的有机体，在某些方面的确是遵循物理的机械法则的。如人的消化功能就是一个简单的机械过程，我们可以对此进行机械论的表述。但这并不意味着人的整个生命过程都是遵循机械论原则的，像笛卡尔所说的将人的生命过程比作机器的观点未免绝对化。对此构成挑战的就是生物学领域内进化论的出现，它指出了生命过程中的偶然和变异性因素。

另外一方面，即便机械论科学在解构中世纪神学方面取得了巨大的成功。但是在现代科学日新月异的进步面前，它的理论基石也难免会发生动摇。詹姆斯·麦克斯韦（James Clerk Maxwell）的电磁理论对牛顿的机械论科学造成了冲击。电场和磁场是相互联系、充满变化的电磁场，这与机械论学说是完全背道而驰的，电磁理论以及其后的相对论和量子理论使得僵化的机械论开始崩溃，但是并没有终结它。

米德还批评了机械论学说的另外一个观点，即"它仅仅考虑了物理粒子作为一个整体在它们彼此关系中的位置，并没有考虑对象在我们的直接经验

---

① 理查德 S. 韦斯特福尔：《机械论与力学》，彭万华译，上海：复旦大学出版社，2000年版，第31-32页。
② George Herbert Mead, *Movements of Thought in the Nineteen Century*, Chicago: University of Chicago Press, 1936, p. 6.
③ George Herbert Mead, *Movements of Thought in the Nineteen Century*, Chicago: University of Chicago Press, 1936, p. 8.

中的所具有的意义——感知的部分，比如色彩、声音、气味。或许更为重要的是，这些都属于生命有机体的特征"①。也就是说，机械论学说所研究的只是自然世界中事物的第一性，而忽略了事物第二性存在的意义。米德说这是对实在的一种不恰当的表述。总之，无论是机械论哲学还是机械论科学，都缺乏对生命有机体的客观陈述，而这正是自我起源的生物学基础。

1.2.2 从进化论到过程哲学

米德最早接触进化论是在哈佛大学跟随乔赛亚·罗伊斯学习的过程中，那时他除了主要研究德国唯心主义哲学，还对达尔文的进化论产生了浓厚的兴趣，并且将两者进行了调和，米德认为，德国唯心主义最先发展了一种进化的哲学。

米德是从康德的先验哲学进入到唯心主义哲学的进化观念中，"在康德的学说中，形式是预先被给予的。这就是康德根据'先验逻辑'所表达的意图，'先验'这个词意味着在逻辑上形式先于对象存在。这种观念，你们知道它属于前进化论时期，并且这种观念不能够按照过程来表述，因此属于进化论范畴之外"②。

但是康德的后继者德国唯心主义哲学家们对康德的学说进行了修正，首先是费希特（Johann Gottlieb Fichte），他认为哲学的根本就是认识论，而认识事物的理性思维则来自于意识和思维的自由活动，"没有这样的活动，就不能有感觉世界、经验和思维，因此这是人所寻求的基本原则"③。费希特将心灵看作是外部实在的中心，将人从机械论哲学的禁锢中解放出来。

谢林（Friedrich Wilhelm Joseph Von Schelling）早年热衷于阐释费希特的哲学，后来他不满于费希特将外部自然看作是绝对自我个体意识的产物，他认为通过人的有意识或无意识的认识活动，能够赋予自然以生命和理性，心灵与自然共享人类精神的过程，"实在是彻头彻尾的活动、生命和意志"④。

---

① George Herbert Mead, *Movements of Thought in the Nineteen Century*, Chicago: University of Chicago Press, 1936, p. 260.
② George Herbert Mead, *Movements of Thought in the Nineteen Century*, Chicago: University of Chicago Press, 1936, p. 153.
③ 弗兰克·梯利：《西方哲学史》，葛力译，北京：商务印书馆，2001年，第478页。
④ 弗兰克·梯利：《西方哲学史》，葛力译，北京：商务印书馆，2001年，第493页。

唯心主义哲学家中对自然进化观点阐述最清晰的是黑格尔，他同意费希特和谢林的观点，认为世界充满活动和演化。黑格尔运用辩证的思维来认识自然和经验世界，逻辑、观念以及整个宇宙都呈现为动态的进化过程。在这个过程中，那些同质的、未分化的以及未发展的事物，因为矛盾而开始发展、分化、分裂，矛盾是事物和生命的起源，自然和世界在进化的高级阶段会达至确定和具体的实在与统一。

米德在评价德国唯心主义对康德先验逻辑的修正时说："对于他们（唯心主义）来说，形式是在经验的过程中通过克服二律背反以及其他形式的障碍产生的。……它不过是进化原则的一种抽象的陈述，这些唯心主义者在哲学思辨领域与同时期的达尔文和拉马克在生物现象领域做的事情是相同的，他们的观点是：这个世界与实在都处在进化的过程中。"①

哲学领域和生物学领域的进化原则与文艺复兴时期的科学有着本质的区别，文艺复兴时期的科学是机械的科学，并没有给予事物的形式以任何解释。但是达尔文的进化论出现之后，试图指出生命形式是如何在与自然环境的调试过程中产生的。

米德区分了达尔文的进化论思想与亚里士多德的古典进化论思想，在亚里士多德的表述中，形式是某种已经存在的性质，它通过指引具体的物质运动而实现自身，形式本身不会发生变化。而在达尔文的进化论中，"物种起源指的是形式的起源，它是形式和性质的进化，而不是具体的动物和植物的进化。这种理论关注的是对象的性质和形式，是形而上学意义上的进化"②。

米德在接触达尔文的进化论之后，在柏林大学跟随威廉·狄尔泰（Wilhelm Dilthey）攻读博士学位的时候，又受到了狄尔泰以及法国哲学家亨利·柏格森（Henri Bergson）生命哲学的影响，从而将对进化论的认识提高到另外一个层面上。

狄尔泰也反对机械哲学将心灵与物质割裂的二元对立观点，他认为生命是世界的本源，是永恒的不可遏止的冲动，不能用机械的思维方式描述生命

---

① George Herbert Mead, *Movements of Thought in the Nineteen Century*, Chicago: University of Chicago Press, 1936, p. 154.
② George Herbert Mead, *Movements of Thought in the Nineteen Century*, Chicago: University of Chicago Press, 1936, pp. 160-161.

第1章 文献综述

的活动。狄尔泰本人将生命哲学作为他的哲学标签,"生命"这个概念在狄尔泰这里仅仅用于人的世界,"指的是人类的共同生命(他有时称之为社会的、历史的实在),而不是指个体的生命和心理过程"①。

人的生命进化必须与人的理智和文化因素结合起来,促使人类获得进化的知识,其最重要的来源就是社会和生活中的经验,"狄尔泰发展了他关于人类世界的实践和经验的哲学"②。哲学必须用来作为人们行动的指针,应用到社会实践中去,这为米德的社会心理学和实用主义理论的形成打下了基础。

柏格森的进化哲学在生命一直处于进化的观点上与达尔文是一致的,不过柏格森反对达尔文的进化论将生命的进化看作是一条线性的轨迹。但他的这种逻辑仍然没有摆脱机械论和目的论的范畴,"这两种学说都不愿看到:在事物的总体进程中(或者更简单地说,在生命的发展过程中)存在不可预见的形式创造"③。这种不可预见的形式创造,柏格森把它称之为自然中的生命力。柏格森说,我们并不是依靠我们的智力(Intelligence)来指导我们的行为,它并不能给我们提供一个这个世界本来面目的图景。世界的进化依赖的是隐藏在生命深处的生命力的爆发,说到底其实就是本能,这是一个无序的进化过程,像炮弹的碎片一样。

米德并不完全赞同柏格森关于生命进化无序的观点,不过柏格森说生命进化过程总会有新事物的突现(Emergence),米德是赞同的。但是人作为理性的动物,能够运用科学方法对自己的行为进行反思,人类世界的进化能够遵循科学方法④的理性原则。"柏格森没有认识到的是,没有什么比科学方法应用于即时状况下那样具有理性和反思意识。"⑤

---

① H. p. Rickman, *Wilhelm Dilthey*: *Pioneer of the Human Studies*, Los Angeles: University of California Press, 1979, p.42.
② H. p. Rickman, *Wilhelm Dilthey*: *Pioneer of the Human Studies*, Los Angeles: University of California Press, 1979, p.43.
③ 亨利·柏格森:《创造进化论》,肖聿译,北京:华夏出版社,1999年版,第42-43页。
④ 这里所说的科学方法只是一种探求事物真理的方法论,而非现代自然科学研究中具有严谨逻辑推理的手段,实用主义倡导的科学方法具有开放性特征,它只为人们解决问题提供一个公共讨论和理性思考的平台,而并指明具体解决问题的策略是什么。
⑤ George Herbert Mead, *Movements of Thought in the Nineteen Century*, Chicago: University of Chicago Press, 1936, p.294.

柏格森对米德影响最大的是他的生命进化中的时间和空间的观念，这在米德的自我理论中得到了很好的表述。达尔文的进化论遵循的是"优胜劣汰"的法则，其中不适应自然环境的有机体就会被自然所淘汰，生命进化的方向一直是趋向于未来的，与过去之间没有任何关系。柏格森说，按照这种进化论原则，我们对任何事物的经验是被定格在某一瞬间的，只不过是在进化过程中，下一个瞬间取代上一个瞬间，两者之间却不会有任何联系。实际上是将持续的时间割裂成孤立的点，柏格森将其称为"时间的空间表述"①。柏格森的观点是，我们对事物的经验绝不是孤立的，正在发生的生命进化包含着过去的经验，并且指向未来的方向，是一个绵延不休的"经验流"，在不可预知的时刻就会有新事物的突现。

柏格森最主要的问题在于他没有认识到人类的反思性意识，他只相信生命直觉。如此，生命整个过程中的进化、相互关系、创造性就仅仅存在于生命体的内在意识中。而我们经验的对象则不具有这些性质，柏格森的这些问题在阿尔弗雷德·怀特海（A. N. Whitehead）那里得到了修正。

与柏格森一样，怀特海也认同我们所经验的对象是相互联系的，但是怀特海更进一步的地方在于，他认为这些对象是有生命的，它们之间通过各种联系构成一个巨大的生命场。站在这样的立场上，怀特海批判了笛卡尔的精神与物质对立的二元论，坚持认为两者之间的内在关联性，并且统一于现实的存在过程。

在主体与客体的关系上，怀特海认为每当有一次经验的时候，主体和客体都会发生变化，这与米德的"主我"与"客我"理论相仿。怀特海在《过程与实在》中将自己的哲学称为思辨哲学，试图指出他的哲学不是由确定无疑的结论构成，而是在实践经验中运用科学方法对理论假设进行检验的过程。

1.2.3 实用主义

关于经典实用主义的四位主要奠基人：皮尔斯、詹姆斯、杜威和米德，有的学者倾向于将他们划分为两个学派："社会实在论的皮尔斯与米德，主观

---

① George Herbert Mead, *Movements of Thought in the Nineteen Century*, Chicago: University of Chicago Press, 1936, p. 298.

第1章 文献综述

唯名论的詹姆斯和杜威。"①不过笔者认为这样的表述并不恰当，从米德的实用主义思想来看，尽管他强调社会实在的优先属性，不过米德与迪尔凯姆、孔德（Auguste Comte）等关于社会与个体关系上的理念并不一致。

并且米德认为就实在论本身来说，它是存在缺陷的。实在论者主张心灵与对象之间是直接的认知关系，知识就是在这种直观中被给予的。如此的话，问题就来了，米德质疑："如果知识是在心灵与对象的关系中被给予的，错误如何会存在？错误当然是存在的。"②

所以说，将米德的实用主义思想简单地归为实在论或者唯名论都不够客观。实际上，米德的实用主义思想混合了两者的因子。但是另一方面，戴维·刘易斯（David J. Lewis）对米德哲学思想的判断不无道理："米德哲学思想毫无疑问是皮尔斯模式。"③但是这并不意味着米德的实用主义完全来自于皮尔斯，米德同样受到了詹姆斯和杜威的影响。不过在实用主义的自我与社会理论上，他们的立场是一致的。

虽然米德在美国西北部生活漂移不定的那段时间就接触了皮尔斯的著作，那时米德感受最深的是皮尔斯所倡导的科学知识与科学方法在现实中的巨大功用，这恐怕也是皮尔斯对米德最主要的影响，在后来的自我与社会理论中，米德非常强调科学知识和科学方法的应用，而且从时间上来看，那时皮尔斯的实用主义理论还没有流行开来。

皮尔斯是实用主义的创立者，但是真正使这个词流行起来的是威廉·詹姆斯，是詹姆斯最先将实用主义这个词应用到出版物上。到了詹姆斯那里，实用主义已经背离了皮尔斯的初衷。对于皮尔斯来说，他关注的是经验而不是具体的行动，他的实用主义"如果……那么……"模式强调的是设想的前提，而非实际效果。

詹姆斯认为自己的实用主义属于"彻底的经验主义"，并且这种"彻底的

---

① David J. Lewis, "The Classic American Pragmatists as Forerunners to Symbolic Interactionism", *The Sociological Quarterly*, Vol. 17, 1976, p. 348.
② George Herbert Mead, *Movements of Thought in the Nineteen Century*, Chicago: University of Chicago Press, 1936, p. 330.
③ David J. Lewis, The Classic American Pragmatists as Forerunners to Symbolic Interactionism, *The Sociological Quarterly*, Vol. 17, 1976, p. 347.

经验主义"以实用主义作为方法论和真理观,詹姆斯说:"把实用主义的真理论确立起来,对于彻底经验主义的推行,是个头等重要的步骤。"① 任何真理的检验都要靠它的实际结果,意义即效果,只有为人所经验的,才是实在的。

杜威虽然是皮尔斯的学生,可是他的实用主义观念却是与詹姆斯一脉相承,甚至标榜自己的实用主义为"工具主义"(Instrumentalism)。杜威把人的思维看作是解决现实问题的工具,如果某个观念能够满足人的某个目的和现实欲望,那它就是一个真实的观念。基于这样的实用主义准则,杜威发展了他的实用主义社会理论。他认为人与人之间以及人与社会之间的关系构成了社会生活的重要组成部分,社会生活处于不断的变化之中。

杜威认为,交往在其中扮演了协调社会生活工具的角色。杜威指出,交往"具有独特的工具性和终极性。交往的工具性表现在:它使我们得以从不堪重负的琐事和压力中解脱,并且生活在一个有意义的世界中;交往的终极性表现在:使人们共享对社群有价值的物体和艺术,促进意义的提升、深化和巩固,并形成共享的感觉"②。

在米德对实用主义的表述中,他也认为这一学说有两个主要人物:威廉·詹姆斯和约翰·杜威。"两者研究的背景都基于一个共同的假设,即验证一个观点或假说的真要通过实际的行为。"③ 这是实用主义理论的一个重要方面,它强调的是人的思考与行为之间的关系。

人作为理性的动物,具有思考与分析这个世界的智力,并且能够通过表意的符号在观念中建立起符号系统,通过它来认识世界,指导我们的行为。在行为中运用科学方法和自反性意识验证理论假设。验证理论假设的过程并非一帆风顺,会遇到很多阻碍或者出现许多新的事物,此时过去的经验就会融入到现在的思维中,使得检验理论假设的过程得以持续下去。

米德分析了实用主义的两个来源:行为主义心理学和科学研究方法。"在

---

① 威廉·詹姆斯:《实用主义》,陈羽纶、孙瑞禾译,北京:商务印书馆,1979年版,第158页。

② John, Dewey, *Experience and Nature*, London: George Allen & Unwin, Ltd., 1929, pp. 204-205.

③ George Herbert Mead, *Movements of Thought in the Nineteen Century*, Chicago: University of Chicago Press, 1936, p. 344.

反对社会达尔文主义时,实用主义阵营与约翰·华生的心理行为主义之间形成了重要的联盟。"①行为主义反对社会达尔文主义的生物还原论,声称人与人之间的差异来自于后天的环境影响。

因此行为主义从"刺激—反应"模式来解释人的行为现象,并且否认意识的存在,一切现象都从人的外部行为来得到答案。这与实用主义的观点是大相径庭的,实用主义从行为主义那里借鉴的只是"认识是一种行为的调试过程"这样的观点。

而实用主义的另外一个来源"科学研究方法",在皮尔斯和杜威的实用主义当中已经得到了清晰的表述。它仍然继承的是笛卡尔唯理主义的遗产,只不过在研究方法上,用实验的方法取代了数学方法。"正是这种科学方法,通过在实验中验证一个理论假设是否为真,并且在实用主义学说中获得了哲学表达。"②

实用主义的两个来源也是实用主义的主要特征,它为符号自我的形成提供了两个坚实的支架。实用主义仍然秉承"人是万物的尺度"的观点,在社会行为中,人是自己命运的主宰者与活动的中心,以此为基础形成的实用主义自我反对用既定的秩序和规则限定自我的形态,他们认为未来将出现任何的可能性和偶然性;每一个自我都是平等、自由和独立的,面向未来呈现为开放的丰富性和多样性。

1.3 本书的研究视角

米德的自我理论从批判笛卡尔的机械论哲学开始,否认心灵与外部实在的二元对立观点。另一方面米德对笛卡尔自我理论中的某些观点是认同的,比如承认自我意识与心灵的存在。但是正如米德所说的,它们不是独立隔绝的存在。那将成为一个机械的自我,不符合社会进化论的观点。而当自我与社会完全遵循社会达尔文主义的时候,将会面临自我向下还原的风险,"优胜

---

① 诺伯特·威利:《符号自我》,文一茗译,成都:四川教育出版社,2011年版,第10页。
② George Herbert Mead, *Movements of Thought in the Nineteen Century*, Chicago: University of Chicago Press, 1936, p. 354.

劣汰"的法则不符合民主公平的原则。

批判了机械论和进化论的自我观之后,米德在狄尔泰、柏格森的生命哲学和怀特海的过程哲学那里找到了灵感,即自我与实在都是一个过程,其中不断有新生事物的突现。只有在社会情境下才能成为自我,曾经有一段时间米德受到他的老师罗伊斯的影响,成为一个新黑格尔主义者。后来受到威廉·詹姆斯、约翰·杜威实用主义自我观的影响,特别是在芝加哥大学与杜威结成实用主义芝加哥学派之后,米德最终形成了经典实用主义的自我理论,即把自我看作是具有互动性、社会性和文化特征的符号。

1.3.1 作为符号的自我

自我作为一个符号的含义是什么?诺伯特·威利认为:"自我是一个符号(或者记号),这意味着自我由符号元素组成。自我不再是一种机械的或物理学意义的性质,而是指一种文化的性质。这句话有几层含义:其中最重要的一层是指,所有的自我——不管过去、当下还是未来拥有相同的本体意义上的品质或者说相同的性质。第二层含义是指,没有谁会比别人更优秀或更糟糕。我们都一样,人人平等,都拥有相同的价值,并拥有同等的权利。"①

首先从米德的符号学思想来看,属于皮尔斯的三元模式。皮尔斯将符号的表意环节分为三项式:符号—对象—解释项。这在米德的有机体交流中可找到相对应的模式。米德认为,有机体的交流是有目的性的,如果有机体做出一个姿态,成为一个表意的符号,并且得到另外有机体的反应,他希望达成某种社会行为结果。

在这个以符号作为交流媒介的互动过程中,有机体的姿态对应于皮尔斯的符号,有机体的反应对应于皮尔斯的解释项,社会行为结果对应于皮尔斯的对象。

同时,这种符号表意三项式,在米德的符号学理论中,可以在自我内部进行:当我们以表意的姿态引起他人的态度和反应时,这种表意的姿态具有自反性,也会在自我内部引起姿态的反应,原来的意义就成为一种符号,变

---

① 诺伯特·威利:《符号自我》,文一茗译,成都:四川教育出版社,2011年版,序言第1页。

第1章 文献综述

成对另一个反应的刺激。这种循环过程一直向下无限延续，直到达到预期的社会行为结果。

那么如何来解释自我是由符号元素构成的？这必然得先解释符号是如何形成的。米德是从自我的心灵开始着手分析符号的形成过程的，自反性智力是人类心灵的根本特征，从行为主义的观点来看，自反性智力是思考与行为的关系中人所具有的一种独特能力，这是人和动物的主要区别。

在社会交往行为的过程中，当交往主体的观点或意见出现分歧，自反性智力就会把过去的经验、对未来的想象统一到现在，然后思考解决现在问题的方法。这是一种科学的方法，它将认知的对象泛化为一种观念，使之成为一个表示某种意义的符号，然后传递给自我和他人。

这是人的自反性智力的独特功能，"通过有意义的符号分析、辨识这个世界，人的智力能够建立起一个符号结构，它代表着他所需要的对象，并能够向他人暗示出什么是重要的事物"[①]。也就是说，符号化的过程始于人的内心对话。米德常常举这样的例子来说明符号的产生过程：我在树林中看到熊的脚印，虽然熊不在场，但是熊的脚印表示这里可能有熊出没，我就会将熊的脚印看作是熊的存在，"熊"这个主体不在场，由它的脚印作为指代熊的符号。

日常行为中，我们经常创造无数类似熊的脚印这样的符号，它们共同构成庞大的符号系统，自我存在于其中。自我是由符号元素构成的，可以表述为另一种说法：符号是自我的存在状态。皮尔斯也表达过类似的观点，他说："一个符号总是符号系统的一部分，推而广之，一个符号系统总是世界上某一个地域的具体呈现，这个地域的存在以这个符号的具象存在为前提。"[②]

符号或符号系统形成的过程，也是自我符号化的过程，自我的符号化表现在米德的"主我"与"客我"的对话过程。这是心灵的内在对话，很多情况下是无意识的。除非在遇到新的事物出现或者像我们上面所说的，交往中的冲突局面，自我会有意识地进行内心对话。

米德的符号自我始于心灵内部对话，米德解构了笛卡尔的自我观念，然

---

① George Herbert Mead, *Movements of Thought in the Nineteen Century*, Chicago: University of Chicago Press, 1936, p.345.

② Vincent M. Colapietro, *Peirce's Approach to the Self: A Semiotic Perspective on Human Subjectivity*, Albany: University of New York Press, 1989, p.17.

后保留了自我的心灵存在。同时，这种内心对话不是孤独的存在，它会延伸到社会层面上，融入到整个大的符号系统中。自我成为一种社会与文化的存在，但不会泯灭自我的主体性，因为具有认知能力的"主我"总会创造新的符号。

1.3.2 米德论社会交往

1.3.2.1 几种主要的传播交往模式

梳理传播学理论史，特别是从 20 世纪中期以来传播学理论逐渐成形的历史，我们会发现，在一种媒介操纵思维的理念下，传播学理论被简化、切割，几乎成为机械传播，传播中的主体——人的作用被代之以机械的功能反应。以至于伯纳德·贝雷尔森（Bernard Berelson）批评传播学的技术还原主义将把传播学研究送入漫长的严冬。

技术还原论不仅存在于传统的传播学模式研究中，新媒介技术日益发达的今天，我们仍然能够感受到思想被新媒介绑架的力量。毫无疑问，不能否认在传播中存在的机械论现象，然而这种基于二元对立和形而上学认识论的传播思想，仅仅是关于支配和控制的科学，不涉及接受者的理解方式和任何与人的心灵世界有关的内容。例如几种常见的传播模式：

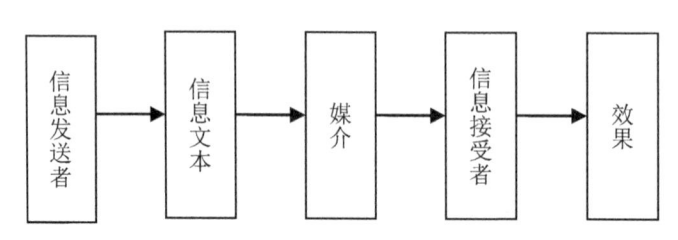

信息发送者 → 信息文本 → 媒介 → 信息接受者 → 效果

拉斯韦尔的线性传播模式[①]

拉斯韦尔的线性传播模式完全是基于行为主义的"刺激—反应"理论，只注重传播的效果，拉斯韦尔之后，作为数学家的香农与韦弗，开始考虑到了传播过程中的噪声的干扰。

---

① 丹尼斯·麦奎尔、斯文·温德尔：《大众传播模式论》，祝建华、武伟译，上海：上海译文出版社，1987 年版，第 17 页。

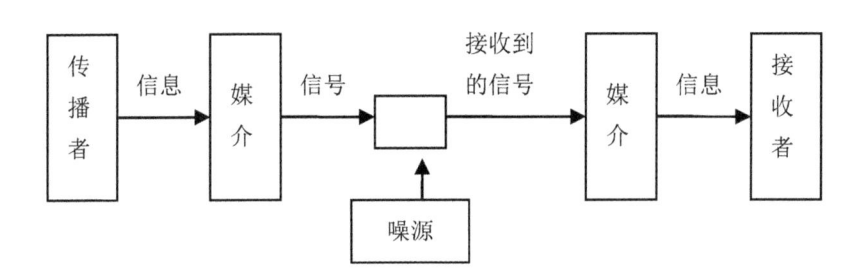

香农-韦弗的数学传播模式[①]

上述两种传播模式都属于线性传播模式，完全不能体现人的互动性特征，20世纪50年代施拉姆和奥古斯德提出了传播过程的"循环模式"。

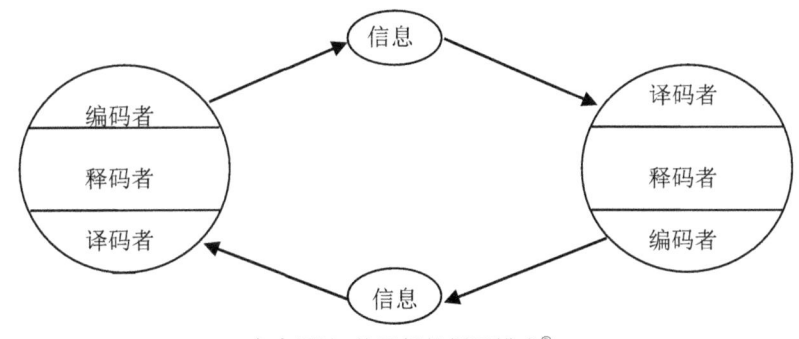

奥古斯德-施拉姆的循环模式[②]

奥古斯德-施拉姆的循环模式把信息传播者和接收者放在了平等的地位，并且强调传播的互动特征，在当时算是比较先进的传播模式，所欠缺的是对传播内容意义复杂性的考察。从符号学立场考察传播模式的始于语言学家雅各布森。

---

① 丹尼斯·麦奎尔、斯文·温德尔：《大众传播模式论》，祝建华、武伟译，上海：上海译文出版社，1987年版，第20页。

② 丹尼斯·麦奎尔、斯文·温德尔：《大众传播模式论》，祝建华、武伟译，上海：上海译文出版社，1987年版，第22页。

```
                       语境
                       符号
符号发送者  ——————————→  符号接受者
                       媒介
                       符码
```

雅各布森的语言符号传播模式[①]

雅各布森的语言符号传播模式分析了传播行为中的六要素，每一种传播要素都有其相应的功能，并且把整个传播过程看作是共享的意义系统，不过它仍然是线性的模式。

上述几种传播模式的问题在于，囿于二元论或认识论的思维，传播过程实际上只存在于两个维度，因而在传播中并没有给予各主体创造性的空间，"人类并不是双脚站立在技术的大地上而思想却漂浮在星空中"[②]。换句话说，我们对传播的理解，必须摆脱机械的二元论思维，将传播理解为具有创造性的三元模式[③]。

1.3.2.2 米德的符号交往模式

在分析米德的符号交往模式之前，有必要先对"communication"这个词的概念本身做一个界定。"communication"源于拉丁语"communicatio"，本意指的是建立关系的行为。国内学界通行的译法是将之译作"传播"，相应的学科称之为"传播学"。

"传播"这个译法更偏向于詹姆斯·凯瑞（James W. Carey）所说的传播的"传递观"，强调一个传播行为的线性特征和传播效果。而我们知道，20世纪二三十年代的实用主义倡导的是以交互关系为特征的意义共享模式，而

---

① 约翰·菲斯克：《传播研究导论：过程与符号》，徐静译，北京：北京大学出版社，2008年版，第29页。
② 埃里克·麦格雷：《传播理论史：一种社会学的视角》，刘芳译，北京：中国传媒大学出版社，2009年版，前言第3页。
③ 埃里克·麦格雷在皮尔斯对事物三分法的基础上，把传播理解为三个层面，分别是"自然的""文化的"和"创造性的"。自然的层面指的是遵循机械规律和因果关系的层面，类似于传播中的"刺激—反应"模式，但事实上这样的情况不可能存在；文化的层面指的是表征差异的层面，并界定社会各种关系的层面；创造性的层面指的是出现新的意义解释，并对之做出调整，包含创造性和可能性的层面。参见埃里克·麦格雷：《传播理论史：一种社会学的视角》，刘芳译，北京：中国传媒大学出版社，2009年版，前言第3-4页。

第1章 文献综述

且是一种基于开放性和社会性的交往观念①,它并不强调某个交往行为的最后结果,而是注重交往行为过程中可能会发生什么。

具体到米德而言,他提出了从自我内部层面到社会层面的开放性交往模式,把人作为交往行为中具有言语行为能力和意义解释能力的主体,从符号的、互动的和文化的层面来理解人与人之间的相互交往,符号自我则是米德交往模式中的逻辑起点。

米德符号自我的交往分为两个层面,其一是经由"广义他者"形成的"主我"与"客我"的内心对话;其二是自我运用符号作为媒介与其他社会自我的具有自反性的交往关系。这两层交往关系各自形成符号自我交往的三元结构。如下图:

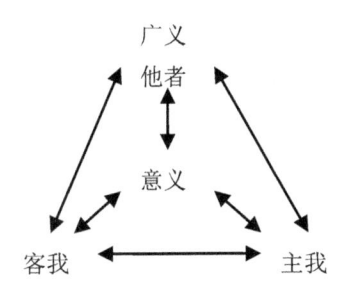

```
        广义
        他者
       ↗  ↕  ↖
      ↙       ↘
    ↙   意义   ↘
   ↙  ↗    ↖   ↘
  ↙  ↙      ↘   ↘
 客我 ←――――――→ 主我
```

符号自我内心对话模式

如果把自我内心对话的交流模式扩展到社会层面,那么它将构成两组三元关系的交往模式,一组是上面所说的符号自我内心对话结构,另外一组是在不同交往主体间的以符号为媒介的具有自反性特征的交往关系,这两组三元交往关系都伴随着对符号意义的解释。如下图:

---

① 实用主义强调的是人与人之间双向互动的交往关系,用"传播"这个概念置换实用主义的"交往"概念完全违背了实用主义的初衷,因此本书后面的行文中凡涉及与此相关的内容,均译作"交往"或"交流"。

```
┌─────────────────────────────────────────────────────┐
│  ┌──────┐      ┌──────────────────┐      ┌──────┐  │
└─→│ (6)  │─────→│  符号—解释项—对象 │─────→│ 听者 │  │
   │ 说者 │      │  (2)  (3)  (4)   │      │ (5)  │  │
   │ (1)  │      └──────────────────┘      └──────┘  │
   └──────┘                                           │
```

符号自我的六元交往模式①

米德的交往模式与传统的交往模式相比,最大的不同在于交往中的自反性。在同一个交往行为中存在两次交流过程:"一次作为主动沟通者,一次作为以自己为对象的被动沟通者。"②也就是说,如果把符号发送者看作是一个交往主体的话,在同一个交往行为中,它既是交往的主体,也是交往的对象。这就对应于米德自我中的两个部分:"主我"与"客我"。

对米德来说,"'主我'是有机体对其他人的态度做出的反应;'客我'则是一个人自己采取的一组有组织的其他人的态度。其他人的态度以及过去的'主我'构成了有组织的'客我',然后,一个人就作为'主我'对这种'客我'实施反作用"③。如果打个比方的话,就是"主我"好比信息接收器,而"客我"则是信息存储器。"主我"从外部接收信息处理之后,交给"客我"保存。但是这两者都不是恒定的,他们之间不断地有信息交流,此刻的"主我"变成下一时刻的"客我"。

"主我"和"客我"不断的变化过程,也是它们之间进行交流的过程,也就是说,在心灵内部他们之间有一个交流行为。但反过来,这种交流行为要依托于"主我"与社会中"广义他者"的交往行为。因为"主我"具有能动性和认知能力,所以"'主我'是存在于他自己的行为举止内部的,他针对这种社会情境所采取的行为"④。当"主我"采取某种社会行为时,他要观

---

① 诺伯特·威利:《符号自我》,文一茗译,成都:四川教育出版社,2011年版,第31页。在米德的术语表述中,与符号、解释项、对象相对应的三组概念,从社会交往层面来说分别是第一个有机体的姿态、第二个有机体的姿态以及社会行为结果;从自我内心对话结构来说,对应的是主我、广义他者以及客我。
② 诺伯特·威利:《符号自我》,文一茗译,成都:四川教育出版社,2011年版,第30页。
③ 乔治·米德:《米德文选》,丁东红、霍桂桓等译,北京:社会科学文献出版社,2009年版,第82-83页。
④ 乔治·米德:《米德文选》,丁东红、霍桂桓等译,北京:社会科学文献出版社,2009年版,第83页。

察或采纳其他社会个体的态度，对之做出反应，这里也同样存在交往的行为。"主我"采取其他社会个体态度的过程，也是"主我"与"客我"就这些态度交流的过程，然后"客我"就出现了。

从心灵内部的自我对话到社会性的自我，"米德强调自我产生于社会行为，所有的社会行为都涉及交往行为，交往仅仅适用于社会行为。交往是社会行为当中姿态以及对之做出调试反应的另外一个形式之间的组成部分。米德的工作，是试图表明在自我产生的社会行为中存在交往行为"[1]。

自我的形成以及自我与社会之间的交往行为，除了依靠具有表意的非语言符号之外，米德认为另外一种主要的交往媒介是语言符号。米德区分了动物的有声姿态和人类的语言之间的差异，动物也能做出有声的姿态，来唤起同伴的注意，但它们之间不能传达思想，而人类的语言则可以做到。虽然米德在这里关于动物的有声姿态与人的语言之间的区分现在看来有些争议，因为我们现在还无法证明动物之间是否能够通过属于它们的语言符号进行交流。

不过米德间接地表达的另外一种观点却是合理的，那就是他所说的我们用来交往的表意符号是从特定的有声姿态中发展出来的。这种说法的合理性在于，当我们将某个对象进行符号化之后，还要对其进行命名。当我们在社会交往的过程中用语言来说出这个符号，每个人都能理解这个符号的意义是什么，这是语言符号重要的交往功能。

哈贝马斯非常推崇米德的交往行为理论，他认为米德同埃米尔·迪尔凯姆（Emile Durkheim）一样，吸取了马克斯·韦伯（Max Weber）交往合理化中的基本概念，从而摆脱了意识哲学的困境，完成了从目的行为到交往行为的转换。

哈贝马斯之所以推崇米德的交往理论，"是因为米德的交往理论构成了两种意识批判、归结到皮尔斯的传统的关节点"[2]。这两种意识批判指的是语言分析哲学和行为主义对传统意识哲学的理论分析。它们的共同之处在于：在对人的行为进行分析的时候不考虑人的心灵结构。语言分析将人的日常行

---

[1] David L. Miller, *George Herbert Mead: Self, Language, and the World*, Austin: University of Texas Press, 1973, p.47.
[2] 于尔根·哈贝马斯：《交往行动理论（第二卷）：论功能主义理性批判》，洪佩郁、蔺菁译，重庆：重庆出版社，1994年版，第5页。

为都纳入语言分析的对象，而行为主义则将人的行为直接表述成像动物一样的"刺激—反应"模式。

到了米德这里，这两种对人的行为研究原理就联系起来了。人的交往行为和语言是统一的整体，语言符号充当了人们内部心灵活动与外部交往行为之间的媒介。但是在这里必须要说的是，米德过分注重语言执行交往的中介功能，对交往过程中语言符号和非语言符号的意义解释没有作足够的分析。他的交往行为理论与哈贝马斯一样具有理想化的色彩。

米德将交往作为人类社会的组织原则，"这一原则要求他人在自我中出现，他人参与自我，通过他人而达到自我意识。"[①]这里米德提出了"广义他者"（The Generalized Other）这个概念，"广义他者"是指在一个有组织的社群当中具有普遍性的道德自我。

米德的"广义他者"类似于迪尔凯姆所说的集体意识，"都是针对道德目的而相对忽略认知目的。"[②]米德试图在交往行为中建立一种普遍的道德观念，他的道德观念是以康德道德学说中绝对命令作为基础的[③]。"我们在评断道德上的重要问题时所采取的立场，必须公正地注意一切有关系的人的很好理解的利益，因为道德规范，如果正确地理解的话，必须使一种共同的利益，一种普遍的利益加以利用。"[④]事实上也就是说，我们在与他人交往过程中，一种出于道德的行为，同样对他人也具有相同的利益。

与许多同时代和现代的理论家们相比，米德的交往理论是建构性的。首先他强调社会交往中人的主体性，人是万物的尺度，这是所有实用主义者普

---

① George Herbert Mead, *Mind, Self and Society*, Chicago: University of Chicago Press, 1934, p. 230.
② 诺伯特·威利：《符号自我》，文一茗译，成都：四川教育出版社，2011年版，第51页。
③ 需要注意的是，米德只是部分认同康德道德观念中的不能把人当作手段，只能作为目的的观点，而对于康德的道德论上的理性主义立场和目的王国，米德是持批判态度的。康德的道德论坚持绝对的普遍主义，道德准则应当内化为人们的心灵法典，从而具有绝对的理性和永恒性。这在米德看来是不可思议的，因为道德准则作为外在的符号领域，是由具有主体性的人来制定并且遵守的，但是当出现某些变化性的因素时，人们在道德准则面前具有主体性，人们能够通过公开讨论并达成契约对道德准则进行修订，在本书第七章会对这个问题进行详细讨论。
④ 于尔根·哈贝马斯：《交往行动理论（第二卷）：论功能主义理性批判》，洪佩郁、蔺菁译，重庆：重庆出版社，1994年版，第120页。

遍的共识。关于这一点，在社会学家卢曼看来，则有不同的观点，在他的社会系统理论中，参与交往的主体不是人，而仅仅是交往本身，于是交往本身代替了人的主体性。

另外，在现代传媒技术越来越发达的今天，一种强调技术在社会交往中扮演中心角色的观点得到了普遍的认同，同样是消解了人的主体性。米德强调交往中人的主体性与主体哲学的区别在于，从符号互动的观点来看，人的主体性是以承认他者存在的主体间性为前提的。其次，米德注重交往过程中主体在取得共识和达成一致方面的可能性。他与同时代的威廉·詹姆斯相反，詹姆斯认为人的心灵和意识具有完全的私密性，在个体思想观念之间存在不可逾越的鸿沟。詹姆斯说："这种思想之间的断裂，是自然界中最本质的断裂。"[①]于是在詹姆斯的世界中，强调的是交往的不可能性。

米德认为自我作为一个符号，具有半公共性和半私密性的特征。尽管在交往中存在双方意见的不一致或者冲突，但是作为交往的主体而言，具有创造符号、自由选择的特征，主体会通过自身的努力以及与其他主体的协商，共同就某个交往主题达成社会契约，形成可被社群成员普遍接受的共识。米德的这种建构性的社会交往理论，同样影响了很多理论家，比如上文提及的哈贝马斯，以及舒茨等人的以米德符号互动论为基础的现象学社会学。

---

① James William, *The Principles of Psychology*, New York: Cosimo Inc., 2007, p. 147.

第 2 章 心灵自我

2.1 米德的心灵哲学

自我作为具有认知能力的主体，在社会交往中能够创造和使用符号，这一切依赖于自我的心灵和意识所具有的自反性。笛卡尔是第一个从人的主体性阐释心灵自我的人，他承认自我的心灵和意识存在，并且赋予自我认知主体的功能。米德是一位反笛卡尔主义者，在笛卡尔的观念中，心灵和意识与外在的客观世界都不发生关系，也没有制造符号和使用符号的感知功能，于是笛卡尔否认自我生活在符号世界中，而只承认自我的心灵世界以及上帝的存在。

笛卡尔关于心灵自我有两个层面，分别是心灵与物质二元论以及身心二元论。米德所反对的主要是笛卡尔第一个层面的二元论，在身心二元论的立场上，我们将会借助现代脑科学的研究成果来说明，米德在身心问题上仍旧未能走出笛卡尔的窠臼，这是米德心灵自我理论中的不足，当然这与米德所处时代科学技术水平的发展也有一定的关系。

2.1.1 对笛卡尔心灵自我的反驳

在论述米德就心灵问题如何与笛卡尔不同之前，我们首先陈述一下笛卡尔的心灵自我观念，以便于两者的比较。笛卡尔的二元论包括两个方面：身心二元论和心灵与物质二元论。

西方历史从古希腊到中世纪，对自我的追寻一直在宇宙论和基督教神学的范畴中打转。直到文艺复兴之后，随着科学的进步，人们开始重新认识心灵和自然的关系，自由和理性取代了宗教的权威。人的自我意识成为哲学研究中的首要命题。进入 17 世纪，笛卡尔成为自我研究的开创者。

笛卡尔没有像前人那样将探索的目光投向对外部实在的自然观察，而是

第2章 心灵自我

返回自身的心灵寻求问题的解答。1619年的一次旅行中,笛卡尔在旅馆的壁炉面前沉思了一整天,思维极度煎熬中突然灵光闪现。笛卡尔发现除了思考的自我之外,一切都是值得怀疑的。这使他得出了哲学史上"我思故我在"的伟大哲学命题。

这是唯一不能怀疑的东西,笛卡尔说:"'我思,所以我存在'这条真理是十分确实、十分可靠的,怀疑派的任何一条最狂妄的假定都不能使它发生动摇,所以我毫不犹豫地予以采纳,作为我所寻求的那种哲学的第一条原理。"[①]通过普遍怀疑的方法,笛卡尔确证了自我的存在。但同时,笛卡尔也切断了自我的心灵与外在符号世界的任何关联,他不相信由心灵感知能力而获得的知识的确定性。

在论证了自我的存在之后,笛卡尔就要分析自我的本质是什么,首先因为外部实在都是笛卡尔怀疑的对象,因而自我不可能是自然界的物质。而对于我们赖以存在的肉体,虽然"我和它非常紧密地联结在一起,但是由于一方面我对我自己有一个非常清楚、明白的观念,即我只是一个在思想的东西而没有广延,而另一方面,我对于肉体有一个明白的观念,即它只是一个有广延的东西而不能思想,因此肯定的是:我,也就是说我的心灵,或者是我的灵魂,也就是说我之所为我的那个东西,是完全地、真正地与我的肉体有分别的,它可以没有肉体而存在"[②]。

因此在笛卡尔看来,自我的本质是一个不依赖于任何外在的心灵符号。当然,笛卡尔在这里论证自我的存在并不是什么新鲜的哲学命题,中古时期的奥古斯丁已经对自我存在之谜进行了有意义的探索。奥古斯丁是通过"我怀疑、我犯错"来证明自我的存在。实际上与笛卡尔提出的命题大同小异,因此笛卡尔的"我思故我在"只是对自我的重新发现。

那么,笛卡尔所说的这个心灵符号是由什么构成的呢?笛卡尔回答说那是思维。因为确证了自我的存在之后,自我能存在多长时间,就依赖于我能思维多长时间。假如思维停止,自我也就可能不复存在了。因此对笛卡尔来说,"我现在对不是必然真实的东西一概不承认,严格来说,我只是一个在思

---

① 勒内·笛卡尔:《谈谈方法》,王太庆译,北京:商务印书馆,2001年版,第27页。
② 皮埃尔·伽森狄:《对笛卡尔〈沉思〉的诘难》,庞景仁译,北京:商务印书馆,1995年版,第78页。

维的东西，也就是说，一个精神，一个理智，或者一个理性，这些名称的意义是我以前不知道的"[①]。自我就是一个独立于任何事物的心灵或精神符号。

笛卡尔论证了自我的本质和属性，同时另外一个问题又出现了：自我是怎么产生的？首先肯定不是由我自己赋予自我的，也不是由自我以外的其他什么事物创造自我的。在这个问题上，笛卡尔转向了中世纪的经院哲学，将自我的产生归于无所不能的上帝，也就是说，自我的心灵是上帝赋予的，是与生俱来、不证自明的观念。

接下来笛卡尔又对心灵与物质的关系进行了论述，对于外在世界，笛卡尔认为同样它们也属于独立的存在。"物体脱离人类思维而独立存在。"[②]心灵和物质是两个相互独立的实体，它们彼此没有任何关系，它们的存在纯粹依赖于上帝。

笛卡尔通过思维的感觉形式说明了心灵与物质之间是如何不相互影响的。这些感觉的形式包括对事物的怀疑、接受、肯定以及否定等，但是这些感觉是属于自我的本性吗？笛卡尔的答案是否定的。比如，当我们去触摸一块冰时，我们感觉它是凉的。但是笛卡尔从他的理性主义出发，认为一切感觉经验都是靠不住的。因为我们触摸的这块冰有可能在上一个时刻是水的形式，而在下一刻有可能变成蒸汽。

笛卡尔也举了一个从蜂房里取出来的蜡的例子：这块蜡有具体的形态、颜色，看得见、摸得着，而且还有被蜂蜜熏染的香气，总之，它具备一个人们最容易清楚认识的物体的一切物理特征。如果将这块蜡放到火上烤，之后它的颜色、形态，包括沾染的蜂蜜的香气都发生了变化。当我们用手去触摸，用眼睛去看，用鼻子去闻的时候，感觉上它都已经不是原来的那块蜡。

但是笛卡尔恰恰认为，原来的那块蜡仍旧存在。在笛卡尔看来，"实体不能改变它的属性，却可以改变它的样态"[③]。因此我们不能用想象来认识具有无数变化形态的事物，不用看，也不用摸，原来这块蜡上的颜色、香气等通过运动转移到了别的物体上。而上帝所授予的这个世界其能量是守恒的，因为上帝永恒，所以物体的属性不变。

[①] 勒内·笛卡尔：《第一哲学沉思集》，庞景仁译，北京：商务印书馆，1986年版，第26页。
[②] 弗兰克·梯利：《西方哲学史》，葛力译，北京：商务印书馆，2001年版，第313页。
[③] 弗兰克·梯利：《西方哲学史》，葛力译，北京：商务印书馆，2001年版，第313页。

第 2 章 心灵自我

以上是笛卡尔著名的心灵与物质的二元论,此外,他还有关于身心问题的二元论。首先笛卡尔相信有一个身体属于自我,"我能感觉到自己身体上存在多个器官,它们有情绪上的感觉能力,比如遇见一件高兴的事情,我能感觉到愉悦。日常生活中会有饥渴的生理感觉,而对于物质能够感觉出它们的形态、颜色等物理特征"。

因此笛卡尔相信身体"比其他任何物体都更真正、更紧密地属于我,这并不是没有道理的"[①]。但是我们不要忘了,笛卡尔是一位唯理主义者。他说:"自我通过身体的某些器官或机能获取的这些感觉是感官的而不是理性的,这些感觉比起我在沉思中获得的观念要更明确、更生动,所以它们不可能是从心灵中产生。"笛卡尔还发现,有经验多次证明这些感觉根本不靠谱。

从这里笛卡尔就推论出,如果某人不幸在一次事故中失去了双腿,他虽然能感觉到伤口处很痛,却不能肯定是不是很痛。在这些感觉中,不包含理性的成分。它们必定不属于自我的心灵,换句话说,这些通过身体感官而来的感觉是外在于心灵实体的。

因此在心灵和身体之间有一个很大的差别,"这个差别在于,肉体永远是可分的,而精神完全是不可分的。因为事实上,当我考虑我的精神,也就是说,仅仅是一个思维的东西的我自己的时候,我在精神里分不出什么部分来,我把我自己领会为一个单一、完整的东西,而且尽管整个精神似乎和整个肉体结合在一起,可是当一只脚或者一只胳臂或别的什么部分从我的肉体截去的时候,肯定从我的精神上没有截去什么东西"[②]。借此,笛卡尔就证明了心灵与身体之间是完全不同的。

不过在这里还须提示一点,笛卡尔认为身心不是彻底隔绝的。他承认身心之间有交感作用,通过大脑中一种叫作"松果腺"的物质,心灵达到对身体的控制。这里显示出了笛卡尔身心问题的矛盾性,他认识到了大脑中有某种器官可以和心灵进行沟通,但一方面囿于当时生物科学的发展,另一方面主要在于他坚持二元论的观点,这个矛盾是可以理解的。

笛卡尔关于两个二元论的表述,使得他的心灵哲学走向了机械主义的立场。米德对笛卡尔的批判主要指向他的心灵与物质二元论,在身心二元论上

[①] 勒内·笛卡尔:《第一哲学沉思集》,庞景仁译,北京:商务印书馆,1986年版,第80页。
[②] 勒内·笛卡尔:《第一哲学沉思集》,庞景仁译,北京:商务印书馆,1986年版,第90页。

两人都持有相似观点,关于这个问题在后面进行分析,先来看心灵与物质二元论。

米德与笛卡尔的冲突表现在两个方面:其一,心灵不是上帝先验给予的形式,更主要的是包含由心灵制造的符号构成的内容;其二,心灵作为自我的内在符号领域,不能脱离外在的符号领域单独存在,心灵的自反性能够将思维的内容投射到外在的符号世界,并且转化为具体的实践行为试图达成某种行为结果。因此与笛卡尔的"我思故我在"相比,米德明确地表达出"我行动我存在"的观点。

关于心灵的本质问题,说到底其实就是人类的认识问题。中世纪之前,人类常常将自我的起源归结为神或上帝的作品。直到文艺复兴之后,人类对自然或宇宙的认知逐渐深入,这也使人们开始重新思索心灵与自我的问题。米德指出,文艺复兴从三个方面影响了人们对心灵的认知:"对自然的认识上开始产生分歧;经验对象与正在经验的个体之间的关系;在一个抽象的物理环境中经验内容并非一成不变。"①

米德认为,心灵是在对自然的认知过程中产生的,"心灵与自我本质上属于社会的产品,人类经验有着举足轻重的作用"②。米德在这里的意思是,生命有机体在完成生物进化到一定程度后,经验积累到一定程度——有机体能够利用表意符号与他人和自我进行交流的时候,这时心灵就突现出来。

米德同笛卡尔一样,都承认在心灵之外存在独立的物质世界。所不同的是,在笛卡尔那里不可靠的人类感知能力,被米德纳入了心灵内部。因为在伽利略的自然概念中,诸如人类感觉无法在物质世界中获得各自的独立空间,因此,"最简单的处置办法就是将他们置入心灵内部"③。这就使得人们获得了感知能力。在这一点上,米德与约翰·洛克(John Locke)持有相似的立场,感知是人们获得观念和知识的一个来源。

---

① George Herbert Mead, *The Philosophy of the Act*, Charles W. Morris, ed. Chicago: University of Chicago Press, 1938, p. 357.
② Anselm Strauss, *The Social Psychology of George Herbert Mead*, Chicago: University of Chicago Press, 1956, pp. 128-129.
③ George Herbert Mead, *The Philosophy of the Act*, Charles W. Morris, ed. Chicago: University of Chicago Press, 1938, p. 358.

人类的感知能力还有一个重要的功能,它能够构造某些外部实在的特征。"眼睛在对象身上构造出颜色,耳朵在对象身上构造出声音。"①换句话说,外部实在的某些性质只有在与心灵的关系中才能够存在,并且是以符号的形式存在。比如一只蓝色的杯子,是我们的感知将蓝色传递给杯子,它才呈现为蓝色。心灵与外部实在的这种联系构成了人类的经验,"而我们只有在经验中才能发现并确认实在"②。如此看来,在关于心灵与物质的关系上,米德与笛卡尔的观点截然不同。

在确立了心灵与物质的关系之后,米德进一步论证:两者都处在变化当中。虽然机械论打破了宗教权威的垄断,不过它将整个自然看作是一台巨大的机器。而后来兴起的实在论则假定有一个全知的心灵,它唯一的任务就是按照对象的本来面目去认知事物,同样落入了机械论的窠臼。

站在进化论的立场上,米德对机械论进行了反驳。同时,米德认为,自我的心灵具有自反性智力,当心灵与认知对象之间确立了关系,然后付出行动,施加于对象之上的行动改变了对象的性质。据此,在心灵和对象之间,没有谁能保持恒定的状态。

2.1.2 心灵的认知过程

心灵为何能够与外在符号世界之间存在互动的关系?是什么结构使得心灵具备构造符号某些特征的功能?米德认为,心灵特征的本质在于其具有自反性智力(Reflective Intelligence)③,这是人与低等动物最重要的区别。

米德自反性智力的概念很大程度上受到了杜威以及芝加哥实用主义对心灵的理解。实用主义关注人的行为与心灵调试之间的关系,将人的心灵看作是具有创造性的功能主体。"对实用主义者来说,心灵是作为参与改变世界的一部分,而不是某种副作用的幻象、现实反映的旁观者以及一个更大的心灵概念的表述。在这种更为积极的理解中,'行为'成为分析的基本要素,而不

---

① David L. Miller, ed., *The Individual and the Social Self*: *Unpublished Work of George Herbert Mead*, Chicago: University of Chicago Press, 1982, p. 183.
② David L. Miller, ed., *The Individual and the Social Self*: *Unpublished Work of George Herbert Mead*, Chicago: University of Chicago Press, 1982, p. 182.
③ 本书第四章还将对自反性概念进行详细的探讨。

是机械零件、生物器官以及抽象的观念。"①

杜威于1896年发表的一篇名为《心理学中的"反射弧"概念》的文章，分析了心理活动作为一个整体的过程，这个概念的提出被认为是人类行为研究的一个转折点。米德的自反性智力的概念主要受到了杜威的影响，人的自反性智力指的是心灵结构这样的一种能力：当自我的心灵与客观世界中的对象发生关系之后，为了检验其效果，心灵又从这种关系中抽离出来，站在第三方的位置进行观察，并根据某种原则进行修正。

自反性智力来自于两个方面：其一，从生物学层面上来说，它得益于人的中枢神经机制；其二，从认识论层面来说，它与心灵获得知识的来源相关。

米德曾经指出，人们对事物的认知和观念，这种能力的生物学基础来自于人的中枢神经系统。米德对此表述得很清楚："中枢神经系统提供了一种隐含反应机制，使个体能够在一个已经开始的动作实际结束之前隐含地检验各种可能的结果，并因而在此检验的基础上为他自己选择一种结果，这种结果是最值得明确实行或实现的。简言之，中枢神经系统使得个体对他的行为施加有意识的控制。正是延迟反应的可能性在原则上区分开反思的行动与非反思的行动，在后一类行动中反应始终是直接的。前一类行为涉及中枢神经系统中的高级中枢，它使我们可能在简单刺激反应弧的刺激与反应之间插入一个选择过程，即在一整套可能的反应以及对特定刺激的各种反应的组合中选择这个或那个反应。"②

可以举一个例子来说明这个问题：在小孩子的成长过程中，很容易对新鲜事物感兴趣。假设某一天他看到一只燃烧的蜡烛，因为之前没有看到过，因此这会引起他对蜡烛燃烧发出的光亮感兴趣，在此已经存在一个刺激反应的阶段。如果他想弄明白蜡烛燃烧发出的光亮是怎么回事，然后用手去摸蜡烛的火焰，被烧到之后迅速将手撤回，这是第二个反应阶段。在这个阶段，他的中枢神经系统发出疼痛的信号，使得他开始反思燃烧的蜡烛和用手接触之间的关系，并得出行为的结论。

---

① Eric Bredo, "Evolution, Psychology, and John Dewey's Critique of the Reflex Arc Concept", *The Elementary School Journal*, Vol. 98, 1998, p. 448.
② George Herbert Mead, *Mind, Self and Society*, Chicago: University of Chicago Press, 1934, p. 107.

第 2 章 心灵自我

关于第二个方面,心灵自反性智力的知识来源是什么。机械论和理性主义认定在传统的形而上学中不能获得明确的知识,只是得到一些关于事物错误的表象和谬论。根据笛卡尔的观点,"我们如何去把握清晰明确的知识,应该运用什么方法?数学是榜样,给我们提示了推理应遵循的步骤;只有数学家能够发现确实而自明的命题。"①

数学的方法虽然符合米德所提倡的科学研究方法,但是笛卡尔将这种研究方法运用到哲学上。它所遵循的是从绝对确实的原理出发进行推理,从而得到比较复杂的命题。因为除了心灵之外,其他所有都是值得怀疑的,最后得出的是一个先验存在的心灵实体。所以自反性智力在笛卡尔这里只涉及与心灵内部的对话,它与外部实在之间没有任何关系,当然也就谈不上制造符号和使用符号的问题了。

经验主义者做出了与笛卡尔相反的选择,比如约翰·洛克,继承了弗朗西斯·培根(Francis Bacon)知识来源于感觉的观点。洛克认为没有一个先天给予的心灵实体,心灵的原初形态就是一块"白板"。知识的来源有两个:感知和反省。这里的"反省"就是指的心灵的自反性智力,通过感知获得的知识属于简单观念,心灵的自反性智力有对这些简单观念加工整理的能力。

在心灵获得知识的观念问题上,米德主要是一位经验主义者。我们从米德一段关于形而上学的表述中可窥见一斑,米德说:"我们的哲学本质上已经不那么超现实了,它关心的是我们在经验中发现的东西。尤其重要的是,必须把那些原来给予其他世界的意义还给生活本身,那些原来依附在超越于个体之上的普遍性的意义,也应该被放到个体的实际经验中去理解。"②

但是单纯依靠经验能获得普遍性和必然性的知识吗?心灵在认知外部实在的过程中如何保证行为的正当性?米德分析了康德的绝对命令作为行为的法则,"每一个道德的行为都必须包含这种普遍的形式,他以绝对命令的形式表达了这一点:要确保你行为的准则能够成为普遍的法则"③。用心灵为自

---

① 弗兰克·梯利:《西方哲学史》,葛力译,北京:商务印书馆,2001 年版,第 308 页。
② George Herbert Mead, *The Philosophy of the Act*, Charles W. Morris, ed. Chicago: University of Chicago Press, 1938, p. 627.
③ George Herbert Mead, *Movements of Thought in the Nineteen Century*, Chicago: University of Chicago Press, 1936, p. 27.

然立法，米德称康德为革命的哲学家。尽管康德的观点具有建设性，但是在米德看来，康德的绝对命令走向了一个纯粹的目的王国，必定限制自我的丰富性和多样性。

米德将康德的绝对命令演化成"广义他者"的概念，当心灵有意识地去认知某个对象时，它会站在他人的立场上，采取他人的角色。此时，自我的心灵就不是一个独立存在的心灵实体。只有心灵的行为法则为社群中其他成员所认同时，以此来保证自我行为的正当性和有效性，这样自我的心灵就建立起了与他人心灵的相互关系。

另外一层关系存在于心灵与认知对象和外部环境之间，心灵认知的知识来源于经验。经验是一个由行为引发的持续的过程，认识存在于行为的过程之内。在认识的过程中，建立起了心灵与对象之间的关系。而实在论则认为心灵和对象之间只是直接的认知关系，心灵将对象分解成基本元素之间的关系，因此关系只存在于心灵外部。

以黑格尔为代表的唯心主义则相反，认为"关系是内在的，并且被认为具有绝对自我的本性，关系是一种形成关系的过程。形成关系是绝对自我的一个思考过程，我们的心灵只是其中的一个片段"①。

与上述立场相比，米德采取了折中的办法。他认为只有在主体对环境发生反应的时候关系才是存在的，这种关系是心灵和对象之间的互动关系，它既不是单纯外在的，也不全然是内在的。

心灵与对象之间能够建立起互动关系，并不全部是由于外部实在对心灵的刺激。米德与实用主义者的立场是一致的，他们肯定人在客观世界中的主体性，心灵具有主观的改变和创造世界的能力。从普遍性的原则出发，用经验来检验这个原则的真伪。这既是一个心理过程，也是一个行为过程。

通过上面的分析我们知道，心灵从经验中获取知识，心灵是经验的一部分。那么在这个过程中心灵获取知识的机制是什么，以及如何对事物做出判断。这必然涉及心灵与对象的关系中符号的生成机制，符号的形成使得心灵开始在对事物的认知上依赖符号的意义。

外部实在永远处在变化之中，所以没有一个绝对普遍的必然法则，符号

---

① George Herbert Mead, *Movements of Thought in the Nineteen Century*, Chicago: University of Chicago Press, 1936, p. 333.

系统的表意结构一直处在建构之中，那么也就没有绝对普遍和必然的知识，"实用主义将知识当作过程中的一个阶段，知识是自然过程的一部分"①。只是在与他人交往过程中，当出现了观点或意见的冲突或不一致时，心灵的自反性智力会将过去和当下经验中的知识抽出来对当下行为反思。

这样我们就会发现，"很明显的，在这个心理过程中卷入了行为的部分，使得自我作为一个对象，我们对意义有了更加深入和完善的理解，确保能够理性地解决我们面临的问题"②。这时对心灵的关注就不仅仅限于个体，心理过程是由个体复杂的行为和环境之间的无数片段构成的，通过经验的显现自我成为心灵认知的对象。

所以对于米德来说，像笛卡尔那样将心灵看作是一个封闭的符号系统的观点是荒谬的。即便从生物学的角度，心灵存在于有机体内部，不过心灵的形成和认知能力却是一种社会现象。"只有当社会过程作为一个整体进入或者说出现在该过程所涉及的任何一个特定的个体的经验之中时，心灵才在该过程中产生。当这种情况出现时，个体就成为有自我意识的，并具有了心灵。"③ 在心灵背后，驱使自我主观经验和认知行为的是意识，我们将在后面讨论这个问题。

2.1.3 身心关系

在米德的符号学理论中，他认为符号的意义是在具体的行为中展现出来的。而如果把自我看作是一个符号，则自我需要有一个承载自我意义的"符号载体"，这个"符号载体"就是物质性的人的身体，由此构成自我的符号——行为。身体该如何看作是符号自我的一部分，或许我们应当这样认为，当具有生物学特征的身体在某一个行为上开始携带有社会性或文化性的特征，此时就应当认为身体属于符号自我的一部分。比如，纯粹的吃饭属于生物学的问题，而用何种方式吃饭则属于符号学的范畴。

---

① George Herbert Mead, *The Philosophy of the Act*, Charles W. Morris, ed. Chicago: University of Chicago Press, 1938, pp. 628-629.

② George Herbert Mead, *The Philosophy of the Act*, Charles W. Morris, ed. Chicago: University of Chicago Press, 1938, p. 372.

③ George Herbert Mead, *Mind, Self and Society*, Chicago: University of Chicago Press, 1934, p. 123.

在身心问题上，米德的观点部分地与笛卡尔一致，即认为自我与身体有非常明确的界限。但同时由于米德在自我和心灵的观点上是反笛卡尔立场的，所以他又认为心灵和身体是一个有机的整体。

当然这样的表述有些模糊，我们可以换另外一种说法。米德的自我始终与人类行为连接在一起，这里的行为包括心灵思维的运转、身体的动作以及与心灵对象之间的交往。所以身心关系也必然与行为连接在一起，"介于有机体内部和个体行为之间的心身关系，在有意识的行为和生理行为之间有一个巨大的差异"①。也就是说，米德是从有意识的行为和生理行为两个层次来看待身心关系的。

这里的"有意识的行为"，我们可以将其理解为自我参与社会性的行为，比如参与社区投票；生理行为指的是发生在身体内部的、不需要社会性因素参与的生物学行为，比如口渴、饥饿等。米德作这样的区分，并非天然是要将自我划分为"生物学的自我"和"社会性的自我"两个层次，他只不过是为了将问题说清楚，在观念中把它们拆开来分析。

米德也反对这样的观点，他说："如果认为人就是生物学个体加上理性，如果这个定义是说人过着两重生活，一重是基于冲动或本能的生活，另一重是基于理性的生活，那将是一种错误。如果我们认为理性所施加的控制是借助观念进行的，观念是心理内容，它们不出现在冲动的生活中，并因而形成一个真实的部分，那就更错了。"②与此相反，因为人的自反性智力，理性行为是在生物学冲动遭遇阻碍或抑制的地方嵌入的，自我分裂的个体必定会统一起来。

先来看米德关于生物学层面上的身心关系，首先我们得承认，无论关于自我是一个多么复杂的心理学或哲学问题，关于自我至今尚有很多不明确的结论。但是有一点是毋庸置疑的，那就是自我拥有确确实实的身体。这是现代科学的研究成果，假如笛卡尔活在现世的话，恐怕他也无法否认这个观点。身体由骨骼、肌肉、血液、皮肤以及各种器官等组成，在现代科学研究中，

---

① David L. Miller, ed., *The Individual and the Social Self: Unpublished Work of George Herbert Mead*, Chicago: University of Chicago Press, 1982, p.171.
② George Herbert Mead, *Mind, Self and Society*, Chicago: University of Chicago Press, 1934, p.310.

虽然大脑也是身体的一部分，但常常倾向于将大脑与身体有机体分开研究。

生物学意义上的身心关系就是这样：大脑和身体通过各种复杂的神经系统相互作用，结合成一个不可分割的整体。其实这一点，两千多年前的希波克拉底（Hippokrates of Kos）就曾经在他的医学中提出过，只不过当时未能引起重视而已。在身体有机体内部相互作用的身心关系，并不涉及身体外部的社会性因素参与，它更类似于生物学上本能的"刺激—反应"关系。比如上面提到的当人口渴的时候想要喝水。这纯粹属于身体的生理反应，不需要与其他身体有机体发生任何关系。

现代科学研究也证明了在身体有机体内部进行的身体和脑相互作用的机制："这种联系主要通过两条途径实现。通常，人们首先想到的途径由感觉和运动周围神经组成，这些神经把信号从身体的各个部分传向脑，并从脑传向身体的各个部分。另一条途径，虽然在进化上具有更古老的历史，但人们对它并不是很熟悉，那就是血液；它携带着诸如激素、神经递质等化学信号。"[①]

所以说当指向一个生物学自我的时候，它并不包含任何自反性的行为。"从生物学上讲，我们称之为自我的这一部分心灵建立在一系列非意识的神经模式基础之上，这些神经模式代表我们称为身体本身的有机体的一部分。"[②]在社会性自我的背后存在一个有血有肉的身体，如果可以更进一步的话，我们将其表述为：没有身体，就没有心灵。笛卡尔的后继者贝内迪特·斯宾诺莎（Benedictus Spinoza）在他的《伦理学》中提出过与笛卡尔截然相反的观点。不过彼时的科学发展水平限制了斯宾诺莎对脑与身体之间通过神经元传递信号的了解。

现在来看社会性自我层面的身心关系。在米德之前，对身心关系的研究主要集中在哲学和神学范畴上。比如在柏拉图-亚里士多德哲学体系中，身心关系被认为是为普遍理念提供一个具体的场所，身体仅仅是作为有待认知的某种事物本性的表征；中世纪神学则将身体看作是灵魂的栖居地；直到文艺复兴，随着对物质世界的科学发现，才开始从科学的认识论角度去研究身心

---

① 安东尼奥 R.达马西奥：《笛卡尔的错误：情绪、推理和人脑》，毛彩凤译，北京：教育科学出版社，2007年版，第72页。
② 安东尼奥 R.达马西奥：《感受发生的一切：意识产生中的身体和情绪》，杨韶刚译，北京：教育科学出版社，2007年版，第104页。

问题，可惜的是后来走向了机械论。所以在米德看来，"哲学和神学都试图解决身心问题，但是它们的表述是教条的，因而不可能获得成功，甚至将身心关系设想成上帝使用的一架机器"①。

米德将传统哲学和神学领域的身心问题解放出来，引向社会性的层面，这是他的创造性的表现。社会性层面的这个自我，毫无疑问是要和符号化的社会行为连接起来的。这时的心灵就不是仅仅局限于身体内部，而是与社会上的其他心灵与自我存在交往行为。当然还是会与生物学层面的自我发生联系，主要指的是大脑及中枢神经系统。

中枢神经系统作为社会性自我的重要生物学基础，"人类复杂社会行为的基础存在于中枢神经系统和大脑中，而不是生理的适应性反应。我们拥有一个有机体，其内部具有引起复杂行为的可能，这使得在中枢神经系统中按照时间计划制定一个行为的策略是可行的"②。行为的意义以及观念都依赖于中枢神经系统的机制。米德没有用更加科学的术语对这个机制进行详述，他把这种机制称为"自反性智力"。

根据上面的分析，大脑在社会性自我的形成中也扮演着重要的角色。在生物学自我层面上与身体交流，在社会学自我层面上既与外部交流也与身体交流。这样问题就来了，身体到底是不是自我的一部分？

可以设想这样一个场景：某人常常喜欢坐在窗前回忆往昔，想象现在的这个自我都经历了些什么，爬过哪座山，穿过哪条河，与哪些人交谈过。这样想来，如果没有身体的辅助，是不可能形成现在这个沉思的自我。但是假设另一方面，即使没有这样的经历，他同样会形成另外一个自我。不管怎样，自我的身体都会如影随形，生物细胞在自我形成的同时，也在发生千变万化。

在这个两难问题上，即使"比我们绝大多数人更加深刻的哲学家会熟练地回答说：不管怎样，在这个问题上并没有事实可言。它完全取决于你想要说什么。在一种意义上，是的，它是同一艘船；在另一种意义上，它则不是

---

① David L. Miller, ed., *The Individual and the Social Self: Unpublished Work of George Herbert Mead*, Chicago: University of Chicago Press, 1982, p.172.

② David L. Miller, ed., *The Individual and the Social Self: Unpublished Work of George Herbert Mead*, Chicago: University of Chicago Press, 1982, p.158.

第 2 章 心灵自我

同一艘船。这完全视你的同一性标准而定"①。或许，将身体看作是自我的一部分，可以用这样一句话来进行不太恰当的佐证：我有一个身体，并进而有支配它的权利。与此同时，认为身体不属于自我也并非无的放矢，比如现代医学条件下或科幻电影中的身体器官移植，之后的自我本性仍没有改变。

米德采取的是第二种立场，在这方面他与笛卡尔是一致的。不过分析的路径不同，笛卡尔是从普遍怀疑的立场出发；米德是从经验和自反性两个角度论证。他说："我们可以非常明确地区分自我与身体。身体可以存在并且可能以智能性很强的方式活动，而无须一个包含在经验中的自我。自我有这样一个特征即它是它自身的一个对象，这个特征把它与其他对象和身体区分开来。"②自我可以失去身体的某些部分，原来的自我的本质并没有发生变化。

米德的这个看法过于偏向自我的社会性层面，与他前面的表述有些矛盾。我们已经分析了自我的生物学基础，也就是身体的功能。如果没有身体作为依托，那些所谓的中枢神经系统和大脑岂能独存？

当然强调自我的生物学特征也须防止走向另一个极端，事实上，当代的很多脑科学专家的确这样做了。最近的脑科学研究专家在进行具体病例分析之后认为："心灵之所以存在，是因为有身体给它提供内容……由身体支持、关注身体的脑的心灵服务于整个身体。"③

这绝对不是米德的立场，米德认为社会性自我与身体没有任何关系，这是他表述的缺陷。结合前面对自我的生物学分析来看，社会性自我必然包含身体的部分。正如米德本人在他有些矛盾的表述中也表达了类似的观点："在身体和心灵之间存在有机的联系，它们不能没有彼此而存在，但是我们在想象中可以将它们分开。"④对自我生物学的分析并不是走向生物还原论的立场，而是对社会性自我生物学基础的强调。

---

① F. 瓦雷拉、E. 汤普森、E. 罗施：《具身心智：认知科学和人类经验》，李恒威等译，杭州：浙江大学出版社，2010 年版，第 52 页。
② George Herbert Mead, *Mind, Self and Society*, Chicago: University of Chicago Press, 1934, p.125.
③ 安东尼奥 R. 达马西奥：《寻找斯宾诺莎：快乐、悲伤和感受着的脑》，孙延军译，北京：教育科学出版社，2008 年版，第 126-127 页。
④ David L. Miller, ed., *The Individual and the Social Self: Unpublished Work of George Herbert Mead*, Chicago: University of Chicago Press, 1982, p.173.

2.2 意识的本质

2.2.1 意识与心灵的关系

米德在谈及意识这个概念的时候，认为它是含义十分模糊的词。在传统哲学二元论的论述中，常常把意识看作是与物质对立的某种实体。"从这样一种观点出发，把意识看作是某种类型的舞台不能再自然了。在这个舞台上，观念是演员。演员出现在舞台上，又从舞台上退下来，当特定的线索出现以后再次登上舞台。"①米德的老师冯特对意识的这种观念并不认同，他认为从意识当中产生的观念前后并不是一致的。如果一个观念再次返回意识的时候，它必定不是原来的那一个。

而且，冯特指出了一个重要事实，意识不是一个独立的物体，而是正在发生的一个过程。"意识完全存在于这样一个事实中，即我们具有内部经验，在我们的内部，我们知觉到观念、感情和随意冲动等等。我们在具有这些过程的时候意识到这些过程，当我们没有这些过程的时候我们就意识不到它们。"②冯特对意识的表述摆脱了将意识看作是独立实体的观念，但是走向了身心平行论，将物理的世界与意识分离开来。

以华生为代表的行为主义反对冯特将意识看作是内省的观点，从行为主义"刺激—反应"论出发，纯粹从人的外部行为来研究有机体的进化。按照这种观点，根本无须涉及意识领域，也就否认了意识的存在。

对米德来说，意识是否存在呢？关于这个问题，他认为威廉·詹姆斯的一篇文章作了详细的回答。在《意识存在吗》这篇文章当中，詹姆斯从意识的认知功能或经验之间的联系来理解意识。如此意识就是存在的，那么意识是如何产生的？在米德看来，"意识产生于出现问题的地方，在那里自我努力调节与外部世界的关系，从困难和不利的境况下摆脱，并且利用意识经验调

---

① 威廉·冯特：《人类与动物心理学讲义》，叶浩生、贾林祥译，西安：陕西人民出版社，2003年版，第264页。
② 威廉·冯特：《人类与动物心理学讲义》，叶浩生、贾林祥译，西安：陕西人民出版社，2003年版，第267页。

整状态使得行为继续进行"①。

在这种意义上,意识其实就是在主体与环境相互作用中产生的,但是意识的运作过程却是在身体内部——大脑中运行的,正如约翰·塞尔(John Searle)所指出的:"全部心理现象,不论是有意识的或无意识的,视觉的或听觉的,不论是痛苦、触痒觉或思想,乃至我们的全部心理生活,都是由在脑中进行的过程产生的。"②这句话的意思是:意识的内容是来源于外部世界的,但是它的运作过程要在大脑中进行。

但是实际上讨论至此,我们对意识仍有一个不明确的界定,这个不明确与上面所讨论的生物学自我与社会性自我具有相似性。也就是说,在意识的层面上是否也存在着这样的划分。意识是一个含义模糊的词语,一方面,自我的自然生理过程得以继续要依赖意识的功能,比如口渴、饥饿的感觉,这些我们也称之为意识;与此相对,就是我们上面所论述的主体与环境相互作用产生的意识。在这两者之间,有什么区别吗?或者说,当我们谈论起自我层面上的意识而言,指的是哪种意识呢?

对这个问题,很多研究意识与心灵的当代哲学家都没有给出明确解答,例如在约翰·塞尔和丹尼尔·丹尼特(Daniel C. Dennett)的论述中所谈到的意识既包括第一层次的意识,也包括第二层次的意识。米德对此作了简要分析,他同样也指出了第二个层面的意识:"意识就是发生在符号领域的自我对话。"③米德这句话虽然很简洁,却指出了社会性自我层面上的意识的本质。

区分意识的两个层次,约翰·杜威给出了明确的解释,他区分了两个层面上的意识概念:"平常它(意识)是指两种不同的事物:一方面它是指某些直接明显的特征,这些特征,从心理学的角度而言,指的是感觉。这些直接的特征实际上是自然过程的终结,它们的总和便构成了我们通常所说的'意识',这是属于无认知能力的意识,在这种意识层面上,不存在所谓的'意义',也就是说,它是脱离符号运用和交往层面的意识;另一方面,意识表明对象

---

① George Herbert Mead, *The Philosophy of the Act*, Charles W. Morris, ed. Chicago: University of Chicago Press, 1938, p. 657.
② 约翰·塞尔:《心、脑与科学》,杨音莱译,上海:上海译文出版社,1991年版,第10页。
③ George Herbert Mead, *The Philosophy of the Act*, Charles W. Morris, ed. Chicago: University of Chicago Press, 1938, p. 659.

及意义被察觉，这一层面的意识十分清醒、敏锐，并且注意到过去、现在以及未来的意义。"①

威廉·詹姆斯曾经把意识比作一条河流绵延不绝，詹姆斯这里所说的"意识流"其实包含我们所提到的意识的两个层次：一个是生命意识，一个是自我意识。

现在我们可以对意识有一个明确的理解：意识包含两个层次：第一个层次因为关系人的生命延续，我们把它称为生命意识；第二个层次与自我发展相关联，我们把它称为自我意识，它是与符号和意义相关联的层次。但是在第二层次的意识上又分为两种意识：习惯性意识和自反性意识。习惯性意识对应自我中具有稳定性和秩序性的"客我"，自反性意识对应具有创造性和超越性的"主我"，它们都是由符号构成的。

米德所谈论的意识指的是第二层次上的自我意识，但同时第一层次的生物学意识也很重要，如果没有各种感觉器官的帮助，很多意识就不能发挥效用。但是第一层次的意识对自我的生成没有决定性的影响，尽管在有些神经生物学和脑科学专家看来，大脑的某些构件受到损伤后会失去原来的自我，但是在医学实践中这只是极个别的病例。哪怕是受到脑损伤的病人，恐怕也未必能将之前的记忆完全删除，除非他之前生存在一个真空状态。总的来说，意识的生物学基础只发挥着延续有机体生命的功能，这与我们前面论述的身心关系是一致的。

意识的产生有其明确的动机和目的，它是主观内在于自我的心灵，并且与外部对象之间建立关系。那么，意识的功能是什么呢？主要有三个方面：其一是感知功能；其二是选择功能；其三是解释功能。

意识的感知功能指的是，意识在面对一个外部对象时所具有的感觉和初步认知判断能力，这是意识的运作过程当中的开端；意识的选择功能指的是，自我的意识并不是对客观世界的摹写。也就是说，在意识产生的时候，并不能觉察全部的客观世界，而是根据自我行为的需要有选择性地接触和记忆；意识的解释功能指的是对所选择对象的意义进行解读、判断，以此作为行为的依据。正是因为意识具有这些功能，才构成了我们所说的心灵意义上的认

---

① John Dewey, *Experience and Nature*, London: George Allen & Unwin, ltd, 1929, p. 298.

第 2 章　心灵自我

知功能。

现在来看意识和心灵之间的关系，如果仔细分析我们会发现，很多人倾向于将心灵和意识混为一谈，或者将它们叠加使用，比如"心灵意识"或"意识心灵"。这两个概念本身都比较模糊，这样的话只能让人理解起来更加不明白。因此这也是在上一节论述心灵的问题过程中尽量避免将两个概念搅在一起的原因。毫无疑问，意识和心灵关系密切，但同样，它们之间必然存在差别。

它们之间的关系，按照米德的表述："心灵和意识并不是等同的，杜威认为心灵是表述世界关系的一种结构，而意识就是执行这种连接关系的功能。"①可以用一个比喻来理解两者的关系，如果将心灵比作一个装满水的容器，那么意识就是这个容器中的一个水分子。

杜威有一段话比较清楚地区分了两者的差别："心灵是指那些体现在有机生活行为中的意义体系；意识指的是有语言能力的人对意义的觉察。意识是从过去、当下和未来的事物的意义中对正在发生事物的感知，它具有现实的观念。在任何有意识的行为或状态中，心灵的大部分仅仅是隐含的；心灵的领域——也就是发生效用的意义领域，要比意识的领域宽广得多。心灵是关联全局和持续的；意识是聚焦和变化的。……心灵具有永久的光辉，而意识是间断的，是一系列不同强度的闪光。"②

从米德和杜威的表述中，我们可以很清晰地明见心灵和意识的关系：心灵是关于自我的符号意义体系，意识只是这个体系中的一个片段或符号。心灵的形成要依靠意识的运作，约翰·塞尔在论述心灵如何运作时谈到了意识的意向性。他说："意向性是表示心灵能够以各种形式指向、关于、涉及世界上的物体和事态的一般性名称。"③按照塞尔的理解，意识的意向性指的是意识的某种主观状态与外部世界的联系。根据米德社会行为主义的观点，我们可以把意识的"意向性"分解为三个阶段，它们共同构成了意识的一系列运作过程，分别是：感知、经验、行为。

---

① George Herbert Mead, *The Philosophy of the Act*, Charles W. Morris, ed. Chicago: University of Chicago Press, 1938, p. 658.
② John Dewey, *Experience and Nature*, London: George Allen & Unwin, ltd, 1929, p. 303.
③ 约翰·塞尔：《心灵、语言和社会：实在世界中的哲学》，李步楼译，上海：上海译文出版社，2001 年版，第 81 页。

2.2.2 意识的运作过程

意识的感知能力指的是自我通过某些感觉器官与外部对象之间的关系。意识的感知能力得益于意识的主观性特征,"意识状态在某种意义上是主观的,这个意义就是:它们总是由人类主体或动物主体所体会到的。因此意识状态具有我们可以称之为'第一人称本体论'的性质。那就是说,只有从某个行为主体、或有机体、或动物、或具有这些意识的自我的观点来看,意识状态才是存在的"①。

感知作为意识的开端,首先在自我的身体有机体和对象之间建立的一种关系。并且要说明的是,米德作为实用主义者,所有的心理活动包括意识都要实践在行为当中。感知作为意识的开端同时也预示着行为的开始,通常情况下,感知会伴随着情绪。

在感知的过程当中,被认知的对象始终处于中心位置。当我们开始实施某个行为的时候,首先要选择行为的对象。此时,我们的感觉器官、中枢神经系统以及某些反应机制为感知提供了生物学的基础。那么很明显的是,感知属于纯粹的生物学现象吗?

在神经生物学和脑科学专家看来,的确如此,他们认为:"感受的本质内容是一种特定身体状态的映射;感受的基础是一系列身体状态的神经模式,而且由此还能出现一个身体状态的心理表象。从本质上讲,一种感受就是一个观念——是关于身体的观念,更详细地说,是身体内部在特定情况下特定方面的观念。"②将感知归结为纯粹的生物学现象,与传统哲学中的二元论并没有什么区别,并且有将心灵和自我进行生物还原论的倾向。

米德不否认感知过程中生命有机体的功能,他甚至认为:"感知就是高级生理有机体和对象之间的关系。"③但是感知过程却是生命有机体与认知对象的相互作用。比如一把椅子放在那里,如果没有光波投射到那把椅子上,我根本觉察不到那把椅子的存在。同时人的感知能力也不是像康德所说的具有

---

① 约翰·塞尔:《心灵、语言和社会:实在世界中的哲学》,李步楼译,上海:上海译文出版社,2001年版,第42页。
② 安东尼奥 R. 达马西奥:《寻找斯宾诺莎:快乐、悲伤和感受着的脑》,孙延军译,北京:教育科学出版社,2009年版,第55页。
③ George Herbert Mead, *The Philosophy of the Act*, Charles W. Morris, ed. Chicago: University of Chicago Press, 1938, p. 3.

第 2 章　心灵自我

先验直观形式，它是随着人们经验的增加而累积的。

在如此多的对象当中，我为什么会选择这把椅子呢？除了意识状态的主观性以外，也就是在意识当中有需要一把椅子的意向性。这时就会通过感知在椅子和其他对象中进行选择和比较，当看到一把椅子存在的时候，它会引起主体中枢神经系统的刺激。这把椅子不是孤立存在的，必须在与其他对象的对比中才能显示出它的特征。

另外这把椅子放在那里，它的特征不是恒定的。比如我们从不同的视角去感知它的时候，关于它的形态、材质、用途，就会得出几种不同的判断。杜威也曾经指出，每一个被感知的对象都是极其不稳定的，时时刻刻都在发生迅速而微妙的变化，这也间接反驳了感知属于纯粹的生物学现象的观点。

感知的过程必然会与社会性因素相关联，"感知世界的特征依赖于具有感知能力和态度的个体，他们共同构成了人类社会"①。也就是说，自我对某个对象的感知观念并不是仅仅属于他自己，对于同一个社群来说，其他成员也会具有相同的观念。比如我们对一把椅子的观念，个体的感知对于其他人也是如此，"事物和感知这两者都具有这种普遍性的特征。"②

但是仅仅通过感知能获得关于事物明确的知识和意义吗？自我运用感官获得关于事物的印象，这样获得的观念是简单观念，在约翰·洛克那里称之为感性知识。也就是说，通过感知我们不能获得关于外部事物明确的意义，自我得到的只是关于事物的表象或者只是符号意义的某一个方面。

通过感知获得关于事物的全部意义是实在论的立场，他们假定意识或心灵与对象之间是一种直接的认知关系，并且这种关系是预先被给予的。"这里的假设是：我们对这些要素和它们在世界自身中的关系有直接的知识，这种关系不再被作为思想行为来对待。"③依照这样的观点，在意识或心灵与对象之间就不需要意义参与其中。这样的话，岂不是又走向了二元论和机械论的

---

① George Herbert Mead, *The Philosophy of the Act*, Charles W. Morris, ed. Chicago: University of Chicago Press, 1938, p. 140.
② George Herbert Mead, *The Philosophy of the Act*, Charles W. Morris, ed. Chicago: University of Chicago Press, 1938, p. 140.
③ George Herbert Mead, *Movements of Thought in the Nineteen Century*, Chicago: University of Chicago Press, 1936, p. 328.

立场，同样这也是经验主义和唯心主义面临的矛盾。

在实用主义者米德和杜威看来，知识从来就不是通过感知直接获得的。因为任何一个事物都具有存在的多重意义。只不过根据当下的语境，自我通过感知获得的只是这个事物最明显的意义。它还存在很多潜隐的意义，在当下的语境中我们不能感知到。

比如还是那把椅子，我们感知它的最明显的意义在于它是可以坐的。它还有另外潜在的意义：比如它是用什么材质构成的，它可能是一件艺术品，也可能在某种语境下用来烧火取暖，或者是用来防卫的武器等。它并不仅仅是作为一把椅子具有"坐"的功能，只是在我们的直观感知印象中它最容易接受的就是作为一把椅子而存在。

这样说来，任何事物的存在都具有无穷的意义，所以对于实用主义者们来说，"感知的运用具有认识的功能，它是作为一个符号被对待的，这预示着除了感知本身以外，还有其他仍未被觉察到的意义后果"①。这就是人的心灵或意识令人着迷的地方：世界上总是存在可以认识的事物，也总是存在不可认识的事物。任何纯粹理性或确定性都是不可寻求的，必须接受偶然性和可能世界的挑战。

米德还指出了感知在获得知识和意义上的另外一个缺陷，那就是"在一个感知的世界中常常会发生感知错误，错误只有在问题面临挫折的时候才被认识到"②。此时如果继续按照现有的规则行事就不能达到意图的结果，而必须借助过往的经验来综合判断，这就是人的自反性意识，建立经验的基础上。

当感知的意识在实践中遭遇挫折或失败，无法使得行为再继续下去，此时就需要利用人的智力对当前意识和行为进行反思，这种反思是利用过去的经验和对未来的判断来修正当前的行为。人的经验代表着人拥有自反性智力，它"具有调整某个人的自我以适应新的情形，如果没有新的情形出现，我们的行为就完全是习惯性的，我们称之为'意识'的东西也就会消失，我们不

---

① John Dewey, *Experience and Nature*, London: George Allen & Unwin, ltd, 1929, p. 323.
② George Herbert Mead, *The Philosophy of the Act*, Charles W. Morris, ed. Chicago: University of Chicago Press, 1938, p. 103.

第2章 心灵自我

过是一台台机器而已。有意识的存在者指的是那些运用过去的经验，重建行为的方法，不断调整自我的人"①。

在米德看来，意识即经验，失去意识就表明个人经验的终止。从常理角度来说，"在意识中的事件，按照定义就是被看到的；它们为经验者所经验，而且它们就是这样被经验，才成其为它们：它们是有意识的事件。似乎一个被经验的事件，不能独自发生；它必须是某人的经验。一个思想要产生，得有某个人（某个心智）思考它才行"②。

但是米德提醒我们，经验也分为两个层次：一个是不具有自反性的经验，另外一个是处于自反性水平上的经验。不具有自反性的经验纯粹属于个人习惯性的、在规则指导下的经验；处于自反性水平的经验是具有创造性、与旧有的规则发生冲突的经验。这种对经验的划分与米德对心灵和意识的理解是一致的，经验的产生过程不是纯粹在自我内部，它必须和行为一起，在社会性的层面上，有他人参与，有意义产生。

我们如何形成这些有意识的经验，以及它们的特征或存在状态是什么？在米德看来，人是具有理性和智力的动物，人类的智力并非像柏拉图"洞穴隐喻"描述的那样，只能成为囚禁在自己身体里的动物，而无法走出自己封闭的思维。人的心灵具有意识的主观性，能够在现实的行为当中去认识事物的实在。每一次的有意识的经验，我们都会获得一些关于事物的意义，像准备冬眠的动物一样，将它们贮存在心灵的记忆中，以备不时之需。这是一项漫长的工程，因为总有新的经验加入进来，在心灵对其进行修饰之后，就成为另一个新的自我。

正是由于具有了这些有意识的经验，自我才不是静止和孤立的。那么这些有意识的经验存在状态如何，当新的经验产生之后，旧有的经验会怎样呢。比如，我一周之前读了一本书并得到了一些知识，此刻又读同一本书获得了另外一些知识。这前后两次的经验关系怎样，新的经验会不会取代旧有的经验。

米德曾经有一段时间信仰达尔文的进化主义论，按照进化主义的立场来

---

① George Herbert Mead, *Movements of Thought in the Nineteen Century*, Chicago: University of Chicago Press, 1936, p.290.
② 丹尼尔·丹尼特：《意识的解释》，苏德超等译，北京：北京理工大学出版社，2008年版，第32-33页。

看，情况应当是这样的，就像生物体的新陈代谢一样，这是生物的进化规律。后来在接触了过程哲学之后，米德开始对此进行反思。他开始认识到事物的存在方式或进行的过程，不能从纯粹空间的角度进行表述。

比如这些有意识的经验，如果我们将现在发生的经验定格在此刻的一瞬间，给它一个位置。那么在下一刻发生的经验就会进入这个位置并把先前的经验排挤掉。如果这样的话，自我的心灵将变得非常贫乏和单调，它失掉了过往的任何记忆，无论是美好还是悲伤的。自我也将呈现为一个"单面人"状态，多元的自我将无从谈起，自我的自反性意识也就失去了依托。

米德从柏格森那里得到了启发，他认为就某个特定的意识经验而言，它是绵延在时间状态中，"我们的经验总是一种正在流逝的经验，而且这种正在流逝的经验总是包含着向其他经验领域的扩展，那些刚刚发生的、正在发生的以及将要发生的事物，给予我们的经验一种独特的特质，它绝不是一个瞬间的经验，没有一个所谓存在于独立瞬间的经验"①。按照米德的观点，各种经验之间的差异不是相互取代和排挤的关系，它们是相互融于其中，彼此联系。在一个有意识的经验中既包含过去又包含未来，正在发生的经验也是正在消逝的经验，并且指向未来。

过去的经验贮存在心灵当中，当自我开始一个有意识的行为的时候，它们成为指导我们行为的规则，也就是习惯。事实上，我们每个人大部分时候都是生活在这样一种境况下，"我们就像被上了轭的牛一样，承受着重负的束缚，感觉到自己的肌肉和关节的活动，感觉到铁犁的沉重，感觉到土壤的阻力"②。我们在意识当中总是渴望改变一成不变的生活状态，当遇到困难或挫折的时候，自反性意识就开始介入，开始朝向主体的内部经验或外在世界寻求问题的解答。

从意识经验的存在状·态来看，它既包含稳定的一面，又包含动荡的一面，然而它绝对不是一个先天给予的形式。正如杜威所指出的自然一样："如果自然像某些哲学流派所设想的那样，是一个彻底完成的固定的机械结构或

---

① George Herbert Mead, *Movements of Thought in the Nineteen Century*, Chicago: University of Chicago Press, 1936, p.299.
② 昂利·柏格森：《创造进化论》，肖聿译，北京：华夏出版社，1999年版，第165页。

第2章 心灵自我

目的形式,但是在那样一种情形之下,意识闪烁的烛光就会归于幻灭。"①那样的话,意识就会成为一种超稳定的结构,可能世界就会对人类关上大门,自反性意识也没什么存在的意义。

在意识中利用经验来检验当下的行为,并且获得关于未来的多重意义。这是非经验的传统哲学做不到的,由此产生了三个缺点:"首先,无法为检验提供切实有效的确证;第二,更糟糕的是,通常经验的事物没有经过科学方法和原则的检验,无法获得广阔而丰富的意义;第三,由于缺少这样一种功能,回到哲学主体本身,通常经验缺乏经验的检验,因而哲学本身就变成专断和抽象的了。"②但是意识经验不只是在心灵中闪现,它最主要的目的在于为下一步的行为服务,这是实用主义的特征之一,通过实际行为来检验一个假说的真。

在此我们还是要回溯一下哲学上的身心二元论以及心理学上的内省主义。在意识获得观念和知识的方法论上,两者并没有什么差别。比如笛卡尔的目的就是要寻求清晰明确的知识,这种知识每一个具有常识的人都能明白它是什么意思,它具有绝对的普遍性。

而且这种知识的获得是通过向主体内心反思获得的,任何经验都无能为力。心理学上的内省主义与此相仿,在冯特看来:"我们的心理只不过是在意识中由我们的内部经验、观念、情感和意志所集结而成的统一体,并且出现在一系列发展阶段,在自我意识思维和道德自由意志中达到顶点。"③任何观念都依靠意识在心灵内部获得,必然导向身心平行论,由此就导致了我们上面所提到的非经验哲学的三个缺点。

与此相伴随的是,如果事物的意义仅仅能够在意识中被感知到,那么它是恒定和单调的,也就是说,它们是僵化的意义。例如对于一把椅子的功能,我们仅仅认为它就是用来坐的。如果不是在变化的语境中采取调试行为,意识永远也不会认识到椅子作为其他存在物的意义。

---

① John Dewey, *Experience and Nature*, London: George Allen & Unwin, ltd, 1929, p. 349.
② John Dewey, *Experience and Nature*, London: George Allen & Unwin, ltd, 1929, p. 6.
③ 威廉·冯特:《人类与动物心理学讲义》,叶浩生、贾林祥译,西安:陕西人民出版社,2003年版,第492页。

米德关于身心关系的论述，正如我们在前面所论述的，有些矛盾并且不够明朗。在此须予以说明的是，实用主义坚持的是身心凝聚的观点，意识与物理事实之间的联系不是偶然发生的，在心灵框架内产生的意识最终要落实在行为领域。

意识运作的第三个阶段就是将意识转化为实践中的行为，"'行为'这个主题渗透在米德思想框架的方方面面，社会被看作是由个体成员通过一系列行为构成的。社会结构被认为是分化和互补的一系列行为形式，社会成员之间存在各种互动，个体成员是社会行为的有机体，自我被描述成个体为他自己创造象征的行为过程。所有意识到的对象被描述成行为的计划，所有个人的经验都是正在发生的经验，所有这些表述都指向米德理论框架中的行为主题"[①]。

米德将行为看作是一个符号过程而不是最后的结果，在自我的思想意识中，并不是仅仅满足于像行为主义那样，认为事物的意义就是简单的"刺激—反应"关系。恰恰相反的是，因为自我的意识是主观的，还具有自反性智力，一个行为的结果不是结束，它还预示着下一个行为的开始，并且在下一个行为当中就可能会有某种不可预知的因素出现。

在人的有意识的行为当中，总是充满了各种调试，这是一个包括主体和环境在内双向调整的过程，以适应在行为当中出现的新奇性的因素。人的生命过程就是一系列的调整、反思，从来没有一个绝对的平衡状态，自我的意识虽然面对的是现在的问题，但是它指向未来。

米德区分了行为的三个层次，前两个层次主要指向动物领域。只有第三个层次"包含控制阶段的社会行为"，"它只有在人们意识到物理对象的时候才出现，并且将空间从时间中分离出来，有一个自我，当然也包括他人，或者社群中的自我"[②]。这个层次的行为必须有社会性因素参与，自我必须有意识地在行为中不断调整自身，语言和有意义的符号也会参与进来。

米德对行为的理解是基于进化论的基础上，并反对机械论的观点。任何

---

① Thomas J. Morrione, *George Herbert Mead and Human Conduct*, Herbert Blumer, ed. New York: Altamira Press, 2004, p. 69.

② David L. Miller, *George Herbert Mead: Self, Language, and the World*, Austin: University of Texas Press, 1973, p. 32.

一个行为都必须包含过去、现在和未来，行为就是由"刺激、反应以及反应的结果所构成的持续事件"①。通过行为来检验理论假设，"认识的过程就存在于行为之中。因为这个原因，实用主义一直被看作是一种实践类型的哲学，一种黄油和面包的哲学。在行为内部产生了思想和知识的过程"②。

2.2.3 自我意识与社会意识

前面我们已经指出了意识的两个层次：生命意识和自我意识，并且用相当的篇幅分析了意识的运作过程，这里的意识主要指向的就是基于生命意识之上的自我意识，自我意识意味着自我的出现，它最本质的特征在于其社会性，也就是说，自我意识即意味着社会意识。

笛卡尔是最先研究自我意识的人，自我意识在笛卡尔那里指的是自反性意识，此外他认为还有纯粹意识，它指的是自我与外部对象之间的意识。笛卡尔对意识两个层次的区分与我们在前面所指出的意识包含生命意识和自我意识有所差别，自我意识包括自反性意识和自我与外部对象之间的意识，笛卡尔的意识观撇去了生物学层面的意识。但是在讨论意识的运作机制时，两者却具有相似之处。

笛卡尔认为："自我从来就兼有纯粹意识和自我意识的双重功能，一切对象的意识都伴随着自我意识。"③也就是说，我们在对一个对象进行思考的同时，还能对这种思考行为本身进行思考。比如笛卡尔指出当我在对地球进行思考的同时，那么我必然能够意识到我思考地球的心灵是存在的。这就是笛卡尔所提出的自反性意识，也就是他所言的自我意识。

不过，笛卡尔的自我意识或自反性意识基于他的"我思故我在"的命题，虽然自我也会与对象建立联系，但是最终解决问题的答案必须回到心灵本身去寻找，而这个心灵是先验的，受到上帝的操控。

对米德来说，自我意识的运作过程也遵循这样的路线，但是当自我意识

---

① George Herbert Mead, *The Philosophy of the Act*, Charles W. Morris, ed. Chicago: University of Chicago Press, 1938, p. 364.
② George Herbert Mead, *Movements of Thought in the Nineteen Century*, Chicago: University of Chicago Press, 1936, pp. 351-352.
③ 维之：《人类的自我意识》，北京：现代出版社，2009年版，第68页。

返回心灵之后却是从贮存在里面的经验——符号的集合体来寻求问题的答案。这是两种不同的指向，一种指向上帝，一种指向经验本身。前者用思考来代替行为，并且认为自我意识与他人无关；后者用行为来验证思考，认为自我意识必须包含与他人之间的交往关系。

米德所理解的这种自我意识观念，最先在黑格尔那里得到了详细的表述。黑格尔认为："自我意识是从感性和知觉的世界的存在反思而来的，并且本质上是从他物的回归。"①也就是说，黑格尔完成了从先验和绝对的自我意识到过程和关系的自我意识的转向。

米德彻底完成了这个转向，他认为："自我意识包含有意识的自我与他人的关系。我们说话或者作出手势对自我眼睛和耳朵的吸引，对他人来说同样如此，这种情形下，我们就变得具有了明确的自我意识。……在社会行为中，自我意识是很正常的运用手势和清晰的语言表达的交往行为。"②伴随着自我的生物学进化，自我才产生了自我意识，自我意识要依赖于他人的存在。而且就自我意识的生成过程来看，黑格尔认为自我意识是从认识外部对象到认识自我的渐进过程。米德明确指出了自我意识产生于从感知向自反性的社会意识和行为过程中。

那么自我意识与其他自我之间有什么关系，我的自我意识与你的自我意识之间是互通有无，能够相互体验得到吗？乔治·贝克莱（George Berkeley）和大卫·休谟（David Hume）的怀疑主义认为："我们的全部个别的知觉都是个别存在，而在这些个别的存在之间，心灵永远不能知道任何实在的联结。"③这样的一种基于普遍怀疑的"唯我论"导致了自我意识之间的绝对断裂，实用主义当中的威廉·詹姆斯也持有相似的观点。

而在脑科学专家看来，"没有任何关于深藏于心理表象背后的生物学知识，能够在知识加工者的心灵中产生与其他有机体的脑中所产生的任何心理

---

① 黑格尔：《精神现象学（下卷）》，贺麟、王玖兴译，北京：商务印书馆1979年版，第116页。

② David L. Miller, ed., *The Individual and the Social Self: Unpublished Work of George Herbert Mead*, Chicago: University of Chicago Press, 1982, p.46.

③ 威廉·詹姆斯：《彻底的经验主义》，庞景仁译，上海：上海译文出版社，2006年版，第52页。

第 2 章 心灵自我

表象相同的体验"①。假如用一台高功率的扫描计算机来扫描你我大脑对同一个事物的表象,绝不可能得到相同的数值,自我意识只属于个人的、私有的和主观的感受,那么自我也就无法体验到别人的意识。

这个观点纯粹从神经生物学的角度去解释自我意识,我们可以很轻易地反驳它,包括贝克莱和休谟的观点。假使在心灵和自我意识之间没有共通点,那么人类的交往行为就无法完成。虽然詹姆斯提出过"思维之间的断裂,是自然界中最本质的断裂"②的观点,但是他的用意在于指出人类完美交流的不可能性。

另外一方面,自我的自我意识主要来自于经验,只不过由于所处客观环境不同,或者经历某些社会行为的次序不同,于是造成了心灵中的意识经验结构存在差异。但是在自我意识当中仍然会有大量的经验是相同的,在社会行为中,自我使用相同的语言和表意符号进行交往。自我的智力具有将意义从对象身上分离出来的能力,这个对象的意义在相同的情境下对自我和他人而言都是相同的。在交往行为中所表现出来的自我意识,也必然具有某种程度上的相似性。

由于人的自反性智力,在社会行为中意识常常会返回自身检验行为的有效性,这时自我就会成为意识的对象,自我意识就产生于此,它主要指的是自我中的"客我"和"主我"。"自我意识,即社会交往中的实际自我,是客观的'我'或'我的'。它伴随着持续发展的反应的进程并隐含一个虚构的、总是见不到其自身的'主我'。"③

正是自我意识之间的相互交往和可理解性产生了米德所说的社会意识,"社会意识不是身份认同,而是一种包含自我与他人的意识机制。它产生于将自我置于他人位置的前提之上,在这个过程中,一个人建构了能够为他人所知的'客我'"④。社会意识的产生表明通过社会交往行为,自我将外部世

---

① 安东尼奥 R. 达马西奥:《感受发生的一切:意识产生中的身体和情绪》,杨韶刚译,北京:教育科学出版社,2007 年版,第 235 页。
② William James, *The Principles of Psychology*, New York: Cosimo Inc., 2007, p. 147.
③ 乔治·米德:《米德文选》,丁东红、霍桂桓等译,北京:社会科学出版社,2009 年版,第 126 页。
④ David L. Miller, ed., *The Individual and the Social Self: Unpublished Work of George Herbert Mead*, Chicago: University of Chicago Press, 1982, p. 94.

界的社会组织过程纳入内部经验之中,这样的话,我们就不能从生物学的层面来谈论自我,必须从符号的、社会的、文化的层面来谈论自我。

2.3 米德的符号与符号自我理论

以上我们分析了心灵和意识与外部对象之间的关系问题,并且指出了意识的运作过程,通过意识的运作过程获得关于对象的意义单元构成了心灵的意义体系,并进而产生了自我以及自我意识。这个过程是自我作为主体与外部对象之间通过实施具体的符号—行为来发生的,在自我心灵和自我意识运作的过程中,必须要卷入符号的表意问题,符号及其意义构成了自我的本质。

2.3.1 姿态、态度与符号

符号是在使用过程中形成的,也就是说,它伴随着有意识的行为。无论这个行为是发生在自我和对象之间,还是不同的自我之间,行为的前阶段要有一个预示行为发生的姿态(Gesture)。

米德是从他的老师威廉·冯特那借鉴来姿态这个概念的。冯特使用姿态这个概念与他的"唯意志论"密不可分,例如在论述心理学的感情和意志学说时,冯特认为它们过多地受到了官能心理学的束缚,按照这种理论,欲望就先于意志而产生。

冯特认为颠倒了顺序,这种理论常常忽视了内部意志的作用,内部意志"它仅仅表现在意识的过程中,我们有意识地注意出现在我们视野中的任何对象;在尝试回忆一个单词或事实时,我们清楚地意识到一种意志努力"[①]。根据冯特的观点,任何外部的行为都是以心灵内部的意志为前提的,姿态大致产生于内部意志和意识之间的时间段。冯特形成了他的心理学的内省主义,米德接受了姿态这个概念,但是把它从心灵内部分离出来运用在社会情境中。

对米德来说,姿态并不是像达尔文所说的仅仅是情绪的表达。在达尔文看来,某些比较高等的动物也会做出姿态,比如他曾经在动物园里观察到,一只狒狒对向它朗诵诗文的读者大发雷霆。但是这只狒狒也仅仅是表达了愤

---

① 威廉·冯特:《人类与动物心理学讲义》,叶浩生、贾祥林译,西安:陕西人民出版社,2003年版,第256页。

第 2 章 心灵自我

怒和不满的情绪，即使是在动物之间的各种姿态，也不过是简单的"刺激—反应"关系，远远比不上人类行为的复杂性。所以说在动物界仅仅有姿态而不会产生表意的符号，这是米德的观点，至于动物能不能创造和使用符号今天仍旧存在很多争论，不过这不属于本书的讨论范围。

人所产生的姿态不仅仅是表达情绪的功能，它意味着一个社会行为的开始。这里仍然需要回答一个问题：姿态是如何产生的？是来自于人的本能冲动还是先天具有的主观意识？也就是说行为者的第一个姿态来自什么。按照冯特内省主义的观点，姿态来自于心灵的意志，这大致相当于哲学上所说的意向性，就是在自我开始某个行为之前，在内心已经存在这个行为的意识。

从进化论的立场分析，米德认为只有当有机体从生物学自我发展到社会性自我之后，开始产生了自我意识。这时候有机体的姿态才是表意的姿态，姿态的产生来自于自我意识，但是由于自我意识是社会经验的建构，那么姿态就是在社会过程中产生的。

从时间上来看，姿态就不是像冯特所说的先于意识而出现，它紧随有机体有意识地开始某个行为之后产生。也就是说，它的位置介于自我意识与行为之间，是行为的前阶段。

在特定的社会情境中，当有机体发出一个姿态向另外一个有机体表明某个社会行为时，第一个有机体能够明白这个姿态在他的经验中所呈现的意义，如果这个姿态在第二个有机体那里引起类似的姿态，并且第一个有机体对之做出明确的反应，那么这个姿态便成为有意义的符号。然后不同的交往主体之间从第一个表意的姿态开始，一直持续下去，直到取得行为的结果。

米德还用过态度（Attitude）这个概念，"态度意味着某种暗示或象征，所以它不仅仅是刺激，态度构成了事物的意义"[①]。不过在米德那里有时姿态和态度这两个概念他看作是同义的，比如，"姿态就是人们准备行为的态度。"[②] 有时他又认为态度先于姿态而产生，比如，"我们的态度朝向另外一个个体取决于在他的姿态中意味着将要对我们做什么。我们回应他的姿态然

---

① David L. Miller, ed., *The Individual and the Social Self: Unpublished Work of George Herbert Mead*, Chicago: University of Chicago Press, 1982, p. 142.

② David L. Miller, ed., *The Individual and the Social Self: Unpublished Work of George Herbert Mead*, Chicago: University of Chicago Press, 1982, pp. 40-41.

后采取一个态度表明我们的反应"①。米德对这两个概念的表述不是很清楚。

从符号的角度来说,这里的态度应当指的是符号发送者的意图。然后经过编码之后到达符号接受者那里,但是至于符号接受者能不能如米德所描述的那样,一个姿态在"另外一个个体那里引起一个类似的姿态并唤起了一个相似的想法"②。这取决于多种因素的影响,米德只是提到在特定的社会情境中是有可能的,这里的社会情境应当指的是在一个共同的社群中,交流者具有大致相似的文化背景,除此之外,还会受到符号文本意义等因素的影响。

符号的存在方式是以观念的形式存储在心灵中的,但是在具体的行为中,与符号发生关系的是自我意识。因为自我意识所具有主观性,它来指导自我的行为应当作什么或不做什么。当然这里意识的主观性和判断力不是天生具有的,它要从心灵当中去寻找与当下行为有关的经验,从而保证合理的行为能够完成。

所以说,在社会行为中,符号与心灵和意识都要发生关联。而且通过表意的符号,在心灵中形成一种行为的机制,将对象符号化并且标示出行为情境的特征。"人以某种方式向另一个人并向他自己指明这一特征,不管它是什么;而且通过这一指明的姿态将它变成一种符号,从而构成一种机制,这种机制至少使有理智的行为得以完成。"③

尽管米德没有指出在具体的符号操作层面表意的复杂性,他认为一个姿态符号对所有接受者来说都意味着相同的意义,但是米德指出了符号在自我形成中的中心角色,他说如果不借助这些具有表意符号的姿态,心灵或自我意识就不可能存在,自我的智力和思维也就找不到存在的依托。思维的本质是在社会过程中将个体之间通过表意的符号会话内化在经验中,这样的表意符号对同一个社群中的个体来说,具有同样的意义,因而社群成员的交往是可能的。

现在我们可以就米德所提出的姿态与符号的概念进行一个总结,正如他

---

① David L. Miller, ed., *The Individual and the Social Self: Unpublished Work of George Herbert Mead*, Chicago: University of Chicago Press, 1982, p. 40.
② George Herbert Mead, *Mind, Self and Society*, Chicago: University of Chicago Press, 1934, p. 45.
③ George Herbert Mead, *Mind, Self and Society*, Chicago: University of Chicago Press, 1934, p. 120.

第2章 心灵自我

本人所指出的:"我们已经看到,意义的逻辑结构体现在以下三层关系中:做出调整性回应的姿态,以及对既定社会行为的姿态。第一种有机体的姿态对第二种有机体所作出的回应,就是带出那种姿态的意义,正如指示出由该姿态引发的社会行为那样。在这个社会行为之中,两种组织(或机体)都因此被牵扯进来。姿态、调整性反应以及社会行为的必然结果,三者之间的三元模式关系是意义的根本;因为意义的存在取决于这样的事实:第二组织的调整性反应是朝向社会行为的必然结果,就如第一组织的姿态所引发和指示的那样。"①

由此可以分析,在关于符号以及符号表意问题上,米德与皮尔斯是一致的。皮尔斯的符号学理论与欧洲的结构主义符号学相比,关键在于符号的解释项,由此构成了符号表意的三元模式。

米德与皮尔斯的符号理论都受到过康德哲学的影响,皮尔斯在康德将哲学体系划分为十二个范畴的基础上,化简为三个范畴,并且论证说,对于任何事物(无论是存在还是不存在)来说,他的这三个范畴都具有普适性和完备性。

皮尔斯所表述的第一范畴(Category the First)是指我们观念中可以想象的任何事物,它具有被感知的特质;但是,我们观念中想象的任何事物都可以和另外的事物区分,相对于第一范畴中的事物,与之相区分的事物则进入了第二范畴(Category the Second);那么,如何将第一范畴与第二范畴中的事物联系起来,这样就引入了第三范畴(Category the Third),第三范畴作为第一范畴与第二范畴的中介,它是在表征两个对象的关系之中派生的。

皮尔斯还给符号下了一个明确的定义,他说:"我们通常会从三个方面来理解一个事物。首先,对于事物本身我们会有一个基本的理解;第二,我们会考虑到这个事物与其他任何事物之间的联系;第三,我们会将第一项与第二项联系起来理解,如此,它就能够给我们的思想传递关于某个事物的意义。这样,它就是一个符号,或者表征。"② 皮尔斯根据其对于事物范畴的划分,

---

① George Herbert Mead, *Mind, Self and Society*, Chicago: University of Chicago Press, 1934, p. 80.
② The Peirce Edition Project, ed., *The Essential Peirce: Selected Philosophical Writings*, Vol. 2, 1893—1913, Bloomington: Indiana University Press, 1998, p. 5.

将符号表意过程分为三项：符号（Sign）、对象（Object）、解释项（Interpretant）。皮尔斯的符号表意三分式使得符号表意具有了无限延展的能力，并且在符号表意过程中，符号接受者成为交流的关键因素。

与此相比，米德的符号理论也是三元模式，相对于皮尔斯的符号、对象、解释项，米德符号表意的三个组成部分是：第一个有机体的表意姿态、第二个有机体的反应姿态及社会行为的必然结果。第一个有机体的表意姿态对应于皮尔斯所说的符号，第二个有机体的反应姿态对应于皮尔斯所说的解释项，而"社会行为的必然结果太难定义，……它可以被默认为皮尔斯所说的客体（对象）"①。

2.3.2 符号的意义及其功能

米德指出了表意的符号构成了心灵或意识的存在状态，他认为："只有借助于作为表意符号的姿态，心灵或智力的存在才是可能的；因为只有凭借作为表意符号的姿态，思维才能发生，思维无非是个体借助于这些姿态与自己进行的内在化的隐含的对话。……这样内在化了的姿态是表意的符号，因为它们对于特定社会或社会群体中的所有个体成员具有同样的意义。"②

这里就涉及两个问题：其一是意义的存在状态问题，表意的符号构成了心灵或意识的存在状态。首先符号必有意义，那么符号的意义是同时存在于心灵当中的吗？或者说，当我们开始使用符号与他人交往的时候，意义就已经是否是先在的；其二，当一个认知对象被符号化之后，它的意义是不是恒定的，在任何状况下都表征它固有的意义。

比如，办公室里两个人 S 和 Y，S 指着一把椅子，请 Y 将这把椅子搬到隔壁的办公室。针对 S 的这样一个表意的姿态，Y 会做出一个反应，但是 Y 做出的反应是针对 S 指着这把椅子的请求行为，当 Y 开始答应 S 的请求并且将椅子搬到隔壁办公室的时候，意义才产生了。

也就是说，意义不是先在地存在于心灵之中，只有在社会化的符号—行为中，根据交往双方的语境，符号和意义才能结合为一体。对实用主义者来

---

① 诺伯特·威利：《符号自我》，文一茗译，成都：四川教育出版社，2011年版，第88页。
② George Herbert Mead, *Mind, Self and Society*, Chicago: University of Chicago Press, 1934, p.48.

说，也是如此。皮尔斯认为："从符号的层面上来说，任何符号的意义是它的正确的效果。而且，它的理性的意义是它对于应该被我的理性所掌握的东西产生的正确的效果；也就是说，对应于我的行为。"①

杜威也认为意义就是在符号—行为中产生的，他说："意义并不是一种心灵的存在，它基本上是行为所具有的一种特性，其次才是一个对象所具有的特性。"②之所以说意义是行为所具有的特性，乃是因为在两个主体的交往行为中，符号接受者的意识要进入符号发送者的意识中去，并站在符号发送者的角度理解这个行为，然后才做出反应的行为，意义就产生在这个行为的过程中。

同样在米德看来，两个交往主体，如果第一个主体做出表意的姿态，第二个主体对这个表意的姿态做出某种反应。比如上面所说的例子，Y 对 S 做出请求将椅子搬到隔壁办公室的行为做出反应，无论是肯定的反应还是否定的反应。意义产生在表意的姿态与两个交往主体以及社会行为结果的三元关系中。

从米德的表述来看，意义虽然不是先在的，但从符号—行为的过程来看，它是潜在的。也就是说："意义隐含地（如果不是始终明显的）存在于社会行为不同阶段之间的关系中，它起源于这种关系并从中发展出来。从人类进化的角度来说，它的发展表现在符号化上。"③

通过符号化才有了世界上如此多的认知对象，这是人类社会的一个进化过程，并且是在人类有意识的经验领域完成的，所以从根本上来说，意义不能够被认为是一种心灵或意识的存在状态，它完全存在于经验领域之内，存在于社会关系领域中。

另外一个方面，关于决定符号意义的因素问题。米德首先从人的认识论角度分析，"认识不是对外部事物的反映，而是行为的工具。他否认认识论要

---

① Richard Robin, *Annotated Catalogue of the Papers of Charles S. Peirce*, Amherst: University of Massachusetts Press, 1967. 转引自科尼利斯·瓦尔：《皮尔斯》，郝长墀译，北京：中华书局，2003 年版，第 95 页，根据理解对译文略有改动。

② John Dewey, *Experience and Nature*, London: George Allen & Unwin, ltd, 1929, p. 179.

③ George Herbert Mead, *Mind, Self and Society*, Chicago: University of Chicago Press, 1934, p. 76.

研究主体与客体、思维与存在的关系问题，主张应把认识论变成方法论和逻辑，认识论的任务就是确定科学发现的程序。在他看来，认识只能发生在人类有机体与环境的相互作用中，认识是人对环境的刺激做出的反应，是人的行动的工具"①。

既然认识只能发生在人与环境的相互作用中，也就是说，对于符号的意义而言，既取决于环境的变化，也取决于人的主观认识。实用主义的认识论认为世界上总是存在可以被认识的事物，也必定存在不可能认识的事物。从客观相对主义和进化论的立场出发，就得承认符号的意义也正如自我一样，没有什么绝对的必然性。

米德指出了符号的意义所具有的三种功能：参与功能、交往功能、分类功能。符号的这三种功能，使得自我摆脱了孤独存在的状态，使得人与人之间有了交往和沟通的媒介。

符号的参与功能实际上与交往功能往往是联系在一起的。比如我们上面所分析的例子：当 Y 接受了 S 的请求行为之后，Y 在意识中开始准备指示身体去做出搬椅子的动作，将其移动到隔壁的办公室。同时，S 在意识当中也会对 Y 的行为做出一个反应。

S 作为符号发送者，他所作出的表意姿态以及他的请求行为并不是引起 Y 做出反应行为的根本缘由，而是由于 Y 接受了 S 的请求行为并且同意做出相应的行为。也就是说，仅仅具备 S 的所发出的符号，意义是无法实现的，关键在于符号接受者 Y 是否同意对 S 发出的符号进行解释。无论最后 Y 的态度是答应还是否定 S 的请求，都意味着在这个过程中两者参与到对一个共同的符号进行意义解释的行为。

当然，这种共同参与的交往行为要基于一个前提，即符号发送者和接受者对于表示对象的符号有共同的认知。假如在跨文化背景下，双方存在绝对的文化差异，比如美国苏族印第安人的词汇中没有表示"迟到""等候"等词语，那么在与美国白人的交往中，就无法相互理解对方的意思，双方谈论此类问题显然缺乏交往的意义基础。

人们参与交往的能力与人的智力因素有很大关系，前提是自我要介入社

---

① 王元明：《行动与效果：美国实用主义研究》，北京：中国社会科学出版社，1998 年版，第 204 页。

第 2 章 心灵自我

会关系中,智力因素才能发挥参与交往行为的功能。人的智力能够将符号的潜在意义从社会过程中提取出来用作交往的媒介。

米德指出,在社会交往过程中存在两个基本互补的逻辑结构:"(1) 社会过程通过交往使得它所牵涉的那些个体成为可能,并通过交往使得一系列对象出现在自然中,这些对象与社会个体是相互联系的(对象指的是常识意义上的);以及(2)任何一个特定的社会行为,一个有机体的姿态和另一个有机体的反应姿态,都引起了存在于作为开始姿态或完成行为结果之间的关系。"①

从符号的参与交往的功能,米德逐渐形成了符号互动理论的基础,米德的自我理论受威廉·詹姆斯"多重自我"的影响,但是詹姆斯未能说明自我是如何产生的,他的自我是静止的自我。米德则通过符号交往阐明了自我的社会性:"自我的产生是一个社会的过程,在这个过程中交往和参与具有至关重要的作用。"②自我也始终处于变化之中,自我的思想活动总是从现在的"主我"返回到过去的"客我",在自我内部形成交流和对话。

米德非常欣赏杜威提出的交往在社会中扮演核心角色的观点,由于自我能够站在他人的立场上思考,在某个固定的社群中存在符号表意的普遍性。符号的意义既是普遍的也是客观的,它将社会上分散的不同自我联结起来。

正如杜威所指出的,符号的交往功能既是工具性的,也具有终极性。它的工具性表现在:通过符号这个媒介,搭建了不同心灵自我之间交往的桥梁,将孤独自我解放出来置于社会关系之中,共同分享彼此的经验,而且将人与物理世界联系起来,并且这种联系是必然的。

这直接反驳了二元论哲学和机械论哲学的某些观点,二元论哲学认为物理世界的现象是纯粹独立于人的经验之外,心灵与外部实在是两个各自独立的实体;机械论哲学则认为物理世界就是一架上帝精心设计的巨大机械,各个部分有其固定的位置。

实用主义的符号学理论对此提出了反对意见,通过符号的交往参与功能,

---

① George Herbert Mead, *Mind, Self and Society*, Chicago: University of Chicago Press, 1934, p. 79.

② George H. Mead, *Movements of Thought in the Nineteenth Century*, London: Cambridge Press, 2007, p. 412.

符号不但是联结不同社会自我的工具,同时也是联结心灵与符号世界的工具。如此,任何认知范围内的物理世界的变化都属于人类经验范围。其次,利用符号作为工具,人们可以对符号结构进行改变,或者创造某些符号结构,其目的都是使人们生活在一个有序和有意义的世界中。

符号交往的终极性表现在:只有通过符号,事物的各种意义才能被不同的自我分享。然后这些意义继续得到不同自我的解释和深化,形成一种社会个体共享全部意义的感觉。米德也曾经指出:有他人参与在内的交往原则,构成了人类社会组织基础的原则。"这一原则要求他人在自我中出现,他人与自我具有同一性,通过他人而达到自我意识,这种参与通过人类交往成为可能。"①也因为这种社会交往行为,自我总是处于动态的演化之中。

米德的目的在于通过交往行为,自我在社会发展中能够扮演他人的角色,从他人的立场和角度看问题。他所说的角色扮演不是短暂的行为,也不是作为姿态的一个偶然结果,而是成为一种社会发展的机制。社群成员其他人的经验和行为过程出现在自我的经验中并且控制和指导自我的行为,进而重建理想的道德自我与社会民主。

符号的分类功能,米德是这样表述的,他说人们在社会行为中通过智力将对象符号化,然后赋予其特定的意义,其目的在于将这个有意义的对象与其他对象区别开来。米德仍然特别强调在对事物的分类中行为和经验的重要性,对于米德而言,符号具有物质—行为的特征。

如何在经验中将它们分成不同的种类,最主要的就是通过实践行为。通过人与环境的相互作用,人类的智力和自我意识具有赋予事物某种功能的能力。这里的能力就是这个事物作为符号的意义的体现,比如椅子主要是用来坐的,自行车主要是用来作为代步工具的。

正是因为不同的事物被人们赋予不同的功能,因而彼此互相区分。不过需要说明一点,这些事物的功能本身并不是它们固有的,它们只是各自功能的载体,如果不是在使用中被人们接受,就没有任何意义。按照约翰·塞尔的话说,这些功能就是事物的"身份"。因为功能不同,身份各异,由此才有世界上千姿百态的各种事物,才构成了一个多元的世界。

---

① George Herbert Mead, *Mind, Self and Society*, Chicago: University of Chicago Press, 1934, p.253.

用符号学的术语来表达，符号的这种分类功能叫作分节（Articulation）。通常指的是对符号的能指进行分节，然后才有符号表意的多元，小到衣服上的纽扣，大到国家形态，都存在能指分节的现象。罗兰·巴尔特曾经指出，对于符号学来说，必须承认一个事实："意义首先是切分。于是符号学的未来任务与其说建立词项的词汇学，不如说是去发现人类实际经验到的分节方式。"①或许有朝一日可以建立一门新的学科：分节学。

符号分节看起来是个能指问题，而其实根本上仍然是个意义问题。正是因为需要与其他的符号不同的表意，才对能指进行分节。对符号进行分节是人类生存在一个多元世界中的需要，人类需要意义，意义来自于交往，如果符号都是同质的，则只有一种意义，不需要不同的符号系统之间进行转换和解释，那么也就没有交往的必要和可能。

如果上升到文化的层面，则"任何符号都落到文化的'多分节'的局面之中"②。实用主义的核心内容就是坚持多元的价值观和宽容精神，例如威廉·詹姆斯认为，人类存在一个多元和杂乱无章的时间和空间中。人作为社会的存在物，必定也是处于不同的符号系统中，从外部给予了我们每个人不同的身份。从自我内部来说，因为每个人的经验不同，心灵体系中的符号系统也存在差异。从这两方面来说，自我都是多元的。

2.3.3 自我如何成为一个符号

经典实用主义者当中，皮尔斯曾经提出过自我就是一个符号的观点，他说："人们所使用的词语和符号就是人的自我。因为把每个思想是一个符号的事实与生命是思想的列车的事实联系起来，我们可以证明人就是一个符号，因此每个思想是一个外在的符号，证明人是一个外在的符号。"③皮尔斯阐述了我们只有在使用符号时才能够产生思想的观点，如果所有的思想都来自于符号，那么毫无疑问，自我也是一个符号。

---

① 罗兰·巴尔特：《符号学原理：结构主义文学理论文选》，李幼蒸译，北京：三联书店出版社，1988年版，第147页。
② 赵毅衡：《符号学：原理与推演》，南京：南京大学出版社，2011年版，第96页。
③ The Peirce Edition Project, ed. *The Essential Peirce: Selected Philosophical Writings*, Vol. 1, 1893—1913, Bloomington: Indiana University Press, 1998, p. 45.

这是皮尔斯表达过的最明确的关于自我是一个符号的观点，但正如诺伯特·威利所指出的："他并没有解释自我作为一个独立自主、自成一类的实体，怎样成为一个符号。"①

欧洲符号学虽然遵循的是索绪尔的二元对立路线，不过在列维-施特劳斯、恩斯特·卡西尔和安贝托·艾柯的符号学思想中都表达过符号自我或者相似的观点。

列维-施特劳斯的符号人类学将所有的事物都看成是符号，"对人类学来说（它是人与人的一种对话），所有事物都是象征和符号，它们充当两个主体之间的媒介"②。换言之，既然所有的事物都可以看作是符号，那么自我作为社会的存在，也应当是由符号构成的。在列维-施特劳斯的符号学模式中，所有的意义都是二元对立关系，包括亲属关系、神话意义、血缘关系等，这种二元对立与自我的结构是相仿的。不过列维-施特劳斯没有说明符号自我的内容以及符号自我是如何形成的。

艾柯在他的《符号学理论》一书的结尾提出了这样一个问题：从符号学的层面来说，符号交往行为的主体处于什么位置上。也就是说在符号发送者和符号接受者的问题上，艾柯认为不能将两者仅仅看作是一种虚拟交流物。符号发送者和接受者都是具体的有生命的历史经验主体——话语行为主体。话语行为的主体也即社会上一个个独立的自我，它们"也必须被视为信息或文本的潜在所指物之一，而不管它是多么明确或隐晦。因而，它就是这一信息所实施的潜在活动的客体之一"③。

由符号活动构造的主体，艾柯说："并非把这一主体当作现象学的超验自我，而是当作一种'深层、潜在的主体'。"④艾柯认为符号学作为研究意义的理论，必然是有关说话主体的理论。这个主体不能脱离身体、意识、历史

---

① 诺伯特·威利：《符号自我》，文一茗译，成都：四川教育出版社，2011年版，序言第6页。
② 列维-斯特劳斯·克劳德：《结构人类学（第二卷）》，俞宣孟等译，上海：上海译文出版社，1999年版，第12页。
③ 乌蒙勃托·艾柯：《符号学理论》，卢德平译，北京：中国人民大学出版社，1990年版，第356页。
④ 乌蒙勃托·艾柯：《符号学理论》，卢德平译，北京：中国人民大学出版社，1990年版，第357页。

的因素，必须是一个活生生的社会存在。

艾柯或许在这里想表达这样的意思：在明确的意义上，符号看起来是指向对象的。但是从符号最终意义生成来看，要依靠作为话语行为主体的符号发送者和接受者，它们才是决定符号意义的根本。艾柯隐约地表达了一种"人"的符号学观点，但是他没有说清楚这些与自我之间有什么关系，也没有表明自我是如何成为一个符号的。

这种观点艾柯在《符号学与语言哲学》中表述得更为清晰，艾柯认为符号化过程中符号作为交往的工具，由此同一个主体不断地被重构和分解。因而主体的存在就处在一个不断变化的过程。"我们，作为主体，是由诸符号世界产生的形式而形成的……我们只有作为运动着的符号过程、含意的系统和交往过程才相互理解。只有作为历史变迁（带有前面的符号过程遗留下来的东西）的某一给定阶段的符号过程的导行图，才会告诉我们是谁和我们在想什么和如何去想。"[①]

卡西尔在他著名的《人论》中，清晰地表达了"应当把人定义为符号的动物来取代把人定义为理性的动物"[②]的观点。只有把人理解为生活在符号世界中的一个符号，才能表达出人的独特之处，并且能够理解人类文化生活形式的丰富性和多样性。

米德的符号自我构成了符号表意三元模式，其中他的社会行为的观点发挥了重要作用。米德首先从人的生物进化过程分析，他指出在进化过程中人并非仅仅是接受外界的刺激，人的心灵中存在生命的冲动，能够主动改变环境。在人与环境相互影响的过程中人具有了反思性智力，它具有将对象符号化并建立符号结构的功能。

这样一个过程是通过具体的社会行为来完成的，每一个社会行为都是自我意识与认知对象之间的对话。自我意识常常返回心灵内部，从中选择对于当前行为有意义的符号。当这个社会行为完成之后，同时也是自我对认知对象符号化过程的完成。然后自我意识就将刚刚获得的这个符号作为经验保存在心灵体系中。

---

① 翁贝尔托·艾科：《符号学与语言哲学》，王天清译，天津：百花文艺出版社，2006年版，第64页。
② 恩斯特·卡西尔：《人论》，甘阳译，上海：上海译文出版社，1985年版，第34页。

因此,米德认为:"符号代表那些具有意义的事物或对象的意义;它们是经验中的已知部分,在它们之中任何一部分这样出现(或被直接经验到)的时间和场合,它们指示、象征、代表着经验中没有直接出现或被直接经验到的部分。"①也就是说,自我的心灵全部是由表意的符号构成的,心灵是自我重要的部分,具有社会性的心灵构成了自我的本质,从这个层面来说,自我就是由符号构成的。

　　进而在米德所说的姿态对话的符号三元模式中,由于是在不同的自我之间的社会交往,自我的心灵是符号的集合体,自我在做出一个表意的姿态的时候,它的意图意义必定指向另一个自我这个符号集合体中的某一个或若干个符号。这时另外一个自我就成为符号发送者的对象,以此类推,作为社会存在的任何符号自我,都有可能成为他人交往的对象。但是这里的对象不是客体意义上的物,而是具有解释能力的主体,两者处在一个对等的地位上进行交往,意义是在公开讨论和协商中产生出来的。

---

① George Herbert Mead, *Mind, Self and Society*, Chicago: University of Chicago Press, 1934, p. 122.

第 3 章　语　言　自　我

从生物学自我向社会性自我的转化，心灵、意识和符号发挥了重要功能，然而这个过程要基于一个前提，即人类语言的表意和交往功能。米德的语言符号思想开辟了语言研究的社会学转向，至今在语言研究领域都有重要的影响。可以说，语言的产生才使得社会个体拥有了完整的自我，进而运用言语行为的交往功能将社会中孤独的个体联结起来。

3.1 语言的产生机制与功能

3.1.1 语言的起源

在关于语言的起源问题上，米德直接反驳了两种观点：模仿说与情绪说。这两种观点相对应的分别是冯特和达尔文。

根据冯特的身心平行论，如果一个有机体做出一种姿态，在另外一个有机体那里唤起了类似的姿态和想法，那么它就是一个表意的姿态，意味着这是两个有机体共同的想法。然而事实上无论是在人际交往还是动物之间，由姿态所引起的反应和刺激常常不一致。比如，当某人非常愤怒地向你表达某种情绪的时候，你内心可能产生的是畏惧，而不是愤怒。

冯特身心平行论的问题在于，在交流中我们如何能够知道交流对象所具有的想法或心理状态？"如果按照冯特的观点，一开始就预设了心灵的存在，由此来解释社会经验过程中的各种可能性，那么心灵的起源以及心灵之间的互动就成为不可思议的事情。"[①]米德的观点是，只有通过社会交往，心灵才

---

① George Herbert Mead, *Mind, Self and Society*, Chicago: University of Chicago Press, 1934, p. 50.

能产生，而交往只有借助于社会经验过程中的姿态对话进行。

因此，冯特的心理学理论忽视了社会交往过程对于心灵所具有的根本意义，面对这样的困难，冯特提出了"模仿说"的观点。不但可以用来解释姿态之间的对话，还可以用来说明语言的起源问题。

模仿理论一度在研究人类和动物行为中特别流行，科学家们进行了大量深入细致的研究。人类的语言起源问题，在语言学家和心理学家们看来，似乎也属于模仿理论的范畴。因为有大量的动物研究的科学实验来佐证这个结论，比如日常最常见的鹦鹉学舌，鹦鹉的发声就是模仿它所听到的人类的言语。

冯特所处的时代，正是法国社会学家加布里埃尔·塔尔德（Gabriel Tarde）的模仿理论盛行的时候。正如塔尔德所表明的，整个的社会现象，包括人类的语言问题，都可以用模仿理论来解释。

根据塔尔德的观点："一切或几乎一切社会相似性都来自于模仿。正如一切或几乎一切生物相似性都是靠遗传获得的。现代考古学家暗中一致接受了这个简单的原理，将其作为破解地下挖掘迷宫的线索。"[①]假如我们浏览同一时期的荷兰、威尼斯或者佛罗伦萨的艺术馆，就会发现这些艺术作品似乎是从同一个艺术范本复制出来的。

冯特的身心平行论当中用模仿说来解释语言的起源问题，于是就会出现这样的假设，交往双方对由姿态对话而产生语言会做出相同的反应。不过这种说法是站不住脚的。比如一个群体中当某个人说出"敌人"这个词语的时候，或许有人会准备战斗，有人会准备逃跑。相对应于言语发出者这是两种完全不同的反应，相当多的心理学家坚持语言的模仿说，是因为他们将模仿限制在一个恰巧做着同样的事或者说着意思相近的言语的范围之内。

但是，"模仿并未能解决语言的起源问题，我们必须回到某种可以从中获得符号的情境，那些符号对于交往的双方来说具有一致的意义，但是却不能仅仅依靠模仿的本能获得。并无证据表明，姿态总是能够在其他有机体那里引起相同的姿态"[②]。

[①] 加布里埃尔·塔尔德：《模仿律》，何道宽译，北京：中国人民大学出版社，2008年版，第73页。

[②] George Herbert Mead, *Mind, Self and Society*, Chicago: University of Chicago Press, 1934, pp. 59-60.

第3章 语言自我

语言起源模仿理论主要的问题在于预设了心灵的存在，并没有考虑到在语言交流过程中复杂的社会情境。米德认为，华生的行为主义在分析语言交流的问题上弥补了模仿理论的缺憾，用社会交往和社会经验来解释心灵和语言的起源问题。不过行为主义，正如我们所熟知的那样，它坚持的是生物还原论的立场。在对语言的定义上，华生指出："语言，不论其复杂性如何，正像我们通常理解的那样，开始是一种非常简单的行为，实际上语言是一种动作习惯。"[①]

这也就意味着，语言的问题仍然遵循的是"刺激—反应"的条件反射原理，而且华生认为，我们全部思维都是在说话，思维无非就是开始使用某些语词。"但是华生并未在这里将所涉及的一切因素考虑进去，即这些刺激是复杂社会过程的基本要素，并带有那些社会过程的意义。发声是一个极其重要的现象，而且可以合理地假定，人的发声过程以及相伴随的智力和思想，并不只是彼此简单地发出特定的音素，这种观念忽视了语言的社会背景。"[②]

可见，行为主义在关于语言的起源问题上与模仿理论也具有某种程度的相似性，它们都忽略了在语言交流过程中复杂的社会情境。如此就会限制语言在交往过程的表意功能，语言作为人类经验中所能达到的最复杂的发展阶段，无非是一种表意的符号，然而无论如何，语言不是简单的模仿和习惯，在人类交往中语言必须扮演从社会过程中提取意义的角色，包含着某种创造性。

关于语言起源的第二种主要观点，米德认为是来自于达尔文的《人与动物的情绪表达》，在这部论著里，达尔文将他的生物进化理论应用到人类的意识经验领域。达尔文相信用语言将自己的情绪表达出来传递给另外一个个体，拥有这种能力的并不仅仅限于人类。他举例说，在南美洲巴拉圭丛林当中有一种叫作泣猴的动物，在情绪激动之时能够发出六种不同的声音，并且能够在其他的猴子身上引起同样的情绪。

之所以坚持这样的观点，是因为达尔文通过研究后发现："人和其他高等动物，特别是灵长类的动物，在少数几个本能上，是彼此共通的。彼此也都

[①] 约翰·布鲁德斯 华生：《行为主义》，李维译，杭州：浙江教育出版社，1998年版，第219页。

[②] George Herbert Mead, *Mind, Self and Society*, Chicago: University of Chicago Press, 1934, p. 69.

具有一些相同的感觉、直觉或知觉——而各种情欲、恩爱、情绪，甚至比较复杂的其中几个，犹如妒忌、猜疑、争胜、感激和器量，也都是一样。"①达尔文进一步认为这样的分析可以用来分析人类的语言和行为，比如人的面部表情、姿态或态度无非是为了表达人们的某种特定情绪。

达尔文的这个观点在很多语言学家和心理学家中产生了影响，根据达尔文的观点，无论是动物还是人类都具有模仿的能力。能够将某些特定的姿态所表示的情绪作为一种心理状态储存起来，比如猿猴在面临危险情境的时候，会发出某种特定的叫声，其他猿猴能够理解这表示可能发生危险的意思。如果这种情况都够经得起检验，那么这便是语言形成的第一个关键步骤。

不过米德认为这是一种错误的观点，动物根本无法表达它们的情绪，达尔文预设了与动物的某些情绪相对应的意识状态，这种意识状态通过姿态或态度在行为中表现出来。

从米德对意识和行为的表述来看，显然是不同意达尔文所做的这一预设，即意识不是预先被给予的。"与达尔文相反，我们没有发现任何证据可以表明这样一种意识的优先存在：它引起某个有机体的行为，并在另一个有机体那里引起调试性的反应。……我们的结论是：意识是从这种行为中突现的，社会行为才是意识产生的前提。"②

而且人类用语言进行交流和动物之间的声音交流相比，米德认为两者之间的区别在于动物之间的交流没有伴随着所谓的意识，因而也就不能传达思想。反观达尔文，他认为："语言的使用隐含着一种内在的能力，就是形成一般概念的能力，而一切低于人的动物被假定为不具有这种能力，则人兽之间变成了一座不可逾越的高墙。而关于动物，我已经力图有所说明，它们是有这种能力的，至少在一种粗糙而发轫的程度上有。"③米德与达尔文之间的这种分歧，至今在有些研究动物符号学的学者看来，也未能得到明晰的解答。

---

① 查尔斯·罗伯特·达尔文：《人类的由来》，潘光旦、胡寿文译，北京：商务印书馆，1997年版，第118页。
② George Herbert Mead, *Mind, Self and Society*, Chicago: University of Chicago Press, 1934, pp. 17-18.
③ 查尔斯·罗伯特·达尔文：《人类的由来》，潘光旦、胡寿文译，北京：商务印书馆，1997年版，第131页。

但是米德可以肯定的是，情绪说不能解决人类的起源问题，因为它背离了具体的社会情境。

3.1.2 语言的产生机制与功能

米德认为，语言产生于姿态对话。在动物界和人身上都存在姿态对话，但是动物的姿态对话不能产生语言，因为它不能传达思想。只有当姿态对话转变为具有表意的符号才能产生语言，语言只有在这个基础上才能产生出来，生物体才能有意识地进行交流，而且有声的姿态能够在自我和他人身上引起同一反应，为意义的交流提供必不可少的共同的内容。

米德汲取了行为主义的某些观点，目的是纠正冯特身心平行论的缺陷。在米德看来，姿态就是动作行为对其他个体造成影响的那一方面，姿态在某种意义上也就是该行为本身。在姿态所引起的行为中蕴含着有意识的意义，问题的关键在于如何使观念和符号之间进入姿态的对话。

姿态的对话包含一个完整的社会行为过程，不同个体的种种行为引起的刺激、反应和调试。"姿态对话就是不同个体之间行为的持续调试。行为开始之后必须得到检验，然后重新开始。"[1]就姿态的对话而言，并非像模仿理论和情绪说所表述的那样，只是简单地传递信息或者情绪。因为不同个体之间的姿态对话通常是反应与刺激之间不同。

这些不同的反应本身并没有伴随任何交流，那么人们怎么获得语言？米德从冯特的"刺激—反应"模式的心理学出发，认为声音是与某种特定的观念联系在一起的，这也就是索绪尔所说的能指与所指之间的关系。

比如说某个声音，在另一个人那里引起了同样的态度，后者的那个姿态会在他心中引起同样的观念，当说到"敌人"这个词时，引起的是一种敌意的反应，这样社会个体之间便有了一种普遍意义的符号，社会群体成员就有了借助表意符号交流的基础。

不过需要说明的是，姿态对话并不是对所有交流的个体来说都具有相同意义的符号，它只是不同个体之间可以交流的基础。"姿态对话的行为中包含

---

[1] David L. Miller, ed., *The Individual and the Social Self: Unpublished Work of George Herbert Mead*, Chicago: University of Chicago Press, 1982, p.43.

一种合作的倾向，而没有对所有人而言都意味着同样意义的符号。"①这种合作的行为其目的是分享某种社会意义，实际上，姿态对话包含两方面的内容："它既是一种身体意义上的交往行为，同时也意味着一个人期望从参与交流的成员当中获得积极的肯定。"②

姿态对话只是为社会个体之间的交流奠定了基础，而从姿态对话到语言产生，还需要有声姿态的介入。米德强调了有声姿态具有其他姿态所不具有的重要性，比如当我们做出某种表情向他人传达某种意义的时候，除非对着镜子，否则我们自己根本无法看到自己的表情，而当我们用语言来表达的时候则很容易与自我形成对话。也就是说，仅仅单纯的姿态对话不会在自我身上引起像在其他人那里引起的反应。

有声姿态之所以具有如此重要的意义，在米德看来，它不仅仅意味着语言的产生，更重要的是，它也是自我形成的基础。在语言的产生过程中，有声姿态扮演了自我内心对话以及与他人对话的角色。"米德承认这种将自我作为对象的能力是人类智力和使用语言的基础，在与他人的交往行为中，通过有声的姿态，一个人同时也在与自我进行交流。"③而且，利用有声的姿态，人们更善于约束和控制自己。

当然，从姿态对话到有声姿态以及语言的产生，需要经历一个漫长的过程，其中既包括生物学意义的进化，也需要文化和社会的因素。但正如爱德华·萨皮尔所说的，语言既不是人类遗传的某种生物学功能，也不是先天就具有的本能性的功能。比如走路就是人类遗传的生物功能，即使一个新生儿从小是和动物为伴长大的，他依然会掌握人类走路的功能。而语言不是这样，离开了社会他无法掌握一套表意的语言符号。

这与米德的观点具有相似性，语言的产生过程实际上就是"从一个社会集体到另一个社会集体，它的差别是无限度可说的，因为它纯然是一个集体

---

① George Herbert Mead, *Mind, Self and Society*, Chicago: University of Chicago Press, 1934, p.55.
② Bushman Donald, "A Conversation of Gesture: George Herbert Mead's Pragmatic Theory of Language", *Rhetoric Review*, Vol.16, 1998, p.255.
③ Bushman Donald, "A Conversation of Gesture: George Herbert Mead's Pragmatic Theory of Language", *Rhetoric Review*, Vol.16, 1998, p.260.

第3章 语言自我

的历史遗产,是长期相沿的社会习惯的产物,……言语是一种非本能的、获得的、'文化的'功能"[1]。

当语言从社会的情境中出现之后,它在人类社会交往中扮演着什么样的角色,或者说发挥着怎样的功能呢?根据米德的表述,可以从四个方面来分析:

其一,我们在第1章当中分析了在自我的生成中心灵、意识以及符号的关系,可以说,语言符号在心灵和意识的形成中扮演着终结者的角色,只有当自我能够使用语言和其他社会个体之间进行交往的时候,才标志着自我从社会情境中的突现。

语言之于心灵的重要意义在于,心灵出现的主要标志在于社会个体能够向他人和自我指明各种事物的意义。从而通过语言和符号之间的交往在这些意义之间建立各种各样的关系,并进而能够控制这些关系的机制。米德指出:"这些关系在被表明之前就是存在的,但是有机体未能在行为中控制这种关系,原因在于他并不具有控制这种关系的机制。但是当人类获得语言交往的机制之后,情形就完全不同了。"[2]只有在语言产生后,有机体之间通过符号交流,对控制这种关系的机制有了认知之后才能控制这种关系。

人的心灵是负载意义的集合体,当语言能够控制意义的关系机制之后,就意味着"由表意的符号构成的语言便是我们所说的心灵,心灵的内容包含两个部分:(1)内心对话。内心对话是从社会群体输入社会个体的过程。(2)意象。应当从它在其中起作用的行为来理解意象"[3]。内心对话是人的智力和心灵产生的途径,以这种方式产生的心灵或思想,必然包含着语言的参与功能,而且从时间上来看,语言符号的发展必定先于心灵或思想的出现。

从语言和自我意识的关系来看,自我意识作为人类与较低等的动物之间的区别的主要标志,是一种社会组织的机制,赋予我们所认知的事物以意义。而如何将这些意义表达出来,"这是语言的功能,它表明在一致的情境中被关

---

[1] 爱德华·萨皮尔:《语言论》,陆卓元译,北京:商务印书馆,1985年版,第4页。

[2] George Herbert Mead, *Mind, Self and Society*, Chicago: University of Chicago Press, 1934, pp. 132-133.

[3] George Herbert Mead, *Mind, Self and Society*, Chicago: University of Chicago Press, 1934, p. 192.

注的地方"①。当这样的意义被表达出来的时候,它是作为一种表意符号而存在的,意味着将自我当作诉说的对象,同时这些表意符号对他人而言也具有相同的意义。

其二,米德将语言看作是一种社会符号,看作是一种社会组织原则,语言使得独特的人类社会成为可能。对语言符号的研究,米德也反对心理学上的"内省"的方法,而把语言看成是一个在社会中产生的动态的表意过程,语言符号是社会文化系统的一个组成部分,同时也是一个在社会文化背景中表意的符号系统。

米德认为,语言能够制造现实,比如当某人说"敌人"或者"火"的时候,在其他人的头脑中就会作类似的联想,语言符号制造现实的方式是:语言符号的接受者在某种情境下,他们的反应能够出现在个体的经验之中,符号所指意义以一种观念的形式呈现出来。

米德还认识到了各种传播媒介通过语言符号对社会现实的建构,他认为包括新闻业在内的传播媒介的一个非常重要的方面就是:它们通过报道各种情况,使人们能够理解他人的态度与经验,传播媒介所表现的现实就是整个现实的社会情境。

其三,语言不但能建构社会现实,而且能够构造事物的秩序。换句话说,这与非语言符号的分类功能具有某种相似性。在一点上,语言符号和非语言符号共同建构了事物的秩序,并且指明了它们之间的关系。

语言在其中所扮演的角色在于,只有依靠语言的表述才能产生一系列表意的符号。非语言符号的作用在于标明事物之间的区别,使得这种区分能够以观念的形式呈现在个体的经验中。那么,"行为中是什么使得这一层次的经验成为可能,使这个行为的特征与其他行为的特征以及与由它所引起的反应中区别出来?我自己的答案很清楚,那就是在社会行为以及姿态对话中所产生一系列符号,简而言之,是通过语言"②。

实际上在这里米德的观点与索绪尔、列维-施特劳斯所表述的结构主义语

---

① David L. Miller, ed., *The Individual and the Social Self: Unpublished Work of George Herbert Mead*, Chicago: University of Chicago Press, 1982, p.160.

② George Herbert Mead, *Mind, Self and Society*, Chicago: University of Chicago Press, 1934, p.122.

第3章 语言自我

言学是一致的。例如索绪尔指出:"在有些人看来,语言,归结到它的基本原则,不外乎一种分类命名集,即一份跟同样多的事物相当的名词术语表。"①尽管这种观点有些简单化,但是索绪尔认为这种看似天真的看法能够使我们接近真理,它能表明语言是由两项要素联合构成的,在索绪尔那里,指的是概念和声音之间的关系,两者的结合叫作符号。

列维-施特劳斯进而阐发了索绪尔的语言学思想,在列维-施特劳斯看来,即便是南美丛林和太平洋诸岛屿上的土著人,也拥有一套适合本部落的语言词汇。比如菲律宾群岛的哈努诺人使用150多个名称来表示植物的各个部分和属性,在特瓦语中,鸟类和哺乳动物的各个部位都有明确的名称。这意味着使用丰富抽象词汇的能力与文明的水平并无关系。

在一个单独的文化形态中,人们使用语言符号给各类事物和行为命名,"在于是否能够通过这类事物的组合把某种最初步的秩序引入世界"②。所以,现代分类学理论家森姆帕逊(G. G. Simpson)说,科学家们对怀疑和挫折是能够暂时容忍的,他们唯一不能忍受的是这个世界的无秩序,很显然,是词语和语言的出现世界才得以如此。

其四,对于米德及其实用主义语言学理论来说,语言的功能不仅仅是命名和表达,最主要的是,语言是同自我的意识和行为联系在一起的。语言之于行为的重要性在于,人类通过语言交往,可以控制和约束自我的行为,从而使得人类的交往行为逐渐趋向于理性。由此就使得自我摆脱了传统意识哲学中的目的行为,从马克斯·韦伯意义上的目的理性趋向于交往理性。

米德曾经将有声的姿态与其他姿态进行了比较,他说:"声音姿态具有其他类型的姿态所不具有的重要性,当我们的面部呈现为某种表情时,如果不是对着镜子我们根本无法看到,而当我们说话时,则很容易引起自己的注意。"③比如,当某人用很愤怒的语调表达情绪不满的时候,他会下意识

---

① 费尔迪南·德·索绪尔:《普通语言学教程》,高明凯译,北京:商务印书馆,1999年版,第100页。
② 克洛德·列维-斯特劳斯:《野性的思维》,李幼蒸译,北京:中国人民大学出版社,2006年版,第10页。
③ George Herbert Mead, *Mind, Self and Society*, Chicago: University of Chicago Press, 1934, p. 65.

地进行自我控制，也就是说，当人们使用语言进行交流时更善于进行自我约束和控制。

人类通过语言符号将理性的行为联系在一起，但是米德认为不能单纯将语言和理性等同，只是在某一个方面来说它是正确的，就在于通过语言交往使得整个社会过程进入了个体的经验之中，使人类的理性交往成为可能，语言只是扮演了其中的媒介。"人作为理性的存在是因为他们拥有语言，通过姿态或表意符号社会个体能够在自身引起像其他个体那里同样的反应。"①

3.2 米德与言语行为理论

通常认为维特根斯坦及其牛津学派是言语行为理论的创立者，如果我们考察米德关于语言与社会行为之间的关系，就会发现米德反复强调这样一种观点：认真地说话就是在行动，而不仅仅是发出一连串的符号。②牛津学派的言语行为理论在很多方面都可以看到米德的影子。米德的言语行为理论促使了语言研究的社会学转向，将语言放到整个社会发展的背景中去考察，从动物行为和人的行为比较中研究语言产生的机制，这使得对语言的研究有了一个新的路径。

牛津学派也称作日常语言学派，是在"二战"后达到兴盛时期的语言哲学流派，其思想曾经受到维特根斯坦语言哲学的影响，关注日常语言中的诸如感知、意义、普遍性、私人语言等命题。其主要代表人物包括吉尔伯特·赖尔（Gilbert Ryle）、J. 奥斯汀（J. L. Austin）、皮特·斯特劳森（Peter Frederick Strawson）。

牛津学派对语言这些主题所作的分析，"他们当中很多人都认为这些命题很显然都是来自于米德的观点"③，特别是赖尔，他在《心的概念》一书中认为，以杜威和米德为代表的芝加哥学派关注心灵的本质、语言心理行为等

---

① David L. Miller, *George Herbert Mead: Self, Language, and the World,* Austin: University of Texas Press, 1973, p. 69.

② 约翰·彼得斯：《交流的无奈：传播思想史》，何道宽译，北京：华夏出版社，2003年版，第223页。

③ David L. Miller, *George Herbert Mead: Self, Language, and the World,* Austin: University of Texas Press, 1973, p. 66.

第 3 章 语言自我

问题，竟然在某些结论上取得了和牛津学派非常巧合的理论成果。

事实上，并无绝对的证据表明牛津学派的某些观点是受到了芝加哥学派的影响。不过米德的学生米勒认为，至少从时间上来看，吉尔伯特·赖尔在《心的概念》一书中所表述的观点，二十年前米德就已经进行了论证。

当然，米德与牛津学派在语言分析的哲学基础上并不相同，后者所秉持的逻辑哲学将词语和句子看作是现实境况的描绘。不过在相当多的观点上，他们之间具有相似性。比如：米德与维特根斯坦都反对私人语言的存在；奥斯汀与米德都同意语言符号的意义体现在它的使用过程中；对言语行为中的意义和意向性，塞尔与米德具有一致性。奥斯汀与塞尔师徒的言语行为理论不过是把米德的语言思想中的某些观点进行了细致和深化。

3.2.1 私人语言与语言本体论：维特根斯坦与米德

如果将维特根斯坦的语言思想与米德进行比较的话，那么要从维特根斯坦后期的语言哲学来进行分析。有两个方面可以进行比较：一是私人语言（Private Language）问题，二是语言本体论问题。

先来看私人语言问题，维特根斯坦是在晚期著作《哲学研究》的第一部分开始讨论私人语言。为此维特根斯坦给私人语言下了一个定义："然而我们是否也能想象这样一种语言，一个人可以用这种语言写下或者说出他的内在经验——他的感情、情绪以及其他以供他个人使用？我们就不能用日常的语言来这样做吗？但是我的意思并不是这个。这种语言的单词所指的应该是只有说话人知道的东西，是他的直接的私人感觉。因此，另一个人是不懂得这种语言的。"[①]

我们可以试着将维特根斯坦这段话转换成以下三层意思：（1）这样的一种语言只有说话者本人才能理解，是说话者自我的内在感受与经验；（2）这种语言为说话者所独有，其他人无法理解；（3）因为私人语言的存在，我们难以和别人交流。

维特根斯坦所说的私人语言并非某人的自言自语或者密码，维特根斯坦特别强调私人语言的感觉性，他说："而当人们考虑'私人语言'时，这种感

---

① 路德维希·维特根斯坦：《哲学研究》，李步楼译，北京：商务印书馆，2000年版，133页。

受是往往要伴随着'对感觉的命名的'。"①那么词语是如何指称感觉的？维特根斯坦认为这无须讨论，我们每天不是都在谈到自我的感觉，并且给感觉命名吗？关键在于名称与被命名的事物是如何建立联系的，这是私人语言得以成立的第二个前提。

维特根斯坦强调，这样的一种联系建立于实指定义的基础之上，他引用这样的例子予以说明：我想用日记记录下在头脑中反复出现的某种感觉，为此将这种感觉命名为"S"，每当有这种感觉的时候都会在日记当中写下这个符号"S"，同时将注意力集中在这个符号上面，以这种方式将感觉和符号的关系建立在内心。实际上这也就意味着，感觉或观念是先在的，然后再用词语去指称它，词语才获得了相应的意义，这是私人语言的核心的观念。

实际上，维特根斯坦对私人语言的观念是持批判态度的。私人语言与笛卡尔理性主义、英国经验主义语言观存在某些相似之处。笛卡尔坚持身心对立的二元论，因此除了我的心灵之外，任何外在的客观世界都是靠不住的，包括我的身体。我唯一能信赖的就是自我的心灵，只有从自我心灵中产生的知识才是自明的知识。

因此我的心灵他人无法理解，我们每个人只能感受自己的心灵，而无法与他人的心灵进行交流，这在 19 世纪英美唯心主义者的论述中同样屡见不鲜。由这种私人感觉而命名的词语就是私人语言，其他人不能理解。同时这种二元论还导致了语言和心灵之间实际上处于相互隔绝的状态，由此造成的是封闭和孤独的自我。

英国经验主义的代表约翰·洛克则认为，词语能够被人们赋予某种观念，而且词语的"最原始的或最直接的意义，就在于它表达了使用词语或语言的那个人内心的观念。……说话的目的就在于将那些声音当作符号，代表某种观念传递给别人。因此，词语所表达的就是说话人心中的观念，它们被使用那些词语的人当成某种符号"②。

笛卡尔和洛克的私人语言仍然属于主体性哲学的范畴，作为对传统哲学的解构者，维特根斯坦揭示了私人语言所遭遇的困境，并分析说私人语言理

---

① 路德维希·维特根斯坦：《哲学研究》，李步楼译，北京：商务印书馆，2000 年版，143 页。
② 约翰·洛克：《人类理解论》，关文运译，北京：商务印书馆，1983 年版，第 386 页。根据理解对译文有改动。

第3章 语言自我

论根本不能成立，也没有人能够使用这样的语言。

我们还以上面维特根斯坦所举的例子分析，我将某种特定的内心感觉命名为"S"，问题在于，如果其他人没有表现出同样的感觉，我只是为这种感觉而发明了一个新的名称"S"，这样的话情形就不一样了：当他使用这个词语的时候，其他人无法理解它的意义。

在维特根斯坦看来，这就有些"对牛弹琴"的意思了，实际上也就是说："当人们说'他为他的感觉起了一个名称'时，他们忘记了要使纯粹的命名活动有意义，在语言中我们需要对其做大量的准备工作。"①

因此，私人语言成立的条件在于自己给自己的感觉命名并制定语言的规则，它脱离了日常语言的生活形式，与人们日常使用的语言规则毫无关系。这样的一种语言并非如米德所说的表意的符号，当然也就不能与他人进行交流和分享语言符号的意义。

依靠自我感觉对词语进行命名，属于维特根斯坦所说的私人的遵守语言的规则，这种主观的观点认为遵守语言规则与遵守规则之间完全是两码事。"维特根斯坦所攻击的是私人语言论者的下列这个核心观念：只有当我们心中具有某种相应的感觉时我们才能理解某个感觉名称或感觉表达式的含义。这种观念是在'我思'为立足点的传统哲学影响下形成的。"②它实际上陷入了"唯我论"（Solipsism）的陷阱。

这也是米德坚决反对的观点，在米德看来，语言符号在一个社群当中意味着对所有成员而言都具有相同的意义，它的功能在于唤起社群成员之间的交往行为，进而通过角色扮演分享他人的意义。而传统的笛卡尔主义则认为语言像心灵一样，具有绝对的主体性，语言甚至不能成为社会个体之间交流的媒介。米德在著作中也曾经鲜明地表达过对这种语言"唯我论"的批判，他说："唯我论是一种不可思议的心理教条主义，心理分析领域已经有大量的证据表明，我们能够给予感知的自我和他人以相同的回应和判断。"③

---

① 路德维希·维特根斯坦：《哲学研究》，李步楼译，北京：商务印书馆，2000年版，第138页。
② 朱耀平：《克里普克对维特根斯坦"私人语言"理论的怀疑论解读》，《自然辩证法研究》，2010年第12期，第5页。
③ George Herbert Mead, *The Philosophy of the Act*, Charles W. Morris, ed. Chicago: University of Chicago Press, 1938, pp. 150-151.

既然遵循私人规则的语言无法存在，那么语言的存在形式是什么呢？通过对私人语言的批判，维特根斯坦表述了对语言的理解方式，他提出了"意义即用法"的观点："一个词语的意义就是它在语言中的用法。"①此理论意味着语言的意义体现在它的运用当中，只有在社会行为中，通过人与人之间的交往，语言才能彰显出自身的意义。这种观点与米德具有一致的立场，他们都承认语言首先属于社会性的行为，将其归结为个人主观的意识行为是荒谬的。

由"意义即用法"的语言观念出发，维特根斯坦摆脱了早期语言哲学中语言图像理论，其核心内容在于："（1）命题就是图像；（2）图像与实在之间、命题与事实之间存在一种对应关系；（3）在图像与实在之中、命题与事实之中存在一种共同的结构。"②维特根斯坦说，图像将我们禁锢起来，为了清晰地理解语言所表述的意义，必须将语言从逻辑和语法当中抽离出来，回归到日常生活中的语言。如此就将原来的语言与实在的单一指称关系，引向语言与用法的多元表意关系，在使用当中语言获得了生命。

这与米德在论述语言的特性时具有一致性，米德认为在交往行为中，语言符号发送者的表意姿态在接受者那里有时会引起与之相异的反应，也就是说，在语言的使用中，语义是开放和多元的。但是维特根斯坦的"语言游戏说"与"家族相似性"与米德相比表述得更为完备。

那么二人在对语言符号的理解上有什么差异，语言与自我之间的关系如何？从米德的观点来看，他认为语言是人类后天习得的一种表意符号，语言作为不同自我之间的交流机制，能够控制自我之间的社会行为，以及自我与环境的关系，"但是心理过程并不存在于词语中，正如有机体的智力不是存在于中枢神经系统中一样。两者都是介于有机体和环境之间的一个过程的组成部分。符号在这一过程中扮演交流的重要角色，心灵的领域从语言当中突现"③。

---

① 路德维希·维特根斯坦：《哲学研究》，李步楼译，北京：商务印书馆，2000年版，第220页。

② 尚志英：《寻找家园：多维视野中的维特根斯坦语言哲学》，北京：人民出版社，1992年版，第58页。

③ George Herbert Mead, *Mind, Self and Society*, Chicago: University of Chicago Press, 1934, p. 133.

第3章 语言自我

对米德而言，语言是连接心灵与符号世界的媒介，没有语言，便无自我，语言是自我出现和形成的最后标志，但是语言不能决定自我的存在形态，关于这一点，在语言学上有著名的"萨丕尔-沃尔夫假说"①。相反，自我作为社会文化当中的一个符号结构，具有凭借语言把握世界的能力，并且自我能够利用语言的交往功能改变自我的存在形态。

而对于维特根斯坦来说，他是从本体论的视域来看待语言与自我之间的关系的，在《哲学研究》中，他有一句耐人寻味的话："我的语言的界限意味着我的世界的界限。"②也正因为此，不少人将维特根斯坦看作贝克莱式的"唯我论"主义者，这实在是曲解了维特根斯坦的本意。

在《逻辑哲学论》中，维特根斯坦表明了他对自我的理解，自我首先不是身体或生物学上的自我，因为"没有思考着或想象着的主体这种东西。如果我写一本书叫作《我所发现的世界》，我也应该在其中报道我的身体，并且说明哪些部分服从我的意志，等等。这是一种孤立主体的方法。或者不如说，是在一种重要意义上表明并没有主体的方法，因为在这本书里唯独不能谈到的就是主体"③。也不是心理学意义上的自我，像今天心理学上所谈论的肤浅的自我也是不存在的。

排除生物学和心理学上的自我之后，维特根斯坦指明了他所谈论的自我是哲学上的自我："由于'世界是我的世界'而使自我进入哲学之中，哲学上的自我并不是人，也不是人的身体或者心理学所考察的心灵，而是形而上主体，是世界的界限——而不是它的一部分。"④因为"世界是我的世界"，并且"我的语言的界限意味着我的世界的界限"，由此可以推导出：世界的界限就是语言，自我就是语言。在此，维特根斯坦将语言提到本体论的高度，他的"唯我论"实际上指的是语言的唯我论，或者是唯语言论。

维特根斯坦的语言唯我论将自我的存在等同于语言，对西方20世纪哲学

---

① 此处指的是"萨丕尔-沃尔夫假说"中的语言决定论。
② 路德维希·维特根斯坦：《逻辑哲学论》，贺绍甲译，北京：商务印书馆，2009年版，第85页。
③ 路德维希·维特根斯坦：《逻辑哲学论》，贺绍甲译，北京：商务印书馆，2009年版，第85-86页。
④ 路德维希·维特根斯坦：《逻辑哲学论》，贺绍甲译，北京：商务印书馆，2009年版，第86-87页。

的语言转向来说是迈开了关键一步。将语言放在本体论的高度进行分析尽管有陷入语言牢笼的危险，但是在另一个层面上——自我与符号世界的认知关系上，它是合理的，而且与米德在这方面的论述殊途同归。

在1918年维特根斯坦为《逻辑哲学论》所做的序言中，他说这本书的整个意义就在于：凡是能够说得清的东西，都能够说清楚，凡是不能够说的东西，就应该保持沉默。这句话的意思是说，语言作为世界的界限同时也是自我的界限，凡是能够用语言言说的东西，我们就能够理解它，反之，则无法认识。

3.2.2 以言行事：米德与奥斯汀

继维特根斯坦之后，牛津学派中更进一步阐述言语行为理论的是奥斯汀和塞尔师徒。他们两人的言语行为理论的要点是：说话就是做事，言语意味着行为。不过在各自的表述上不同，这样的观点其实在米德的著作中早就表达过，只是奥斯汀和塞尔的分析更为细致，在言语行为的类型上做了更详细的区分。

通过分析米德对语言起源的论述，我们知道，语言是从人的行为姿态演化而来的，然后变成声音姿态和表意的姿态符号。姿态就是指的人的某个特定的行为，也就是说，在人的语言演化过程中，天然与行为之间有不可分割的关系。米德将言语行为理论称为姿态对话，"米德关于姿态对话的分析就是分享社会意义的合作行为"①。姿态对话的过程实际上是包含了刺激、反应、调试、完成四个行为阶段。语言是连接自我与符号世界之间关系的媒介，语言建构现实，构造秩序，是自我社会行为意义的载体。

奥斯汀作为言语行为理论的创立者，也承认语言的社会性，这一点与米德是一致的。在论及语言与实在的关系上，奥斯汀指出如果我们要通过语言达成交往行为，"还必须有与言语不同的某种东西：这种东西可以被称为'世界'。除了因为在特定场合所做出的实际陈述本身涉及世界外，在任何其他意义上都没有理由不把言词包括在世界之中"②。由此可见，奥斯汀将语言看作是一种社会现象而非心理现象，社会中的任何事物，不仅是物质意义上，

---

① Donald Bushman, "A Conversation of Gestures: George Herbert Mead's Pragmatic Theory of Language", *Rhetoric Review*, Vol. 16, 1998, p. 255.
② 杨玉成：《语言现象学与哲学》，北京：商务印书馆，2002年版，第38页。

第3章 语言自我

包括情感、行为、经验甚至语言本身都是语言所谈论的对象。

我们使用言语谈论世界的一个重要前提是：事物之间应该具有差异性。事物必须是由符号标记的，具有可区分性。

奥斯汀认为，当我们开始使用语言谈论世界的时候，我们就已经从抽象的语言形式转向索绪尔意义上的"言语"。其言语行为理论的出发点正如他在《如何以言行事》当中所说的：言即行。说话就是人的一种行为，会导向某个特定的目的或结果，奥斯汀称这种说话行为是"话语行为"（Locutionary Act），实际上这与米德所说的"姿态对话"含义具有相似性，只不过表述方式不同而已。

言语行为理论是由下述三个层次构成的：话语行为（Locutionary Act）、以言行事行为（Ilocutionary Act）、以言取效行为（Perlocutionary Act）。其中"话语行为"指的是"说出一个有确定含义和指称的语句，相当于传统意义上的'意义'"[①]；以言行事指的是说出某种具有规则或命令的话语；以言取效就是希望通过言语表达达到某种结果或目的。

必须明确一点的是，言语行为的这三个层次或过程需要至少两个以上的主体才能进行。这也意味着奥斯汀的言语行为理论也是反笛卡尔主义的，言语行为必须在不同的主体之间进行交流才可能发生。

比如这个例子，Y对S说：请将这把椅子搬到隔壁的办公室。S按照Y的要求完成了搬椅子的行为。此时Y与S之间的交流就构成了上述三种言语行为的过程：其一，Y的话语行为对S而言是有意义的，两者存在交流的可能性；其二，Y的话语行为对S来说不但是有意义的，而且具有某种外在的促使其做出搬椅子这种行为的力量，奥斯汀称之为"语用力量"（Ilocutionary Force）；其三，Y与S之间的话语行为产生了一个结果，即S将这把椅子搬到了隔壁的办公室。

相对应于米德的言语行为理论，奥斯汀在这里的"话语行为"相当于米德所说的姿态对话当中的刺激；"以言行事行为"相当于米德所说的反应和调试阶段；"以言取效行为"相当于米德所说的行为完成阶段。

奥斯汀提出言语行为理论对当代语言学研究产生了深远的哲学影响。首

[①] Austin L. J, *How to Do Things with Words*, Beijing: Foreign Language Teaching and Research Press, 2002, p.109.

先它改变了传统哲学中人们对语言本质的认识,传统语言学比如索绪尔结构主义语言学认为语言作为一个符号系统,"在这个系统里,只有意义和音响的结合是主要的,在这系统里,符号的两个部分都是心理的"①。语言的主要功能在于摹刻事实,奥斯汀和米德的言语行为对此提出了挑战,他们都认为言语即意味着行为。

米德在考察人的语言对人的智力发展的重要作用时指出:"人类发展的另外一个非常重要的方面,正如言语对人的特有智力发展那样必不可少的方面,就是人的手能够将事物分开。言语和手在人类社会的发展中共同起作用,人的智力要达到成熟阶段就必定会出现自我意识。如果一个的行为要在人的智力指导下开始,就必须在完成过程中具有短暂停止的阶段,人的语言和手为此提供了必需的机制。"②

其次,在语言、自我与客观世界之间的关系上,由于言语即行为,因而言语行为意味着自我介入客观世界之中的一种实践行为,通过言语行为,自我实现内心对话,不同自我之间具有了交流的媒介,将自我的形成和发展置入社会关系之中。米德在分析如何将社会过程作为一个有组织的整体引入社会个体的经验之中时认为:通过语言的机制才有了这种可能,由此社会个体就可以控制和调试自我的行为,才有了自我意识在个体之中的价值和意义。

其三,奥斯汀的言语行为理论给话语评价引入了一个新的标准:正当与否。这种观点突破了早期维特根斯坦语言思想中不可言说的伦理道德领域,为这一领域的言说提供了一种新的视角。

之所以引入这样的评判标准,在于奥斯汀言语行为理论关注的重点是"以言行事",这就涉及自我从言语到行为的自由度、伦理及道德尺度问题。比如在关于什么意味着自我的行为是自由的这个问题上,奥斯汀认同的是托马斯·霍布斯的"消极自由",而米德认同的则是卢梭意义上的"积极自由"。

人的言语行为属于社会行为的一个构成部分,社会个体的言语行为通常被认为是评价该个体的道德标准之一。米德的学生莫里斯划分了十六个言语

---

① 费迪南·德·索绪尔:《普通语言学教程》,高明凯译,北京:商务印书馆,1999年版,第36页。
② George Herbert Mead, *Mind, Self and Society*, Chicago: University of Chicago Press, 1934, p.237.

行为的论域，其中就包含道德论域。他认为："绝大多数人都会毫不犹豫地把道德的论域这个术语应用到根据集体福利来评价行为的那种语言上。"①

莫里斯分析说，评价行为是否合乎道德的标准，可以参考"乔治·米德所指出的方式，用符号表示其他个体在社会行为或集体的需要这方面来评价他们自己的行为或其他个体的行为。这样，个人根据社会行为这个观点，就获得了一个评价的基础，他甚至能够赞成或反对他自己的某些爱好或行为"②。由言语行为推导出的道德自我问题，米德的实用主义自我理论阐述得比奥斯汀更详细，本书在第 7 章将详细阐述这个问题。

3.2.3 言语行为中的意义与意向性：米德与塞尔

约翰·塞尔作为奥斯汀言语行为理论的继承者，很大程度上完善并发展了奥斯汀的理论。他给言语行为下了一个定义："我认为在任何语言交流的模式中都必须包含有一个言语行为。语言交流的单位不是人们通常认为的符号、词语或语句，甚至也不是符号、词语或语句的标记，构成语言交流的基本单位是在完成言语行为中给出标记。更确切地说，在一定条件下给出语句标记就是以言行事行为，以言行事是语言交流的最小单位。"③

塞尔的言语行为理论与奥斯汀相似，也分为以言行事行为和以言取效行为。他的言语行为理论可以从三个方面来进行解读：言语行为中的意向性、言语交流中的意义以及言语行为中的规则。

人的言语行为来自于心灵当中的意识状态，指向某个特定的意图或者目的，这称之为意识的意向性。塞尔说："意向性是许多心理状态和事件所具有的这样一种性质，即这些心理状态或事件通过它而指向或关于或涉及世界上的对象和事态。"④同样，在米德和塞尔看来，人的言语行为携带着人的意识

---

① C. W. 莫里斯：《符号、语言和行为》，罗兰、周易译，上海：上海人民出版社，2011 年版，第 169 页。
② C. W. 莫里斯：《符号、语言和行为》，罗兰、周易译，上海：上海人民出版社，2011 年版，第 169 页。
③ 约翰·塞尔：《心、脑与科学》，杨音莱译，上海：上海译文出版社，1991 年版，第 90 页。原文将 Ilocutionary Act 译为"非表现行为"，与当下通行译法不符，故在这里改为"以言行事行为"。
④ 约翰·塞尔：《意向性：论心灵哲学》，刘叶涛译，上海：上海人民出版社，2005 年版，第 1 页。

状态，因而也具有意向性。不过塞尔对此作了更细致的区分，他认为不是所有的言语行为都具有意向性。以言行事的行为必须通过意向性来执行，而以言取效的行为则不一定具有意向性。

具有意向性的言语行为为什么具有指称事物的能力，或者为什么当我们说出某个词语的时候它就能指称某种特定的事物呢？"简言之，问题就是，我们不可能借助语言的意向性来解释心灵的意向性，因为语言的意向性已经是依赖于心灵的意向性了。"①

心灵的本质及其最主要的特征是具有意识性，言语行为就是意识的声音和行为表现形式，正如德里达所说的："声音就是意识本身。"②在这一点上，塞尔与米德的观点是一致的。不同之处在于对意识和心灵本质的认知，塞尔对心灵和意识并没有严格的区分，而且认为意识过程完全属于神经生物学现象。

那么言语行为的意义是如何表征出来的呢？塞尔指出："一切语言的意义都是派生的意向性。"③塞尔区分了两种意向性：一种是内在的意向性，指的是不依赖于观察者的世界的那些特征，比如事物的质量、自然界中的力、万有引力等；派生的意向性指的是依赖于观察者的那些特征，比如一棵树、一个单词等。

如果我们将塞尔的这种说法进行一下转换可能更容易理解，那就是能够符号化的事物就是派生的意向性，否则就是内在的意向性，比如我的饥饿状态就是内在的意向性，而如果我将这种状态用一个单词"Hunger"传达给他人的时候，它就具有派生的意向性。

如此看来，言语行为的意义属于派生的意向性，依赖与观察者的关系，这里的观察者其实就是符号的接受者。按照这样的逻辑，我们就会发现塞尔与米德在关于言语行为的意义理解上是一致的，即言语行为的表意必须发生

---

① 约翰·塞尔：《心灵、语言和社会：实在世界中的哲学》，李步楼译，上海：上海人民出版社，2001年版，第86页。
② 雅克·德里达：《多重立场》，佘碧平译，北京：生活·读书·新知三联书店，2004年版，第28页。
③ 约翰·塞尔：《心灵、语言和社会：实在世界中的哲学》，李步楼译，上海：上海人民出版社，2001年版，第89页。

第3章　语言自我

在两个或两个以上的主体之间。

而且就意义的存在方式而言，两者也具有相似性，意义与意识、意向性之间具有不可分割的关系，但是米德认为："从根本上来说，意义不应当被认为是意识的一种状态，也不应当被认为是存在于经验领域之外的，然后进入经验领域之内的一组关系，恰恰相反，从客观的角度来说，意义完全存在于经验领域之中。"①意义要通过自我的言语行为表达出来，而且是将本身就已经存在于经验领域之中的意义提取出来。

塞尔则认为，意义是意向性派生的一种形式，"说话人的思想的原初的或内在的意向性被转换成语词、语句、记号、符号等。这些语词、语句、记号和符号如果被有意义地说出来，它们就有了从说话人的思想中所派生出来的意向性"②。言下之意是，倘若当一个说话人的言语行为有意义，需要满足有意义的条件。大体来说包含三个条件：其一说话人要说出某个语句；其二，这个语句所表达的意向与语境相符；其三，听话人应当理解这个言语行为并接受它。

言语行为通过意向性表达出某种特定的意义，其功能何在呢？塞尔与米德都指出，语言具有建构社会现实的能力。这种能力的来源，米德将其归结为具有普遍性的语言符号的意义分享，塞尔则将其归结为集体意向性。

类似的表述也存在于迪尔凯姆、西美尔、韦伯的著作里，集体意向性"只不过是在人类之间或者动物之间合作的框架下，共同分享意图形式的现象。"③这也适用于米德对语言符号的理解，正是因为语言的出现使得人们之间的行为趋于理性，进而在合作的行为中共享具有普遍性的意义。

言语行为何以具有构建社会现实和社会秩序的能力？塞尔认为需要满足两项条件：其一是赋予事物某种功能的能力；其二是依赖于某些种类的规则。塞尔进一步分析说，人类具有赋予事物功能的这种能力不是这些事物的物理

---

① George Herbert Mead, *Mind, Self and Society*, Chicago: University of Chicago Press, 1934, p. 78.
② 约翰·塞尔：《心灵、语言和社会：实在世界中的哲学》，李步楼译，上海：上海人民出版社，2001年版，第135页。
③ 约翰·塞尔：《自由与神经生物学》，刘敏译，北京：中国人民大学出版社，2005年版，第60页。

功能，而是"与这些物品某种形式的身份相关联的集体接受的基础上来完成功能"①。最明显的就是货币的例子，我们在现实中得承认货币具有某种身份，能够行使某种职能。

人类通过言语行为赋予某些事物的能力，还要依赖于社会系统中的规则，这些规则包括两种：调节规则与构成规则。"调节规则调节之前存在的行为形式……而构成规则不仅要调整，而且定义或者为新形式的行为创造可能性。"②语言具有将事物符号化的能力，然后依靠构成规则建构了一个巨大的符号系统。而自我在这个符号系统中，在规则的约束下通过言语行为进行自我确认。从另一个方面来说，言语行为本身还包含着创造性，正如米德自我概念中的"主我"具有创造性一样。

3.3 语言与交往理性

米德曾经指出过，理性的过程必须要通过语言的交往功能才能实现。语言的形成使得自我摆脱了孤单的原子状态，通过语言的表达，社会过程进入个体经验之中，这一切都要贯彻在以语言为媒介的交往行为中。

3.3.1 韦伯与米德：从目的理性到交往理性

自亚里士多德以来，目的论就是支撑人们行为的主要理论基础，社会行为者根据自身所处的社会境况选择一种最佳的行为手段，从而实现一种特定的目的。

马克斯·韦伯所谈论的社会行为是一种目的行为，社会行为者的动机是与行为者的主观意义相关联的，并进而区分了四种社会行为："（1）目的合乎理性的，即通过对外界事物的其他情况和其他人的举止期待，并利用这种期待作为'条件'或者作为'手段'，以期实现自己的合乎理性所争取和考虑的作为成果的目的；（2）价值合乎理性的，即通过有意识地对一个特定的举止

---

① 约翰·塞尔：《自由与神经生物学》，刘敏译，北京：中国人民大学出版社，2005年版，第62页。
② 约翰·塞尔：《自由与神经生物学》，刘敏译，北京：中国人民大学出版社，2005年版，第64页。

的——伦理的、美学的、宗教的或做任何其他阐释的——无条件的固有价值的信仰，不管是否取得成就；（3）情绪的，尤其是感情的，即由现实的情绪或感情状况；（4）传统的、约定俗成的习惯。"①

韦伯对这四种行为的区分，如哈贝马斯所表述的，是行为者为了实现其特定目的而确立的行为目的范畴，目的理性基于功利主义的目的，价值理性基于有价值的目的，情绪行为对应于感情目的，传统行为预示的是对下一步行为的观望和期待。

这四种行为都是和行为的目的有着或多或少的利益关系，只是合理化的程度不同。对社会行为的分析，韦伯并没有将之置于社会关系的向度上来考量，而是按照目的论的观点，履行的一种社会行为——客观世界的关系。

韦伯的合理化指的是西方宗教历史的祛魅化过程，主要关注的是宗教理性与现代资本主义经济之间的紧密关联，在此基础上以目的理性作为社会行为的主导观念。韦伯也谈到行为的意义这个概念，只不过这里所谓的意义指的是行为者的主观意义。

哈贝马斯对此批评说："他不是根据语言意义的模式来说明'意义'，也不是从可能理解的语言模式来说明'意义'，而是根据一个最初空幻的行动主体的意见和意图来说明'意义'。这种软弱的立场使韦伯脱离了一种交往行动的理论，就是说，不是把通过语言理解的至少两个有语言能力和行动能力的主体之间的个人内部的关系看作基础，而是把一个孤独的行动主体的目的活动看作基础。"②根据哈贝马斯的理解，韦伯的目的理性不属于交往行为的范畴，因为在交往行为中语言具有特别重要的作用。

根据米德的立场，语言为心灵和自我的出现提供了机制，进而在社会化过程中使自我成为具有言语能力和行为能力的主体，"米德的另一个贡献在于，他继承了在洪堡和克尔郭凯尔那里确立的主题，即个体化不是一个独立的行为主体在孤独和自由中完成的自我实现，而是一个以语言为中介的社会

---

① 马克斯·韦伯：《经济与社会（上卷）》，林荣远译，北京：商务印书馆，1997年版，第56页。
② 于尔根·哈贝马斯：《交往行动理论（第一卷）》，洪佩郁、蔺青译，重庆：重庆出版社，1994年版，第354-355页。

化过程和自觉的生活历史建构过程"①。哈贝马斯认为,同迪尔凯姆一样,米德阐述了韦伯合理化理论的基本概念,并发展了一种以语言为媒介的交往社会学。

为什么说有语言参与的交往行为是趋于理性的,不妨还是回到姿态这个概念,在有机体利用姿态交往的过程中,第一个有机体做出的姿态对第二个有机体来说具有某种意义,第二个有机体随之做出反应,第一个有机体做出调试的行为,直到整个行为过程的完成。

期间第一个有机体姿态的意义是在另一个有机体的反应中发现的,人的智力性因素将姿态符号化使之成为具有表意姿态的符号,在交往行为中,符号表意的普遍性使之具有对自我引起它在其他个体身上引起的反应,在这种情况下,就存在语言出现的可能。

从有声姿态进化而来的语言的出现为自我的形成提供了机制,"在言语行为中,我们能够在自身引起我们在其他人身上引起的同样的反应,我们必定知道我们在表达什么,在自身引起的他人的态度会控制我们的言语。理性意味着我们在他人身上引起的那种反应也应该出现在自己身上,而且这种反应在决定我们下一步的行为时发挥作用。"②这时的交往行为就从最初的以姿态作为媒介的内部活动转变为以符号为媒介的内部活动。

在这个过程中,发生了三个方面的转变:其一,姿态变成了表意的符号;其二,行为者之间的关系由刺激—反应的因果关系转变为符号发送者与符号接受者之间的内部关系;其三,单纯的目的行为转变为以相互理解为指向的合作行为。当这些转变发生之后,也就意味着语言的、社会的、文化的规则开始在交往行为中发挥指导性的功能。

对规则的遵循意味着符号表意的普遍性,它是基于两个以上有言语能力和行为能力的主体之间的相互理解与合作行为。米德也从进化论的角度来分析规则的形成,他说自我生成的背景除了语言之外,另外一个表现在玩耍和游戏活动中,在儿童的玩耍阶段,以某事为消遣,仍然处在构造自我的阶段。

---

① 于尔根·哈贝马斯:《后形而上学思想》,曹卫东、付德根译,南京:译林出版社,2001年版,第174页。
② George Herbert Mead, *Mind, Self and Society*, Chicago: University of Chicago Press, 1934, p.149.

第3章 语言自我

到了游戏阶段，参加游戏的不同角色之间必定有某种确定的关系，这时的行为就要遵循游戏规则的形式，这个阶段对于完全意义上的自我意识的形成是必不可少的。

米德与维特根斯坦都反对私人语言的存在，他们相信因为要遵循一个共同的规则形式，所以语言符号表意应具有普遍性。在米德看来，对普遍性的理解意味着它可以不断在言语行为中被修正，言语行为中所遵循的规则同样如此。维特根斯坦指出："规则的概念与词汇的运用是同样重要的。一个主体如果想遵循一个规则，他总是只能这样遵循这个规则，就是说，他只能在变化的运用条件下遵循同一规则——否则的话就是不遵循任何规则。"[1]

在规则制约下的社会行为摆脱了单纯以目的为指向的行为，它使得社会化个体开始朝向内心寻求自反性的对话，开始在行为中扮演他人的角色，由规范的制约因而出现了"广义他者"（Generalized Other），为人们的理性行为提供了某种机制，"广义他者"所起到的作用"不仅是一条规范性原则，而更像是一副认知透视镜"[2]。

在交往行为中扮演他人角色或者采取他人的立场，除了规则的制约外，一种普遍的道德情感在米德看来也是非常重要的，米德及其实用主义的道德原则与康德的道德普遍性具有相似之处。[3]这种道德规范要求一个社会行为其立场对于所有与该行为有关的人来说都是公正的。米德认为："普遍的道德可以理解为一种交往合理化，一种在交往行动中存在的合理性潜力脱离的结果。"[4]

---

[1] 于尔根·哈贝马斯：《交往行动理论（第二卷）》，洪佩郁、蔺青译，重庆：重庆出版社，1994年版，第24页。

[2] 诺伯特·威利：《符号自我》，文一茗译，成都：四川教育出版社，2011年版，第56页。

[3] 但是两者存在根本的区别，康德的道德普遍性属于绝对的内在符号领域，它最终寻求的是一个纯粹的理性目的王国，并且这种道德普遍性在主体心中升华为绝对普遍性，主体的行为要受到道德理念的制约，主体缺乏行为的自由，而米德的实用主义道德论强调道德规则属于外在的符号领域，只是在具体行为中，道德规则返回内在符号领域，两者共同发生作用，但是道德规则不具有绝对普遍性，因为制定道德规则的主体是人，在社会情境中不存在绝对的道德理念，人们在道德规则面前必须具备主动性和行为的自由。

[4] 于尔根·哈贝马斯：《交往行动理论（第二卷）》，洪佩郁、蔺青译，重庆：重庆出版社，1994年版，第120页。

3.3.2 哈贝马斯对米德语言交往理论的批评

米德的语言交往理论将行为主义的观点带到传统意识哲学的研究领域，从而为语言研究带来革命性的突破力量。正如哈贝马斯所指出的，米德的交往理论构成了对语言分析哲学和心理行为主义两个方向的批判。与此相对照的是，米德注重分析意识领域在语言交往中的介入功能，并解释了语言和意识在交往互动中的生成，以及语言在建构符号自我和社会文化符号系统中的意义。

哈贝马斯高度评价米德语言交往理论所带来的从目的理性到交往理性的范式转变力量，同时根据其所发展出的一套普遍语用学的观点，指出了米德语言交往理论的不足，他说，根据米德所理解的交往行为，"语言超过理解的职能，执行了这种行动主体本身社会化，使不同行动主体有目的的积极性合作化的作用。米德几乎完全是按照有行动能力的主体的社会化和有目的的行动主体的社会统一这两个方面，来考察语言交往的。但是与此同时，米德却忽略了语言的理解成就和语言的内部结构。从这个角度看，他的交往理论是需要补充分析的，需要说明这种分析是怎样在语义学和语言活动理论之间进行贯彻的。"①

米德关于语言分析的不足就在于，他假定当自我获得语言之后，语言本身也就获得了表意的普遍性，因而在同一个社群当中，所有的成员都具有利用语言进行无障碍交流的能力。他说："如果我们掌握一套表意的符号，在这个意义上它的表意具有普遍性，是指任何理智地使用那种语言交谈的人都具有普遍性。除了某人必须说这种语言，使用那些带有意义的符号之外，没有任何别的限制，这就使得任何运用该语言的人获得了一种绝对的普遍性。"②

哈贝马斯很大程度上继承了米德语言交往理性的论断，但是他认为米德在分析语言作为交往媒介的过程中，作为具有言语行为能力和行为能力的主体对语言意义的理解过于简单化了。他并未说明交往主体是如何在语言符号的表意问题上达成相互理解的，没有从语言的内部结构进行分析。换句话说，语言表意普遍有效性需要满足的条件是什么？

---

① 于尔根·哈贝马斯：《交往行动理论（第二卷）》，洪佩郁、蔺青译，重庆：重庆出版社，1994年版，第7页。
② George Herbert Mead, *Mind, Self and Society*, Chicago: University of Chicago Press, 1934, p. 269.

第 3 章　语言自我

在《交往与社会进化》中，哈贝马斯提出了他的普遍语用学的任务，就是"确定并重建关于可能理解的普遍条件"或者"交往行为的一般假设前提。"①哈贝马斯将以相互理解为目的的交往行为看作是社会批判和重建社会理性的根本，自然，以语言为中心的言语普遍有效性问题就是其研究的核心内容。

他假定言语的有效性基础在于："任何处于交往行为中的人，在施行任何言语行为时，必须满足若干普遍性的要求并假定它们可以被验证。"②米德只是提出了言语行为普遍有效性的命题，哈贝马斯则补足了米德所遗留的问题的空缺。

根据哈贝马斯的表述，言语普遍有效性的要求包括："说出某种可理解的东西；提供给听者某种东西去理解；由此使他自己成为可理解的；以及达到与另一个人的默契。"③为了达成言语普遍性的要求，言语行为者在交往过程中须履行如下的义务：说话者必须选择清晰明白的表达方式以便说话者和听话者都能理解言说的内容；说话者提供的陈述是真实的；说话者表达的意向是真诚的；说话者选择的话语方式是正确的。以上这些义务的遵守是为了在说话者和听话者之间能够在以规范为语境的话语中达到共同的认同和理解。

显然，米德在考察言语行为的时候，在说话者和听话者两端都没有作具体的分析，在大多数情况下，他假定当说话者说出一个语句传递到听话者那里，这个语句的意义还是同一的。从符号的表意过程来看，米德的说法是站不住脚的，哈贝马斯也借助卡尔·毕勒（Karl Buhler）的语言交往模型分析了语言表意过程需要考虑的几个方面，诸如说话者的意图、语境的影响以及听话者的理解因素。

但是需要注意的一点就是，哈贝马斯并非真正关心语义学范畴内的句子的语法结构，他认为语言的本质不是词语和句子的组合，而是言语行为的具

---

① 于尔根·哈贝马斯：《交往与社会进化》，张博树译，重庆：重庆出版社，1989 年版，第 1 页。

② 于尔根·哈贝马斯：《交往与社会进化》，张博树译，重庆：重庆出版社，1989 年版，第 2 页。

③ 于尔根·哈贝马斯：《交往与社会进化》，张博树译，重庆：重庆出版社，1989 年版，第 2 页。

体呈现。在这一点上,他和米德的立场具有一致性。

语言的意义不是体现在它与经验事实或客观世界的吻合度上,比如维特根斯坦早期语言思想中的"图像论"就认为,一个语言命题如果具有意义,须满足两项条件:(1)命题的意义就在于与客观事实是否相符,最简单的表述就是,该命题是否反映出了客观世界的图像;(2)该命题的表述必须符合语言的逻辑,因为我们不能思考非逻辑的东西。这两个条件,一个是命题的语义根据,一个是命题的语法根据。①

而普遍语用学的目的就是要从分析语言的句法结构转向语言的具体应用环境。在哈贝马斯看来,逻辑实证主义运用自然科学和认识论的方法来研究人们的语言问题,最终还是走向了传统哲学的主体—客体模式,语言不过是人们达成某种目的的工具。

哈贝马斯吸收了米德符号互动论的思想,从交互主体的角度去理解语言交往的问题,处于交往中的个人,当施行任何言语行为的时候,都必须满足普遍有效性的条件,只有这样才有可能被参与者所接受。"哈贝马斯的这一界定,倒是在相当程度上接近于康德在《纯粹理性批判》中反复出现的那种有效性——对某种行为或思考所具有的普遍认可的价值。"②这属于哈贝马斯所说的交往资质的范畴,它意味着交往主体不但具有对对象有关于经验知识上的判断,"还应具有先于经验存在的概念对象的超验知识"③。

哈贝马斯普遍语用学的分析阐述了米德言语行为覆盖的价值和规范领域,同时也补充了米德没有涉及的语言陈述的真实性领域,从主体间性的意义上来理解人类的语言交往行为。

---

① 尚志英:《寻找家园:多维视野中的维特根斯坦语言哲学》,北京:人民出版社,1992年版,第77页。
② 张斌峰:《从事实的世界到规范的世界:评哈贝马斯的"普遍语用学"对言语有效性范畴的超越与拓展》,《自然辩证法通讯》,2002年第4期,第22页。
③ 张斌峰:《从事实的世界到规范的世界:评哈贝马斯的"普遍语用学"对言语有效性范畴的超越与拓展》,《自然辩证法通讯》,2002年第4期,第22页。

第4章　主体间性自我

传统哲学立足于自我的主体性，从内向反思寻求自我的本质。米德在关于意识和心灵问题提出了与传统哲学不同的见解，把自我看作是一个具有表意的符号结构。心灵、意识、非语言符号以及语言符号的结构都扎根于社会中，因而自我本质上属于符号和社会的自我，米德的自我观念摆脱了理性主义和经验主义的二元论模式。自我反思的领域从内在符号领域延伸至外在符号领域，承认社会中其他自我的主体性，因而符号自我呈现出了主体间性的特征。

4.1 符号自我的关键概念

4.1.1 主我、客我

米德曾明确表示，当主体将自己看作认知对象的时候，自我就产生了。自我由两个部分构成，即"主我"与"客我"。"主我"是在社会交往中有机体采取的对他人态度的反应和调试，"客我"指的是在此过程中有机体采取的"广义他者"的态度。

考察米德"主我"与"客我"的概念，与威廉·詹姆斯自我理论中的"纯粹自我"与"经验自我"有着某种相似之处，从库利的"镜中自我"那里米德也得到了一些灵感。

威廉·詹姆斯是自我理论研究具有开创性贡献的哲学家，在其出版的《心理学原理》中，他对自我的论述在很多方面启迪了米德。特别是其"多重自我"的分析，詹姆斯写道："让我们从最广义之所谓自我说起，而后逐步寻求到自我之最微妙最精深的方式，由德国人所谓之经验的自我之研究进到纯粹自我之研究。"①詹姆斯将自我的含义分成四种：物质的自我、社会的自我、精神的自我以及纯粹的自我。前三种总称为经验的自我。

詹姆斯的所谓经验自我"就是人们的自称，即日常语言的'我'所指的东西"②。由于詹姆斯和米德所谈论的自我都是认知意义上的自我，因此这里的经验自我就是我能意识到的"自我感"。

经验自我不仅包含身体上的自我，比如我们的身体、衣服和财产等，詹姆斯认为这都属于自我的构成部分；也包含社会意义上的自我，即自我是他者的存在；还包含心灵的自我，与传统哲学的"经验自我"是一致的，指的是"内心的或主观的存在"③。"也就是人的精神存在，即意识、心理或'心'等词所指的东西，是从感知到思维所包括情绪和意志在内的主观现象的总称。"④

而詹姆斯的"纯粹自我"用他自己的话来说是"首席自我"，指统领自我各个成分的主人。詹姆斯的纯粹自我与费希特不同，费希特的纯粹自我具有绝对普遍性和同一性的特质，而詹姆斯的意识流分析则反对具有绝对和普遍的自我。

詹姆斯的经验自我与米德的"客我"有相似之处，经验自我的各个部分属于纯粹自我认知和统领的对象，纯粹自我类似于米德的"主我"，决定自我的发展方向。不过两者仍旧存在差别，实际上詹姆斯经验自我中的"心灵自我"就具有米德"主我"的色彩，"心灵自我"具有自我意识和自反性，这正是米德"主我"所具备的重要特征。

与此同时，库利所谈论的自我是本体意义上属于社会的自我，指的是詹姆斯自我范畴中的"经验自我"，它包含"普通用语中主格'我'（I）、宾格'我'（Me），所有格'我'（Mine My），以及反身词'我自己'这些第一人称单数代词所表示的东西"⑤，是能够在日常进行观察和证实的自我。

---

① 威廉·詹姆斯：《心理学原理》，唐钺译，北京：商务印书馆，1963年版，第87页。
② 维之：《人类的自我意识》，北京：现代出版社，2009年版，第256页。
③ 威廉·詹姆斯：《心理学原理》，唐钺译，北京：商务印书馆，1963年版，第147页。
④ 维之：《人类的自我意识》，北京：现代出版社，2009年版，第259页。
⑤ 查尔斯·霍顿·库利：《人类本性与社会秩序》，包凡一、王源译，北京：华夏出版社，1987年版，第107页。

第4章 主体间性自我

从一种生动而明确的意义上来说,自我首先是一种思想上的感觉存在,当我们开始思考"我"的时候,它并不像詹姆斯那样首先指向我们的肉身。库利考察了《哈姆雷特》当中近百个主格我与宾格我,发现它们大体上都是指向和感觉、思想、情绪相关的方面,与人的肉体基本没有发生关联,因此库利得出结论说,当莎士比亚的笔下的人物使用主格"我"和宾格"我"的时候,他们基本不会想到他们的身体。

自我感觉不是产生和存在于自我内部,必须要与他人的态度和评价联系起来。通过他人的态度,自我形成反思意识,对自我进行审视和观察。正如歌德在《托尔夸多·塔索》中所言:"只有在人中间,人才能认识自己。"但是库利与拉康的"镜像自我"不同,拉康到最后实际上是颠覆和否定了自我的存在,自我成了一个漂浮和空无的能指。

与他人的联系是形成库利"镜中自我"的前提,"在许多情况下,与他人的联系较为确定的想象形式,即想象他的自我——他专有的所有意识——是如何出现在他人意识中的。这种自我感觉决定于对想象的他人的意识的态度。这种社会自我则可以被称作反射自我或镜中自我"[1]。在库利看来,人们彼此都是一面镜子,映照着对方。

库利关于"镜中自我"的阐述与米德"主我""客我"理论很相像,米德认为"客我"就是由他人的态度构成的,"主我"则是有机体对"客我"的反应。库利的"镜中自我"则包含三个层面:"对别人眼里我们的形象的想象;对他对这一形象的判断的想象;某种自我感觉,如骄傲和耻辱等。"[2]

只是米德将"主我"和"客我"这两个概念区分得更为明显,在自我意识出现之前,也就是姿态对话阶段是不可能有"主我""客我"之分的,因为那时自我尚未出现。"主我"与"客我"出现在个体将自身看作认知对象的阶段,在某个特定的社会行为中,他者的态度投射到自身,个体对之做出相应的反应和调试行为,从而采取他人的态度和立场,"客我"就从中显现出来,这是该个体所意识到的自我。

---

[1] 查尔斯·霍顿·库利:《人类本性与社会秩序》,包凡一、王源译,北京:华夏出版社,1987年版,第118页。

[2] 查尔斯·霍顿·库利:《人类本性与社会秩序》,包凡一、王源译,北京:华夏出版社,1987年版,第118页。

试想一下，在一场 NBA 比赛当中，后卫应当合理地传球，他按照大家的意愿将球传给篮下的中锋，由此可能会绝杀对方，这是一个关键的传球。他采取大家的态度准备将球传出去，这时的他获得了他的"客我"。而一旦他开始做出各种假动作，胯下运球、背后传球，这便意味着他开始对群体的态度做出反应，这些反应行为构成了他的"主我"。

　　但是他的这个愿望未必能如他所愿，也就是说，有可能成功，也有可能功亏一篑。从实际上来看，并不是每一次传球或者绝杀都能成功，"主我"存在着不确定性，这源于"主我"超出我们直接认知表象的各种可能性和一种能力。

　　威廉·詹姆斯从心理学的层面分析了自我变化的现象，他将其根源归结于大脑神经的生物学变异。米德将其归结为社会性的经验层面，他说："'主我'的可能性属于正在发生和进行的事物，在某种意义上它是我们经验中最迷人的部分。相当多的奇迹在那里诞生，我们最重要的价值观念在那里定位，我们不断追寻的便是这一自我在某种意义上的实现。"①

　　而"客我"则是"一个因循守旧和循规蹈矩的个体，它始终存在着，它必须具备每个人都有的那些习惯和反应"②。但是对于"主我"和"客我"来说，它们并非像两条并行的铁轨永不相交，而是时时刻刻处在对话的关系当中，这种对话关系是三元结构的：广义他者态度—客我—主我，并且它们是皮尔斯意义上的符号三元结构，分别对应于解释项—对象—符号。

　　从时间上来看，很明显，"客我"产生于"主我"之前，"客我"位于过去，而"主我"则位于当下并指向未来。相对于詹姆斯的"经验自我""纯粹自我"与库利的"镜中自我"，米德关于"主我""客我"的划分在时间上更为清晰。"客我"由之前的所有"主我"构成，"这些'主我'在时间链上滑动，从未来移向当下到达过去"③。

　　可以用人的记忆来说明这个问题，每个人在与他人交往的过程中，把这

---

① George Herbert Mead, *Mind, Self and Society*, Chicago: University of Chicago Press, 1934, p. 204.
② George Herbert Mead, *Mind, Self and Society*, Chicago: University of Chicago Press, 1934, p. 197.
③ 诺伯特·威利：《符号自我》，文一茗译，成都：四川教育出版社，2011年版，第47页。

些感受或经验以内心对话的方式告诉给下一刻的"客我",在这一刻之前的便是"主我",只要生命不停止,这就是一个永不停歇的时间流,"主我"的经验不断出现在"客我"中,然后化为记忆。

正如《追忆似水年华》中的那个叙述者——"我"所说:"生命只是一连串孤立的片刻,靠着回忆和幻想,许多意义浮现了,然后消失,消失之后又浮现。……有回忆才是完美人生,当一个人不能拥有的时候,他唯一能做的便是不要忘记。"

从主—客关系上来看,米德的"主我"居于主体的位置上,"客我"居于客体的位置上。"主我"是说话者,"客我"则是听话者,说话的内容则是社群中"广义他者"的态度。在上一章论述米德语言交往理论的时候,我们曾经就米德和维特根斯坦的语言本体论问题进行了阐述,二者对语言本体论的理解都不是语言学意义上描述,而是"超语言的事实,以自反性或自我指称性为本质特征,这是认知主体与被认知对象之间的区别"[1]。

米德对"主我""客我"的区分还有进化论的意味,从时间上来看,现在的"主我"构成过去的"客我",自我指向未来,时刻面向一个全新的自我。从人的生物学成长经历来说,库利通过观察自己孩子的幼儿时期,得出结论说,人在幼儿初期并没有"我自己"这个概念,只是将他人作为认知对象,以此来反观自己,后来通过"镜中自我"逐渐内化而产生自我感。

4.1.2 角色扮演

米德提出了"角色扮演"(Take the Role of the Others)这个概念,但是他并没有对它作进一步的深入说明。

"角色扮演"出现在自我意识尚不明确的幼儿玩耍阶段,他们的自我形象通常通过扮演他人的角色来获得。米德指出,在儿童玩耍阶段,"他们对自然的态度尚处在模糊和不明确的阶段,他们往往有一股更为强烈的原始冲动,那就是扮演他人的角色,扮演他们心目中的上帝和英雄,通过某些仪式期望成为他们所崇拜的人"[2]。通过角色扮演,开始将社会关系引入儿童的意识

---

[1] 诺伯特·威利:《符号自我》,文一茗译,成都:四川教育出版社,2011年版,第47页。
[2] George Herbert Mead, *Mind, Self and Society*, Chicago: University of Chicago Press, 1934, p. 153.

之中。

库利认为自我首先是一种感觉，这种感觉状态是自我认知最明确的标志和印记。儿童也不例外，新生婴儿从一出生就有自我感觉的天性，但是因为其自我意识的不明确，他们往往会通过想象扮演他人的角色。

库利分析说："几乎每一个人，只要他们思想是富于想象力的，都会在青春期经历一个充满激情的自我感觉阶段。按照流行观点，在这一阶段，社交冲动会随着性功能的迅速发展而得到刺激，这是一个英雄崇拜的阶段，不屈不挠的阶段，充满热情和幻想的阶段，理解模糊却狂热的阶段，吃力的模仿以至于不自然和造作的阶段，在异性和优越的人面前拘谨的阶段，如此等等。"①

"角色扮演"阶段尽管自我意识不明确，却是儿童获得自我感和主体性的重要阶段，他们有极强的观察能力，意识到自己的某些行为会对他人产生影响，很快就能学会在不同的人面前以不同的面目出现。

库利通过亲身观察，发现他的孩子"M"在15个月大的时候就是一个完美的小演员，"她为了引起注意，不断地明显地布置着陷阱，只要看到令人不赞赏或淡漠的迹象就会脸红或哭泣——这些小小的表演是无止境的，她会对一个有同情心的观众做表演，甚至会在陌生人身上一显身手"②。

我们可以将儿童"角色扮演"阶段理解为一种交往意识的冲动，但是因其自我意识的不明确和言语能力的不成熟，更多的情况下他们处于皮亚杰所说的"自我中心"的状态。这时的儿童只能从自己的立场和观点对事物认知，而不能从他人的、客观的立场去认识事物。

"角色扮演"可以看作是儿童获得自我感的不同方向的尝试，即一个个尚不确定的"自我"在内心开始萌芽，"在这种现象中，依我看，我们十分清楚地看到了各式各样雄心抱负的萌芽。和本能的自我感觉相合作的想象已经创造了一个社会的'我'，这已经变成了个人兴趣和努力的主要目标"③。在

---

① 查尔斯·霍顿·库利：《人类本性与社会秩序》，包凡一、王源译，北京：华夏出版社，1987年版，第129页。
② 查尔斯·霍顿·库利：《人类本性与社会秩序》，包凡一、王源译，北京：华夏出版社，1987年版，第127-128页。
③ 查尔斯·霍顿·库利：《人类本性与社会秩序》，包凡一、王源译，北京：华夏出版社，1987年版，第128页。

第4章 主体间性自我

莎士比亚看来，上帝使得人具有不同的秉性，让他们不停地去追求。

但是这个阶段儿童尚不能理解规则的含义，因而他们只是按照自己的想象开始自己的行为，即还未在他们的意识当中出现一个"广义他者"，而是存在许多的"他者"投射到他们的意识之中，所以他们的行为不能用道德或者非道德的标准予以判断。正所谓"单纯并一定值得赞美，装假也不都邪恶"①。

进入游戏阶段之后，规则开始在行为中发挥制约功能，这时的个体"从在玩耍中扮演他人的角色成为有组织的成员，这对于完全意义上的自我意识是必不可少的"②。此时"广义他者"开始出现，"角色扮演"的现象仍在持续，只不过扮演的对象从前自我意识阶段的杂乱无章开始变得有秩序，在社群规则和道德法则约束下，出现了理性自我，其所扮演的终极对象就是理想和道德自我的化身——广义他者。

米德"角色扮演"理论不免带有一些理想化的色彩，倒是芝加哥学派的学术传人欧文·戈夫曼（Erving Goffman）对这个概念进行了全新阐释，他将其用于分析日常生活中自我表演。他认为每个人现实生活中都是戴着面具出场，就像舞台戏剧中的角色和观众的关系，每个人都不会显示全部的自我。

每个人具有多重身份，因此："一个社会角色总是包含一个或一个以上的角色，这其中的每一个角色都可由表演者在一系列场合下对各种同类观众或由同样的人组成的观众呈现。"③戈夫曼将米德的理论向前推进了一步，他考虑的是社会交往中符号表意的复杂性。

根据米德的学生戴维·米勒的研究，自1920年之后，米德开始用"视角"（Perspective）这个概念代替了"角色扮演"。很显然他是受到了爱因斯坦物理相对论和怀特海过程哲学的影响："在他（米德）晚年岁月中通常使用'在他人视角中存在'（Being in the perspective of the other）而不是扮演他人的角色。……像怀特海一样，米德相信个体存在于视角之中，因此也就避免

---

① 查尔斯·霍顿·库利：《人类本性与社会秩序》，包凡一、王源译，北京：华夏出版社，1987年版，第132页。
② George Herbert Mead, *Mind, Self and Society*, Chicago: University of Chicago Press, 1934, p. 152.
③ 欧文·戈夫曼：《日常生活中的自我呈现》，冯钢译，北京：北京大学出版社，2008年版，第12页。

了主观主义和二元论。"①

米德对"视角"的分析建立在对伽利略、笛卡尔、牛顿等人的机械论哲学批判之上。机械论固定的时空观念导致了主体—客体的绝对视角,存在其中的个体每个都有其固定的位置,并且都是理性的存在。那个时期数学学科的崛起为绝对视角提供了方法论的支持,而康德则从先验感性论对牛顿等人的理论进行捍卫。

按照这样的观点,米德认为绝对视角主义排除掉了有机体的进化、突现和创新能力。而客观相对视角则产生在有机体和环境的变化关系之中:"根据米德的观点,每个视角都是有机体选择的行为结果,没有哪一个视角是建立在视觉经验之外或者超出所谓第二性的那些经验之外。视角产生于有机体在感知事件中的选择行为与环境的关系中。"②

米德将"视角"这个概念用于自我研究,因为自我在社群中以相互交往的关系存在,每个人既是主体又是客体,自我不是恒定的实体,在与外部环境及他人的交往关系中时刻处在变化之中,因而只能以相对客观的视角来观察他人与自我,即站在他人的立场和角度实施自己的行为。

4.1.3 广义他者

米德在谈到幼儿的成长过程时,认为要经历两个阶段:游戏阶段和玩耍阶段。到了游戏阶段之后,开始出现自我意识,个人行为受到社群中规则制约。"这个使得社会个体获得完整的自我,有组织的社群或社会群体,就是'广义他者'(Generalized Other),这个'广义他者'的态度就是整个社群的态度。"③

如果一个社会个体要获得完全意义上的自我实现,要经历两个一般阶段:第一个阶段是自我在与其他社会个体的互动中形成的对自我的认知和观念;第二个阶段是由自我所属的社群构成的社会意识即"广义他者"进入自我的

---

① David L. Miller, ed., *The Individual and the Social Self: Unpublished Work of George Herbert Mead*, Chicago: University of Chicago Press, 1982, p. 17.
② David L. Miller, *George Herbert Mead: Self, Language, and the World*, Austin: University of Texas Press, 1973, p. 213.
③ George Herbert Mead, *Mind, Self and Society*, Chicago: University of Chicago Press, 1934, p. 154.

第4章 主体间性自我

经验之中，自我能够依据社群的规则指导自己的行为，在这个意义上，自我才达到了充分的发展。

从自我构成上来看，它主要是结构性的，正如米德所指出的："构成集体的自我是对群体共有的态度，人的特性就在于他必须存在于社群当中，因为他采取社群通用的规则来指导他的行为。使用社群共有的语言作为交流的媒介获得自我的个性，然后通过扮演其他人的不同角色获得社群成员的态度。某种意义上，这便是一个人个性的结构特征。"[①]

这与威利所说的作为结构的自我具有一致性，威利用结构这个概念来指称过去、未来以及当下的总体关系，这些不同的时间段涉及的是客我、主我以及广义他者态度三个部分。

威利认为米德的"广义他者"相对强调其道德目的而忽略认知力，显然这样的说法并不全面。在威利看来，似乎"广义他者"绑架了"客我"，它们之间结成固定的联盟，"客我"完全效忠并融合于"广义他者"。

如果按照威利所言，我们上面所谈到的自我构成的两个一般阶段，"客我"如何能够在我们自身引起属于社群其他成员的态度和反应，并且接受社群成员共有的观念，如果"客我"不具有认知力，对"广义他者"的态度没有道德和价值判断力，拒不接受"广义他者"的观念，"主我"也无计可施。毕竟自我意识并不是"主我"的特权，它只有在"主我"与"客我"的内心对话结构中才能产生。

"主我"同样也会受到"广义他者"道德规范的约束，虽然米德说"主我"是完全不可预测的，但是在一个由各种规则和道德约束的社群中，"主我"的行为同样也不是绝对的自由。"主我"对"广义他者"的遵从来自于自身的认知力，如威利所言："认知力的规范力量似乎比来自道德的规范力量更为根本、更有深度……换言之，在与广义他者的道德关系方面，主我与客我没有那么大区别。"[②] 正是在这个意义上，米德的"广义他者"概念更接近于弗洛伊德的"超我"或者迪尔凯姆的"集体意识"。

弗洛伊德的"超我"是自我人格当中负责道德规范认知的部分，它包括

[①] George Herbert Mead, *Mind, Self and Society*, Chicago: University of Chicago Press, 1934, p. 162.

[②] 诺伯特·威利：《符号自我》，文一茗译，成都：四川教育出版社，2011年版，第52页。

自我理想与善的原则。《悲惨世界》中的冉·阿让，他出于贪婪盗窃了主教家的一只银烛台，但是主教并未揭发他反而庇护他，这使得冉·阿让万分感动，决心在这种慈悲的力量中获得新生。最终内心追寻善的道德自我也就是"超我"让他改头换面，八年后成为受人尊敬的蒙特利市市长。

迪尔凯姆在分析社会犯罪时提出"集体意识"的概念，他的结论是："社会成员平均具有的信仰和感情的总和，构成了他们自身明确的生活体系，我们可以称之为集体意识或共同意识。毫无疑问，这种意识的基础并没有构成一个单独的机制。严格地说，它是作为一个整体散布在整个社会范围内的，但这不妨碍它具有自身的特质，也不妨碍它形成一种界限分明的实在。"[①]它在社会道德行为与非道德行为之间划定了一条界线，比如通过社会立法对犯罪行为进行惩戒。

但是在某种意义上，米德的"广义他者"与迪尔凯姆的"集体意识"又存在本质区别。迪尔凯姆的社会整体论思想认为，存在一个社会的精神或群体精神控制了个体的思想，凌驾于个体思维之上。比如他认为作为"集体意识"表征的法律、风俗、道德、语言作为社会事实，存在于个体意识之外，不受个体意识的影响，与之相联系的是笛卡尔意义上的权威、理性和秩序。

而米德的"广义他者"不仅仅是自我对社会规范的遵守，从社会学传统来说，它走的是西美尔、塔尔德等人的路线。强调的是社会个体之间的互动，即每个人在社群当中都可以扮演他人的角色，从他人的视角对自我的行为作出评判。

"广义他者"与黑格尔主义的"绝对理念"（Absolute Idealism）更是存在天壤之别，黑格尔将斯宾诺莎的"实体"与费希特的"绝对自我"结合在一起，构造出一个凌驾于主体与客体之上的"绝对理念"，绝对乃是世界本质的存在，只能用概念去把握，而感知只能认知世界的表象。

而这个"绝对理念"是先验的，黑格尔用一颗种子来作比喻：通过观察，我们知道种子发芽、生长和成熟的过程，但是实际上种子的发芽、生长和成熟过程之前就已经存在于种子之中的。以此来看，"绝对理念"统摄了人类世界的全部主体与客体，它"是理论理念和实践理念的同一……是不消逝的生

[①] 埃米尔·迪尔凯姆：《社会分工论》，渠东译，北京：生活·读书·新知三联书店，2000年版，第42页。

命，自知的真理并且全部是真理。它是哲学的唯一对象和内容，因为它自身包含全部规定性"[1]。

实用主义拒斥纯粹的形而上学，毫无疑问，黑格尔的"绝对理念"又导向了无所不能的上帝那里，尽管"绝对理念"是一个相对变化的精神实体，然而它终究处在虚无缥缈的真空，游离于自我之外。

"广义他者"则是置于社群当中一个理想和道德自我的化身，它不是先验的逻辑存在，而是在形成自我和社群过程中通过立法原则和道德协商建构起来的行为规范。它不是游离于自我之外，而是以普遍性的行为法则根植于个体的心灵世界。它也不是僵化、封闭和孤独的实体，而是在社群范畴内通过个体的协商，试图在认知力和道德规范之间取得恰当的平衡。

与后结构主义的"镜像他者"相比，米德的"广义他者"是建构性的，而拉康们的"他者"则成为对主体的解构，自我成为被"他者"认同的由符号所围裹的漂浮的能指，因而呈现出了两种不同本质的符号自我的存在方式。

4.2 传统哲学对主体间性的探索

从笛卡尔开始，自我确立了在自然界中绝对的主体地位，同时主体性哲学也遭遇了相当多的指责和困境。主体性哲学中的自我越来越处于孤立和封闭的状态，到了米德这里，他开始从主体间的意义上考察作为社会存在的自我，其自我中的概念，诸如"主我""客我""广义他者"等为其自我研究的主体间性转向提供了方法论上的依据。

对奥古斯丁自我之谜的重新发现，使得笛卡尔开创了自我研究的新纪元。他从实体和属性的逻辑关系，推导出自我是一个不依赖于任何实在而独立存在的无发送符号："我是一个实体，这个实体的全部本质或本性只是思想，它并不需要任何地点以便存在，也不依赖任何物质性的东西；因此这个'我'，亦即我赖以成为我的那个心灵，是与身体完全不同的，甚至比身体更容易认识，纵然身体并不存在，心灵也仍然不失其为心灵。"[2]自我作为无发送符号，不依赖任何外在符号接受者，它只相信自己内心的思考，在心灵内部构筑发

---

[1] 黑格尔：《逻辑学（下卷）》，杨一之译，北京：商务印书馆，1982年版，第529页。
[2] 北京大学哲学系：《西方哲学原著选读》，北京：商务印书馆，1981年版，第369页。

送者意图意义，由此构筑了具有绝对主体性的自我。

4.2.1 康德自我研究认识论转向

自笛卡尔之后，对自我研究具有开拓性贡献的是康德，他对自我的研究从笛卡尔的本体论转向认识论。康德批判欧洲大陆的理性主义和经验主义，认为这两种哲学进路都未能全面考察人的认识问题，就断言人是理性的存在，并获得知识、认识世界，这是非常武断的。因此，康德自我研究的中心议题就是考察自我的认识论问题。

康德晚年在给朋友的书信当中，曾提出自己在纯粹哲学领域的研究计划，其中一个问题就是研究人是什么。康德从认识论开始对这一问题进行探索，对自我研究从本体论转向认识论的议题就是确立"人是认识的主体"学说。

人作为认识的主体，自我的知识都以经验开始，但并不是全部来自己的经验。康德在《纯粹理性批判》中提出了这样的命题，即"是否有这种不依靠经验，乃至不依靠任何感官印象的知识，这至少是需要去更缜密地审查的一个问题，而且是不能立即轻率答复的问题，这样的知识称为先验的"①。自我具有先验的知识能力把外在的事物转化为现象和知识，这是康德确立先验自我的主要论据。

与人的经验性知识和先验性知识相对的是经验性自我意识和先验性自我意识，其中先验的自我意识即康德所说的"自我"。关于经验性自我意识，指的是"依照我们内部知觉中的状态的种种确定而有的'自我意识'，仅是经验性的，而且总是变易不定的。在这种内部的各种出现之流转中，不能有固定的常住的自我呈现其自己，这种意识通常称为内感官，或称经验性的统觉"②。

与之相对的先验的自我意识，康德称之为纯粹统觉，"以别于经验性的统觉，或者又可称为本源统觉，因为它是那个'自我意识'……这种统觉的统一性，我又称为自我意识的先验统一性"③。在此，康德将人的自我分为经

---

① 伊曼努尔·康德：《纯粹理性批判》，韦卓民译，武汉：华中师范大学出版社，2004年版，第35页。

② 伊曼努尔·康德：《纯粹理性批判》，韦卓民译，武汉：华中师范大学出版社，2004年版，第137页。

③ 伊曼努尔·康德：《纯粹理性批判》，韦卓民译，武汉：华中师范大学出版社，2004年版，第156页。

验的和先验的两个层次,经验自我对应的是现象世界,先验自我对应的是"物自体"的本体世界,只有先验自我才是恒定的"真我"。

康德这里所说的"经验自我"与"先验自我",类似于米德的"客我"与"主我"。但是因为两人对知识的立场存在差异,康德只相信这个不依赖经验就能获得知识的"先验自我"。

先验自我具备三种能力:感知、悟性、理性。它们都是先天就有的,感知即先天的空间和时间直观形式,康德认为外物的很多属性与物自身没有关系,仅仅是它们呈现给我们感官的表象;悟性则是一种对这些表象进行整合归纳的能力,理性则将表象知识升华为概念知识,且具有普遍性和必然性。

先验自我通过理性获取知识的机制按照康德的说法是"先验统觉",从符号学的观点来看,就是"先验自我"在心灵内部构建符号的能力,它把许多为"先验自我"不依赖经验而直观认知的对象进行综合,统一于经验自我之内从而成为"我之表象",先验自我才能认识它们并从中进行理性思维和提取概念性知识。

通过先验统觉的综合,康德解决了理性主义和经验主义在关于主体自我与对象之间的二元对立关系。康德用"物自体"的概念为划分现象世界与本体世界进行了逻辑预设,而理性主义和经验主义则将二者混淆在一起。

"物自体"是康德学说中一个具有玄幻色彩的概念,它是先验自我所有知识的来源,同时不可知。"先验自我"所认知的对象就是从"物自体"剥离开来的表象世界,然后通过先验统觉将其构成具有先验意识的经验对象,"对象就是所予的直观之杂多在对象的概念里得到统一的那种东西,……对象被看作是某种东西,它是防止我们的各种知识成为任意的或无目的的,而且是把这些知识在眼前确定于某一定的样式之上的"[①]。

于是,认知对象在康德这里成为主体的自我建构,自我成为独立于经验之上超验的主体,从而大大凸显了自我在认识中的核心地位——人可以为自然立法。康德的"先验自我"类似于米德的"主我",但是它却不能被直观也不能被经验,与外部符号世界没有任何关系,因而是一个不能被心灵和思想认知的"物自体"。

---

① 伊曼努尔·康德:《纯粹理性批判》,韦卓民译,武汉:华中师范大学出版社,2000年版,第136-159页。

从另一方面来说，康德的自我论仍然没走出"唯我论"的范畴，他只相信人的绝对理性，而对外在的符号世界，康德认为它们建构自我的过程中无关紧要。

康德的自我观念仍然局限在主体哲学的范畴，对此，他论述说："人能够具有'自我'的观念，这使人无限地提升到地球上一切其他有生命的存在物之上，因此，他是一个人，并且由于在他可能遇到的一切变化上具有意识的统一性，因而他是同一个人，也就是一个与人们可以任意处置和支配的、诸如无理性的动物之类的事物在等级和尊严上截然不同的存在物。"[①]同时先验自我仍旧沿袭了理性主义的孤独。

4.2.2 费希特对康德的继承与改造

某种程度上，费希特完成了康德自我哲学中先验认知主体与实践主体的统一。"直到费希特才把康德的概念提高到个体问题的高度，他用独立性概念把认知主体和实践主体的先验能力统一了起来，把世界构成和自我决定统一了起来，并把它们推向极端，使之成为自我设定的原始行为。"[②]费希特是哲学史上为了研究自我问题而建立了一个哲学体系的哲学家，他将自己的研究命名为知识学。

他的知识学以三条原理为基础：绝对无条件的原理、内容上有条件的原理、形式上有条件的原理。

绝对无条件的原理是不可证明、不可规定的绝对第一原理——那就是回答"我来自哪里"以及"我是什么"的问题。费希特认为自我来源于自我设定，"自我由自己所做的设定，是自我的纯粹活动"[③]。由此设定的自我叫作"绝对自我"或"纯粹自我"，这是费希特知识学的理论起点。

第二条原理即内容上有条件的原理，指的是自我行为中存在着设立对立面的活动。比如从"A=A"推导出"我是我"，那么在形式上"非A 不=A"

---

① 伊曼努尔·康德：《实用人类学》，邓晓芒译，上海：上海人民出版社，2004年版，第3页。

② 于尔根·哈贝马斯：《后形而上学思想》，曹卫东、付德根译，南京：译林出版社，2001年版，第179页。

③ 约翰·戈特利布·费希特：《全部知识学的基础》，王玖兴译，北京：商务印书馆，1986年版，第11页。

第4章 主体间性自我

也是无条件成立的,"同样确实的是,相对于自我,直截了当地对设起来一个非我。"①它在形式上是绝对无条件的,在内容上"非A"由"A"的内容决定。

由此在费希特的纯粹自我中出现了自我和非我的雌雄同体的矛盾,要使得这个矛盾调和,就必须想办法让自我与非我统一。这个"任务的解决是无条件地和直截了当地由理性的命令来完成的"②。费希特是要借助绝对的理性命令让自我和非我彼此相互限制,限制的概念除实在性和否定性之外,还有分割的概念,"无论自我还是非我,都被设定为可分割的。……我将用以下公式来表述它,自我在自我之中对设一个可分割的非我以与可分割的自我相对立。"③

于是,费希特的自我的结构到这里就比较明晰了。首先是一个自我设定的"纯粹自我",这个"纯粹自我"既不同于贝克莱的上帝,也不同于康德的"物自体",它是普遍的自我意识、永恒的自我意志、纯粹的自我精神。"纯粹自我"又设定可分割的有限自我以及可分割的有限非我,有限自我是现实世界中的"真我",有限非我则是可感知的外在符号世界。

自我设定了绝对自我,费希特完成了对康德自我观的批判性改造。在康德那里,"物自体"是绝对最高概念,超出自我之外,因而像康德、斯宾诺莎属于独断和超验的哲学。

费希特称自己的哲学为批判的,其本质"就在于它建立了一个绝对无条件的和不能由任何更高的东西规定的绝对自我。"④它把一切都置于自我之内,包括可感知的外在符号世界,费希特认为都是绝对自我的产物。

仅从形式上看,费希特的自我理论开始有了主体间的轮廓,而且的确考虑了自我主体间的两个问题:其一,从意识哲学的思维途径转向主体的行为来感悟自我的存在,自我既是主体也是客体;其二,自我与其他自我之间存

---

① 约翰·戈特利布·费希特:《全部知识学的基础》,王玖兴译,北京:商务印书馆,1986年版,第21页。
② 约翰·戈特利布·费希特:《全部知识学的基础》,王玖兴译,北京:商务印书馆,1986年版,第23页。
③ 约翰·戈特利布·费希特:《全部知识学的基础》,王玖兴译,北京:商务印书馆,1986年版,第27-28页。
④ 约翰·戈特利布·费希特:《全部知识学的基础》,王玖兴译,北京:商务印书馆,1986年版,第39页。

在交流互动的现象。

费希特将自我确定为一个独立的行为主体，这和米德的"我行动，我存在"有些相似之处。不过在费希特内心存在一个绝对主体的行为意向，"由于这意向，我一定要作为完全独立的生物来行动，我就是这样理解和说明这个意向的，自我必须是独立的。自我是什么呢？自我是主体客体的统一，是能意识者与所意识者、能直观者与所直观者、能思维者与所思维者的永恒统一，作为这两者，我必须靠我自身成为我所是的东西，完全靠我自身制定概念，完全靠我自身创造一种在概念之外的存在状态"①。

费希特号召不仅要通过思维进行认识活动，而且要通过认识而行动，只有通过行动，才能体现自我的价值，这是费希特自我理论研究的一个超越前人的方面。

但是他认为自我行为的意识、感知、反思等全部来自于绝对自我的永恒意志，"在我们的心灵中永恒意志不断地塑造这个世界，干预这个世界，……维护着这个世界"②。从这个层面来说，费希特把人的行为局限在意识哲学的范畴内讨论，而且塑造了一个更加绝对唯心的自我主体，它高傲地居于万物之上，又栖居于自我的心灵之中，在有限理性之中它是世界的创造者。

关于自我如何与他我交往的问题，首先费希特承认在自我之外存在不依赖于自我的他我，但是他们之间是无法直接进行交流的，费希特指出："正像我怎么能认识它们的活动是绝对不可理解的一样，他们怎么能认识我的存在和我的表现也同样是不可理解的，……那么，其他生物怎么进入我的世界，我怎么进入它们的世界呢？"③

可以通过自我的意识与他人交流吗？在"纯粹自我"中，自我意识以绝对主观形式存在于自我内部，只在有限自我与有限非我之间交流，与外物并无任何瓜葛，凡是我所认识的事物，都源自自我意识本身，这说明在自我之

---

① 约翰·戈特利布·费希特：《论学者的使命·人的使命》，梁志学、沈真译，北京：商务印书馆，1984年版，第149页。
② 约翰·戈特利布·费希特：《论学者的使命·人的使命》，梁志学、沈真译，北京：商务印书馆，1984年版，第202页。
③ 约翰·戈特利布·费希特：《论学者的使命·人的使命》，梁志学、沈真译，北京：商务印书馆，1984年版，第199页。

第4章 主体间性自我

外并无与意识对应的他物。

但是显而易见的是,根据知识学原理,必然存在绝对自我派生出的他我存在,并且费希特也承认他们之间是有互动,他用诗一般的语言描述了这种状态:"我与你息息相关,我在我周围看到的东西也与我息息相关;万物都赋有生气,赋有灵魂,都以明亮的精灵之眼对我凝视,都以精灵之音对我的心灵攀谈。"①

那么,自我与他我之间交流的媒介是什么呢?除去意识之外,费希特还谈到语言的功能:"一切应该叫作语言的东西,只以表达思想为目的,而绝不以任何其他事情为目的。"②站在纯粹自我的立场上,费希特并没有认识到语言的交往功能,如哈贝马斯所指出的:"如同所有的意识哲学家一样,费希特也看透了语言,认为不过是一种脆弱而且没有个性的中介。"③既然语言和意识都无法完成与他我的交往功能,最后费希特只能继续求助于永恒意志。

至此,我们看到了费希特在自我研究上的努力,他将自我设定为绝对的主体,又通过有限自我与有限非我的设定将自我看作是主客体同一,并且认为只有在行为中才能体现自我的存在价值,自我与他我之间依靠永恒意志进行交流。这都是费希特对自我研究的贡献,同样纯粹自我的设定也使得他在朝向自我主体间的道路上没有迈出关键的一步。

4.2.3 黑格尔对自我主体间性的贡献

作为费希特的继承者,黑格尔在相当大程度上实现了自我研究主体间的跨越。当然这种跨越体现在耶拿时期青年黑格尔的思想中,霍耐特(Axel Honneth)认为,青年黑格尔在其早期著作中,几乎构想了一套唯物主义的方案④,尽管是基于唯心主义模式,然而青年黑格尔关于"承认"理论的碎片还是显现出了一幅主体间性的框架。

---

① 约翰·戈特利布·费希特:《论学者的使命·人的使命》,梁志学、沈真译,北京:商务印书馆,1984年版,第215页。
② 约翰·戈特利布·费希特:《费希特著作选集(第二卷)》,梁志学主编,北京:商务印书馆,1994年版,第76页。
③ 于尔根·哈贝马斯:《后形而上学思想》,曹卫东、付德根译,南京:译林出版社,2001年版,第183页。
④ 阿克塞尔·霍耐特:《为承认而斗争》,胡继华译,上海:上海人民出版社,2005年版,第71页。

具体而言，这种突破表现在如下几个方面：其一，方法论转向：从认识论转向存在论；其二，自我意识是非先验的，而是一个生成过程；其三，自我意识的自反性模式；其四，自我存在与他者的共在。

方法论上的转向——黑格尔颠覆了前人的认识论范式，他批判认识论的工具性使得我们无法接近纯粹真理："因为如果认识是我们占有绝对本质所用的工具，那么我们立刻就能看到，使用一种工具于一个事物，不是让这个事物保持它原来的样子，而是要使这个事物发生形象上的变化。再或者说，如果认识不是我们活动所用的工具，而是真理之光赖以传达到我们面前来的一种消极的媒介物，那么我们所获得的事物也不是像它自在寻在着的那个样子，而是它在媒介物里的样子。在这两种情况下，我们所使用的手段都产生与它本来的目的相反的东西出来；或者毋宁可以说，我们使用手段来达取目的，根本是件于理不合的事情。"①

同样，在对自我意识研究的认识论当中，"自我意识只是'我就是我'的静止的同语反复"②，而无法达到自我意识的真理，因此必须从自我意识的认识论转向自我意识的存在论。

黑格尔的自我概念也是基于主体与客体的统一，但是与费希特不同的是，在费希特的纯粹自我中，纯粹自我没有感知的他物，不能延伸至外在的符号领域。黑格尔的自我主体客体同一则设定自我不能是纯粹的主体，必须有自在自为的对象构成其对立面，他说自我的本质在于"自我是自我本身与一个对方相对立，并且统摄这对方，这对方在自我看来同样只是它自身"③。

自我意识在黑格尔那里不是先验的存在，它是一个思维的过程，"自我意识是从感性和知觉的世界的存在反思过来的，并且本质上是从他物的回归。作为自我意识它是运动；然而由于它只是把自己本身同自己区别开，所以对于自我意识这个作为一个他物的差别立刻就被扬弃了"④。黑格尔认为存在物我差别，由此产生了对意识与对象之间区别的意识，这是一种对立，而自我意识就是将这种对立的意识从对象返回自身并与对象获得统一，即自我与

---

① 黑格尔：《精神现象学》，贺麟、王玖兴译，北京：商务印书馆，1979年版，第51页。
② 黑格尔：《精神现象学》，贺麟、王玖兴译，北京：商务印书馆，1979年版，第116页。
③ 黑格尔：《精神现象学》，贺麟、王玖兴译，北京：商务印书馆，1979年版，第115-116页。
④ 黑格尔：《精神现象学》，贺麟、王玖兴译，北京：商务印书馆，1979年版，第116页。

对象在自我意识中没有区别。

这就是黑格尔自我理论中最有创造性的部分，他发现了自我的"自我意识"不是绝对的唯我独有，而是自在的就包含着自我与他者相互统一的双重机制。"自我对他者来说意味着实在，因此我必须承认自我部分地是被他者建构的。"①也就是说，黑格尔的主体理论摆脱了意识哲学二元论的困境，在其早期提出并贯穿其学术体系的"承认理论"叩开了朝向主体间转向的大门。

黑格尔用绝对精神确证主体独立自主的存在，而后否定了意识哲学中认识论的单向"我思""独白"模式，而代之以自我意识的双重性原则，从原来意识的主—奴关系升华到自我意识的相互承认，由个体自我意识上升到普遍自我意识。

黑格尔的自我理论也不是无懈可击的，他把费希特的纯粹自我改造成包含意识与对象、主体与客体、精神与自然相融的绝对精神，它处于能动变化的状态，绝对精神作为世界的本原，从其自身发展出人的自我意识和现象世界。黑格尔只是表明了自我的结构性存在，并未表明自我的生成过程，并且自我仍然是先验地存在。

4.2.4 胡塞尔的交互主体性自我

胡塞尔是第一个提出自我研究主体间性概念的人，他通过现象学的还原方法建构了一套自我学说的理论体系，试图最大限度摆脱近代主体哲学的困境，为了证明现象学中的自我意识是如何达到普遍性的共识，胡塞尔提出通过交互主体性（也即主体间性）的理论来解决这个问题。

胡塞尔对自我的研究首先从先验现象学的方法入手，某种程度上他承袭了康德的理论。康德的认识论把人的知识分为经验性知识和先验性知识，胡塞尔也作了这样的区分，并且据此将自我分为经验性自我和先验性自我，"一切纯粹的观念（本质）都是这个先验的自我的意识活动的对象，故具有客观实在性；经验的自我有了先验自我的纯粹意识，所以经验自我通过反省自己的主观意识，可以发现本质"②。

---

① Philip J. Kain, *Hegel and the other*: *A Study of the Phenomenology of Spirit*, Albany: State of University of New York Press, 2005, p. 41.

② 维之：《人类的自我意识》，北京：现代出版社，2009年版，第276页。

胡塞尔虽然承认他使用"先验的"①这个概念是源自康德的启发，二者有一种"明显的本质上的近似"。但在具体用法上二者并不相同，康德在《纯粹理性批判》中将"先验"定义为："我不研究对象，而是一般地研究我们关于对象的认识方式——就这种方式是先天的可能的而言——知识称为先验的。……'先验'这个词在我这里从来不是指我们的认识对物的关系说的，而仅仅是指我们的认识对认识的能力说的。"②虽然先验的是独立于经验之上，但是与经验仍旧有关系，它要考察经验知识的必然前提是如何可能。

　　而在胡塞尔这里，"先验的"则是用现象学的"悬置法"将任何经验的、物的干扰直观意识经验的成分悬置起来，直接朝向事实本身，经过现象学的本质还原之后，把所有的杂质都清除掉之后还剩下什么呢？

　　很显然，只有自我用来还原的意识不能清除，胡塞尔说："我不能清除的这个自我是一种什么样的自我呢？不是人—自我这种现象，而是这样一个自我，它不再是现象，它不是经验活动、思想活动等的意向对象。"③除此之外，还有能够被本质直观的先验现象。

　　经过先验的还原之后剩下的意识就是纯粹具有明见的意识，其本质的特征在于指涉对象的功能，胡塞尔称之为意识的意向性。胡塞尔为意识意向性确立了一个执行者，即先验自我。

　　根据胡塞尔的表述，其特征在于："我作为先验现象学家所具有的自我不是心灵（这是一个作为在其意义上已经存在着的和可能的世界设定为前提的词语），而是先验的纯粹的自我。"④胡塞尔这话的意思是：先验自我是通过现象学的先验还原，将许多经验、意识等杂多事物"悬置"

---

① 关于"先验的"（Transcendental）译法，国内学者如倪梁康、王炳文等建议译成"超越论的"，如此更能反映出胡塞尔思想本意，但是鉴于在康德那里也同样使用这个词，如译为"超越论的"则去康德原意渐远，且无法看出胡塞尔对康德这个概念的沿袭，故按约定俗成的译法译为"先验的"。
② 伊曼努尔·康德：《纯粹理性批判》，李秋零译，北京：中国人民大学出版社，2004年版，第40页。
③ 埃德蒙德·胡塞尔：《第一哲学》，王炳文译，北京：商务印书馆，2006年版，第557页。
④ 埃德蒙德·胡塞尔：《胡塞尔选集》，倪梁康选编，上海：上海三联书店，1997年版，第336页。

第4章 主体间性自我

之后得出的。换句话说,在"悬置"之前,这个先验的纯粹自我就是存在的。

据此,符号世界就是由先验自我通过意向性而建构起来,"我就是处于这些活动(并且还有属于这些活动的被动的体验)中的我,是完成事物存在有效性的我,以及完成事物流动综合的普遍能力的我,是完成普遍的世界有效性的我"[1]。先验自我居于绝对主体的位置,它不属于符号世界,并且通过意识意向性建构了符号世界,可见,胡塞尔并没有把自我看作是符号世界中的一个符号。

推导出先验自我之后,为了使得现象学的研究方法具有普遍性,即要得到所有人的承认,否则就会陷入"唯我论"的窠臼,胡塞尔所号称现象学方法是最严谨的科学方法就会失去其有效性。为此,首先就需要有一个"他者"存在,这是胡塞尔提出交互主体现象学的初衷,也是为了解决现象学研究方法普遍有效性的关键。

正是在此意义上,胡塞尔说:"客观世界的构造的第一个步骤,即关于'他人'的步骤。"[2]完成这个步骤需要经过两个阶段:其一,将他人经验为一种作为客观事实存在的躯体;其二,通过"移情"作用将这个躯体经验为一个具有感受的身体,将我的自我传递到这个陌生的身体上,构成他我,即另一个自我,这也是现象学意义上的他者,但实际上它不是作为他者本身的存在,而是作为自我的他者,即在胡塞尔交互主体性的概念中,自我与他者合体了——自我吞噬了他者。

也就是说,胡塞尔根本不承认在先验自我之外有绝对他者存在。问题的关键就在于,胡塞尔认为要达到客观世界的统一及普遍性的共识,只有统一在同一个主体下才是可能的,而"两个纯粹自我的意识领域是不可想象的"[3]。原来,胡塞尔交互主体性的实质不是承认自我与他者的同在,而

---

[1] 埃德蒙德·胡塞尔:《欧洲科学的危机与超越论的现象学》,王炳文译,北京:商务印书馆,2001年版,第488页。

[2] 埃德蒙德·胡塞尔:《笛卡尔式的沉思》,张廷国译,北京:中国城市出版社,2002年版,第148页。

[3] 埃德蒙德·胡塞尔:《纯粹现象学通论》,李幼蒸译,北京:商务印书馆,1993年版,第209页。

是同一个自我的问题。

在交互主体性的概念里兜了一圈之后，胡塞尔又退回到了主体哲学的老路，"所以交互主体在其交互经验中所构造的世界，最终是同一个主体从不同位置出发的但又作为一个总体所构造出的世界，因此由交互主体构造的世界就只能是同一个客观世界"①。看来胡塞尔的交互主体性只有主体间性之名，而无主体间性之实。

4.3 米德自我研究主体间性转向

主体性哲学自我研究的路径在胡塞尔这里发展到了顶峰，同时在理论上再无实质性的突破，他的交互主体性最后推演出来的是同一个主体。由此看来，沿着意识哲学的路子，将自我确定为一个孤独的个体，无法将自我从主体哲学的泥沼中解放出来，必须开拓自我研究新的范式，开启实质意义上的自我主体间性模式。

这个转向是由米德开启的，哈贝马斯认为，米德的贡献在于将自我置于社会存在的维度上，以语言和符号作为互动的中介的社会化建构过程。"通过语言达成相互理解，通过与自身在生活历史中达成主体间性意义上的理解，社会化的个体也就确立了自己的认同。个体结构表现为主体之间的相互承认和主体间性意义上的自我理解。……米德第一个深入考察了这种作为社会产物的自我主体间性模式。"②

米德自我主体间性建立在对社会个体存在关注基础之上，并把个体之间的互动放到社会层面上来考察，因而推导出的不是哲学上的抽象自我，而是具有社会属性的符号自我。

米德主体间性自我循着以下四条路径展开：

第一，首先将自我理解成与其他自我平等存在的独立个体，自我与其他社会个体之间通过符号构成社会交往关系。

---

① 朱刚：《交互主体性与他人：胡塞尔交互主体性现象学的意义与界限》，《哲学动态》，2008年第4期，第88页。
② 于尔根·哈贝马斯：《后形而上学思想》，曹卫东、付德根译，南京：译林出版社，2001年版，第174-191页。

第二,自我分裂为时间先后次序上的"主我"与"客我",并置于符号世界当中来理解,强调经验在自我构成中的重要角色,消解意识哲学中先验自我的绝对主体性和封闭性。

第三,引入第三者——"广义他者"的介入,在"主我"与"客我"之间形成三元关系的内心对话结构,将米德的内心对话结构与意识哲学中内心独白进行比较,并说明这种内心对话结构如何能够实现自我控制,自我内心对话结构以及下面所谈及的自反性结构,都摆脱了意识哲学自我决定论的循环,呈现为符号表意的三元模式。

第四,自我具有"角色扮演"的能力以及站在他人"视角"看问题的能力,当自我因遭遇困境或挫折开始反思活动时,自我反思的逻辑起点、反思对象与意识哲学发生了决裂。运用语言和符号的交往功能,基于相互承认与意义解释基础之上的自反性,使得不同自我之间处在平等对话的位置上,进而达成了主体间的相互理解。

4.3.1 个体存在与社会互动

自我作为一个符号首先必须保持其在社会中的独立性,每一个符号自我都具有相同的三元结构形式,但是在各自的内容上它们彼此是完全不同的、多元的。相互之间具有完全平等的地位,符号自我作为社会个体必须彰显其存在的意义和价值。与此相对,只要将自我的研究立场设定在主体哲学的普遍性和必然性基础之上,必然就会导致:"只要形而上学的普遍同一性思想还在继续追问,只要人们依旧运用唯心主义的思想手段,那么普遍就必然压倒个体,而个体也就注定不能言说。"[①]

因而,米德确立自我主体间性的前提是要确立自我的个体存在与独立性,即将普遍化的自我分化为具有个性特征的独立主体,以此区别于社会的其他自我。与此相对的是:"沿着形而上学思想的道路,陷于困境的个体充其量只能以反讽的方式把自己表现为非同一性,即表现为被排挤到一边的边缘物,永远无法把它视作个体自身,并且把它与所有其他个体区别开来。"[②]

[①] 于尔根·哈贝马斯:《后形而上学思想》,曹卫东、付德根译,南京:译林出版社,2001年版,第 178 页。

[②] 于尔根·哈贝马斯:《后形而上学思想》,曹卫东、付德根译,南京:译林出版社,2001年版,第 178-179 页。

我们可以在索伦·克尔凯郭尔的自我观中窥见这种自我存在意识,克尔凯郭尔从存在的观念对自我进行解读,哲学的研究对象应当是孤独和绝望的个体,只有在这种极度绝望的悲观意识中,人才能感知到自我的存在。克尔凯郭尔将自我定义为一个孤独的个体在绝望和自由中的自我实现,最后只有在宗教信仰的轮回中才能完成自我救赎和超越。

不过克尔凯郭尔的自我不具有社会性的内涵,它指的是主观的自我意识,在克尔凯郭尔看来:"人是精神。但是精神是什么呢?精神就是自我。自我又是什么呢?自我是一个与自我本身发生关系的关系,也就是说,在自我所处的这种关系中,自我与它自己发生了关系,因而自我不是关系,而是一个关系把它和它自身联系起来了这一事实。"①

克尔凯郭尔强调从非理性的因素来确证自我的存在,同时又沿着费希特自我设定的路径:"他把自我关系阐释为一种对待自身的行为,在这种行为中,我同时把自己当作是一个这种关系所依赖的先验他者。"②如果没有这种关系,即自我与自我本身发生关系时,自我就是不存在的,而存在的状态则是自我意识中所感知到的恐惧、忧郁、悲伤,克尔凯郭尔认为这才是自我本真的存在。

在关注自我存在的立场上,米德与克尔凯郭尔是一致的,但是米德却没有克尔凯郭尔那么悲观,早年对科学哲学的浸染使得米德总体上是一位理性主义者,同时也是一位理想主义者。社会个体的存在状态仅仅在自我意识的内感知中无法释放自我的社会属性,自我作为具有言语和行为能力的主体,只有通过符号互动的方式,在与他人的交往中才能不断接近自我存在的本真状态。

其次得益于米德对人类语言的关注:"主体间性十分依赖作为媒介的语言,可以用非客观化的方式在他者身上认识到自己。"③在亚里士多德那里,语言被看作是心灵的经验符号,具有客观性和普遍性,是基于现实的客观摹写。

---

① 徐崇温:《存在主义哲学》,北京:中国社会科学出版社,1986年版,第172页。
② 于尔根·哈贝马斯:《后形而上学思想》,曹卫东、付德根译,南京:译林出版社,2001年版,第185页。
③ 于尔根·哈贝马斯:《后形而上学思想》,曹卫东、付德根译,南京:译林出版社,2001年版,第199页。

第4章 主体间性自我

这种观点在洪堡特（Wilhelm von Humboldt）那里得到了修正，从他的主体性语言观开始，洪堡特反对将语言看作是既存之物。语言与思维过程之间存在密切的关系，因而语言就像人的自我发展一样，是一个动态的过程，洪堡特将之比喻为："跟语言有关的一切，都只能比拟为生理学的过程，而不能比作解剖学的过程，语言中没有任何静止的东西，一切都是动态的。"[①]

语言塑造着思维，洪堡特考察了人类在交往过程中语言对个体的分化功能。普遍的语法规则将词的意义纳入其中，洪堡特称之为对话中的"非强制性共识"，尽管使用同一套表意的语言系统，然而却出现了个体之间的差异。

洪堡特认为在具体利用语言交往的实践中，交往主体把语言的普遍性表意系统与个人的感官材料结合起来。之后，洪堡特借鉴了康德的"先验统觉"这个概念，将上述结合与个体经验相连，由此得到的个体之间对事物理解视角之间的差异。

每次对话过程，参与者都是具有独立思维能力的言语主体，对语言的理解程度只是个体的视角不同而已，而无关乎主体的关系，这样就将对话过程置于主体间的结构，"人只有在尝试性地检验过他的话在别人那里的可理解程度，才能理解自己"[②]。非强制性对话共识从"自我与他者自我与他物的关系中分化出来的我—你关系及我—我关系，而这种非强制性综合则在使参与者社会化的同时又使他们个体化"[③]。

但是正如哈贝马斯所指出的，洪堡特本人并未解释清楚，语言在行使分化个体功能的同时，又将个体之间有机地联系起来，并使得个体行为趋于理性化。米德部分地汲取了洪堡特的思想，并补充了语言在促进自我形成与交往过程中的功能。

对于主体哲学来说，主要的问题在于先验地设定了自我存在，并没有说明自我是如何形成的，将自我的研究局限在自我意识之内，忽视他者的存在。

---

① 威廉·冯·洪堡特：《洪堡特语言哲学文集》，姚小平译，长沙：湖南教育出版社，2001年版，第261-262页。

② 威廉·冯·洪堡特：《语言与人类精神》，钱敏汝译，北京：北京师范大学出版社，1997年版，第36页。

③ 于尔根·哈贝马斯：《后形而上学思想》，曹卫东、付德根译，南京：译林出版社，2001年版，第184页。

米德将哲学上的自我转换为社会的自我,把自我看作是一个不断阐释的符号。

自我的生成过程不是一个独立的行为主体的自我实现,而是依赖语言和符号的互动,强调他者在自我实现中的映射功能。同时,米德所持的实用主义立场将自我看作是平等的具有言语行为和道德自律的主体,这样就把自我的研究引向了主体间性的立场。

米德将哲学上的自我放在社会互动的层面上来研究,明显是在德国留学时受到了西美尔社会互动论的影响。根据罗杰斯(Rogers E. M.)的考证,米德曾经在柏林大学跟随西美尔学习过。作为形式社会学的创始人,西美尔不满于当时迪尔凯姆、韦伯等人整体论的社会研究方法,"社会学的对象必须是关于各种符号和互动形式的不可见世界"①,提出要从人的社会关系定义社会的本质,人类社会行为的内容并不重要,内容要显现于形式当中。

社会形式的复杂性和多样化,西美尔用"互动"的观念对此进行观照,他认为自我的社会化或者社会的进化,依靠的是不同社会自我之间的互动实现的,因此有社会学家称:"西美尔比日后其他所有理论家都更明确地认识到,社会生活当中混合着主观的互动内容与各种互动形式。"②

西美尔的社会互动论给予米德自我研究上的理论启示,西美尔与米德都受到过进化论、柏格森和康德的影响,他们对自我研究的原子论和机械论提出了批评,进而提出社会自我的观点:"社会性自我既不是像笛卡尔理智'我'那样的静止的、有智力的单子,也不是像弗洛伊德的执行管理职能的'自我'那样的防卫结构;相反它是个人与他人之间的动态的、不断变化的交流过程。"③

西美尔的形式社会学为米德自我研究提供了社会互动的视角。米德自我主体间性的立场是在自我作为自我存在以及社会互动的基础之上,个体存在的含义表征的是自我作为一个具有独立言语行为能力的主体,而且也能说明自我的生成过程不是先验的;社会互动的视角使得自我摆脱了哲学上的抽象

---

① 兰德尔·柯林斯、迈克尔·马科夫斯基:《发现社会之旅:西方社会学思想述评》,李霞译,北京:中华书局,2006年版,第256页。
② 特纳、布赖恩:《社会理论指南》,李康译,上海:上海人民出版社,2003年版,第122页。
③ 兰德尔·柯林斯、迈克尔·马科夫斯基:《发现社会之旅:西方社会学思想述评》,李霞译,北京:中华书局,2006年版,第279页。

自我，从主体间的交往意义上理解自我是如何运作的。

4.3.2 米德对先验自我的解构

哈贝马斯认为在自我主体间性的立场上，米德抛弃了自我意识的反思模式，这种说法并不十分正确。米德曾明确表示："当考虑自我的本质时，重点应当放在思维上。自我的核心内容及其基本结构是自我意识，而非情感性经验及其生物神经。"①

米德仍然继承了意识哲学当中的"我思"模式，不同的是，米德分析自我意识的产生过程是一个由外而内的结构，反思的对象和逻辑起点都与意识哲学的先验结构不同。自我意识沿着由外而内的道路，通过与交往对象之间的符号互动形成。

自我意识产生之后，自我分化为"主我"与"客我"。从时间上来看，"主我"与"客我"不是处在同一个水平线上，"主我"主要承担认知功能，"客我"主要承担道德功能。在时间上以先后次序的形式显现，"客我"成为"主我"的言说对象，由此构成了对意识哲学抽象自我绝对主体性的解构。

关于笛卡尔确立的自我作为一个心灵符号的观念，前面已经充分论述：这是独断论的自我。直到康德通过对理性主义和经验主义的改造，才开始将自我的研究发展到一个新的高度。是休谟的疑惑给了康德灵感，康德说："我坦率地承认，就是休谟的提示在多年以前首先打破了我独断论的迷梦，并且在我对思辨哲学的研究上给我指出一个完全不同的方向。"②康德是第一个将主体自我分裂的哲学家，即先验自我与经验自我。

不妨将康德的先验自我和经验自我与米德的主我与客我之间做个比较。康德的先验自我构成了先验演绎的逻辑起点，先验自我是独立于人类经验之上常驻不变的自我，与经验之间不发生任何联系，任何的表意符号都是在先验自我内部形成的，而不依赖与其他主体的交往行为。

先验自我意识乃是经验自我意识之前提："从它出发可以先天地建立起与

---

① George Herbert Mead, *Mind, Self and Society*, Chicago: University of Chicago Press, 1934, p.173.
② 伊曼努尔·康德：《未来形而上学导论》，庞景仁译，北京：商务印书馆，1982年版，第9页。

对象、经验或其他范畴的联系。经验意识是先天地以纯粹意识为根据的。这也就意味着,不仅我们所说的'反思行为'和'自我认识'的可能性要从纯粹意识得到证明,而且'对象行为'的情况也是如此。从这个意义上说,纯粹自我意识不仅是经验自我统一性的本源,而且也成为表象统一性的本源。"①

实用主义的自我理论则强调自我对生活世界的经验,比如威廉·詹姆斯所主张的"彻底的经验主义"以及杜威实用主义的"工具主义"特征。米德的实用主义学说也认为知识是一种获得工具的过程,在自我的生成和发展中,经验符号具有特别重要的意义,它构成了心灵和意识的内容。无论是"主我"还是"客我"都存在于经验世界中,没有一个独立于人类经验符号基础之上的"主我"或者"客我"。

在康德"先验自我"的背后存在着一个不可知的"物自体",它不可能成为经验的对象,但可以是思维的对象。也就是说,它只能和"先验自我"发生关系,与"经验自我"没有任何关系。

康德将自然界划分为现象界与本体,本体对应于"物自体",它是引起先验自我意识的自由因。换句话说,先验自我意识是一个绝对的独立存在,康德无法证实有两个不同的先验自我意识,对此胡塞尔批评道:"两个纯粹(先验)自我意识领域是不可想象的。"②康德自我学说仍旧没能摆脱二元论的局限,因为其关于"先验自我"的论述面临着无法确证他者存在的命题。

费希特尽管声称其哲学立场相对于康德等人是批判性的,在自我研究问题上他把认知自我与实践自我统一了起来,但最终的结果,费希特推导出的是一个凌驾于真实自我与认知对象之上的"绝对自我"。

费希特通过自我设定绝对自我,绝对自我又是自我与非我的对立统一体,自我与非我的一切活动都来自于绝对自我的普遍意识,实际上与康德的先验自我意识并没有本质的区别。

无论是康德的"先验自我"还是费希特的"绝对自我",尽管在自我生成中出现了自我分裂,然而它们都是在一个封闭的认知主体内部进行,无法获

---

① 鲁绍臣:《康德纯粹自我意识学说的贡献及其困境》,《河北学刊》,2005年第1期,第114页。

② 埃德蒙德·胡塞尔:《纯粹现象学通论》,李幼蒸译,北京:商务印书馆,1993年版,第209页。

第4章 主体间性自我

得他者的普遍承认。其根源就在于绝对主体性的自我忽略与经验世界的联系，或者纯粹认为一切现象世界都来源于绝对自我的主观意识。

认知主体将自己作为对象，认知视角不可能是客观的，由此导致了自我绝对普遍性和永恒性，也就不可能从主体间的意义上来理解自我的存在，正如哈贝马斯所指出的："在明确确定自我的过程中，认知主体不可避免地使自己成为对象，因此也就无法使自己成为一种超越一切客观化过程的主观能动源泉，成为意识成就的一种主观源泉。"[①]

根本上而言，康德与费希特的自我最后都导向了二元论的立场，即"唯我论"，尽管他们承认在自我之外存在与自我对立的"他者"，然而这个"他者"是自我的投射，不可能成为与自我对等地位的主体存在。

从自我的运作过程来看，米德的自我都是三元结构，分别是主我—客我—广义他者，分别对应于皮尔斯符号的三元结构："主我"是符号，"客我"是对象，"广义他者"是解释项。由于自我本质上是认知性的，这个功能的主要承担者来自于"主我"，因此可以认为，"主我"的认知程度决定了自我处在什么样的层面上。而"客我"由于与"广义他者"之间的紧密关系，可以被看作是自我的道德层面，同时"主我"也受到"广义他者"的约束。不妨将上面的关系转换如下：认知自我—道德自我—行为法则。

从主—客关系来看，"客我"作为"主我"的认知对象，从时间定位上来看："主我置于当下，而客我则位于过去。米德所指的客我由所有以前的'主我'组成，这些主我在时间链上滑动，从未来移向当下到达过去。"[②] "主我" "客我"的认知主体与被认知对象的关系，虽然也是"我思"的模式，但它却是一个开放的结构。

正是"广义他者"的出现使得自我运作的三元结构成为可能，虽然"主我""客我"的概念在米德之前就已经在威廉·詹姆斯以及库利的著作当中出现过，然而从根本上来说："库利和詹姆斯，试图在自反性的情感经验当中，即与自我感觉有关的经验当中寻找自我的基础，但是这种认为自我的本质存在于这样的经验之中并未能说明自我的起源，同样也未能说明带有这种经验

---

① 于尔根·哈贝马斯，《后形而上学思想》，曹卫东、付德根译，南京：译林出版社，2001年版，第181页。

② 诺伯特·威利：《符号自我》，文一茗译，成都：四川教育出版社，2011年版，第47页。

特征的自我感觉的起源，在这些经验中，个体并不需要对自己采取对他人的态度，因为这些经验本身并不需要这样做，但是如果不这样做，就不能形成真正的自我。"①

从功能主义心理学出发，詹姆斯的自我产生自与生物神经相关的意识流，尽管他对"纯粹自我"与"经验自我"的划分也构成了主—客体的认知关系，詹姆斯所说的"纯粹自我"即米德的"主我"，它涉及的是自我心灵深处的奥秘，是完全私密性的，是一个永远处在变化之中的意识流和思想流。

对"纯粹自我"以及"经验自我"之间的关系，詹姆斯并未做深入的说明。詹姆斯关注的只是自我意识的功能性而非内容，意识产生于自我本能性的需要，即属于一种带有目的性和选择性的"自我感觉"。

相比于詹姆斯，米德用进化论的思想说明了自我的产生过程，逐渐从生物学的自我转换为社会性的自我，自我对象化标志着自我意识的形成，借助于"广义他者"，自我同时分化为"主我"与"客我"。米德的"主我"就不像詹姆斯的"纯粹自我"具有完全的私密性，它始终在与"客我"进行内心对话。

4.3.3 内心对话结构

对米德而言，思考就是在"主我"与"客我"之间展开的内心对话过程："如我们所说的，自我的本质是认知的：它就存在于内在化的姿态对话当中，并由此构成了我们的思维。"②

自我内心对话的结构使得"主我"不能完全决定未来的道路，在决定自我的发展方向上，它仍然要参考"客我"的意见。"客我"另一方面的重要性在于，它为"主我"进行自我观照提供了一个坐标系。

正如威利所说的："由于自反性的盲点，主我是无法接近并认识其自身的。"③也就是说，如果自我呈现为一个绝对的主体，它就无法借助外界的力

---

① George Herbert Mead, *Mind, Self and Society*, Chicago: University of Chicago Press, 1934, p. 173.
② George Herbert Mead, *Mind, Self and Society*, Chicago: University of Chicago Press, 1934, p. 173.
③ 威利·诺伯特：《符号自我》，文一茗译，成都：四川教育出版社，2011年版，第49页。

第 4 章　主体间性自我

量真正认识自己,最后不得不采取康德所说的道德自律的办法进行自我约束,但不免流于绝对必然性,这与实用主义的原则相悖。

米德采取给"主我"和"客我"进行时间错位的办法,就避免了上述错误,这样自我的反思性智力就能有一个缓冲空间,并进而在"广义他者"的三元关系中开始内心对话的过程。

思想史中的自我内心对话始于奥古斯丁(Aurelius Augustinus)在《忏悔录》中的内心独白,奥古斯丁将自我和上帝列为研究的两大主题,而永恒的上帝就是自我内心对话结构中"永恒的拜访者"。内心对话在自我与上帝之间展开:"你(上帝)指示我反求诸己,我在你的引导下进入我的心灵,我所以能如此,是由于'你已成为我的助力'。……你远远答复我说:'我是自有的'。我听了心领神会,已绝无怀疑的理由。"①

奥古斯丁天才性地提出了自我的存在之谜,然而他论证自我的最后归宿在上帝那里,得益于上帝的灵光和恩赐,自我才能进入心灵对话。他用还有些模糊的灵魂双眼,瞻仰着位于其灵魂之上的上帝的"永定之光",只有在与上帝的交谈中才能确证那个常常犯错误的"我"存在。

对奥古斯丁自我存在之谜的重新发现,笛卡尔将自我内心对话结构延展到两个维度上,其一是自我在心灵实体内部的交流:"现在我要闭上眼睛,堵上耳朵,脱离开我的一切感官,我甚至要把一切物体性的东西的影像都从我的思维里排除出去,或者至少(因为那是不大可能的)我要把它们看作是假的;这样一来,我仅仅和我自己打交道,仅仅考虑我的内部,……然而我确实知道我称之为感觉和想象的思维方式,就其仅仅是思维方式而言,一定是存在和出现在我心里的。"②其二是来自于自我与上帝的对话,除了上帝之外,自我不能依附于任何实体存在。而上帝的观念则来自于上帝本身,它是天赋的和先验的,无须证明。上帝在创造我的时候同时把上帝的观念撒播在我的心灵内部,因而上帝与自我都存在于我的心灵之中,我时时刻刻在与它们保持内心对话的形式。

从二元论出发的内心对话模式,经由笛卡尔到黑格尔,是在一个封闭的自我系统内部运作,自我决定做什么和不做什么,完全由自我自行主张。由

---

① 奥古斯丁:《忏悔录》,周士良译,北京:商务印书馆,1963 年版,第 126 页。
② 勒内·笛卡尔:《第一哲学沉思集》,庞景仁译,北京:商务印书馆,1986 年版,第 33 页。

此反衬出的是自我作为主体对绝对话语权的隐秘渴望，因为缺乏与自我对等的他者是虚幻的，因而自我内心对话也就成为自言自语和自我的独白，缺乏倾听者和阐释者。

就像一个孤立的符号，用其自身来阐释自身是没有意义的。米德把意识哲学中的主体降低为宾格，通过认知自我和道德自我的内心对话来对自我进行约束。而且米德的自我内心对话结构不是纯粹在心灵内部进行的，它必须借助于心灵外部的非象征性姿态对话，由外而内进一步地发展到主我与客我之间的象征性符号和语言对话。

而意识哲学中的自我认同完全依赖自我决定论的概念，正如哈贝马斯所批评的，自律的言语者将对自己的认同当作私有财产："导致这种现象的原因在于意识哲学的占有性个体意义；意识哲学把认知主体的永恒自我关系当作出发点，而不是当作结果，……在我看来，自我是作为绝对属于自己的东西而存在于我的自我意识中的，但是仅仅依靠我自己的力量，我并不能把它保持住——它并不'属于'我。相反，这种自我具有主体间性的内核，因为作为其源泉的个体化过程贯穿了整个以语言为中介的互动网络。"①

因此，先验自我或绝对自我的内心对话只是认知主体的私密性的独白，像维特根斯坦所说的私人语言，它包括两个要素：私有指涉物与私人理解。并由此推导出私人语言的使用者只能是唯一的，也就是说世上只存在一个具有使用这种语言的符号主体。

与维特根斯坦相似，米德已经证明了私人语言存在的不可能性，即便是看起来非常具有私密性的内心对话，也必然有外物的参与："当然，内心对话与外界相连，如同一场游戏内的小游戏，或者意义中的次意义。它既非完全私密，也非纯粹公开，而是游移在二者之间。"②

在内心对话过程中，不是纯粹的思维运作过程，实用主义的内心对话结构强调外在经验的参与，杜威曾经指出，即使在内省主义者看来完全属于私有领域的自言自语，也是与别人交谈的结果和反映，单纯依靠自言自语根本无法实现社会的交往。

---

① 于尔根·哈贝马斯：《后形而上学思想》，曹卫东、付德根译，南京：译林出版社，2001年版，第191页。
② 诺伯特·威利：《符号自我》，文一茗译，成都：四川教育出版社，2011年版，第75页。

第4章 主体间性自我

哲学上的内省主义者坚持认为独白开始于先验的心灵实体，而米德及实用主义者认为内心对话起始于社会上不同个体之间的经验交流，通过角色扮演，产生了心灵，有了"主我""客我"之分，内心对话才是可能的。在米德之前，不曾有任何一位学者在讨论内心对话结构时具有这种突破性。

现代性主体的内心独白在米德这里遭到了终结，因为"科学意识的独白结构永远不可能使哲学思想达到它的目的"①。无论内心对话的内容是自我肯定还是自我否定，其中所流淌的自我意识与威廉·詹姆斯所称的存在于无意识经验基础上的意识流具有相异性，詹姆斯强调的是自我意识的纯粹私密性和个人性。

现代绝对主体性消解之后的自我内心对话结构，其特征如巴赫金评价陀思妥耶夫斯基小说中主人公的内心独白："自我意识所带有的深刻对话性和争辩性。"如《地下室手记》中悖论者的独白："就说眼前的事吧：假如我自己或多或少能相信我现在写下的一切，那就好了。我向你们起誓，先生们，我对我现在信笔写就的一切，一个字都不相信，确信连一个字都不确信！换句话说，我可能是相信的，但与此同时，不知怎的我总觉得，总怀疑我是在拙劣地撒谎。"

自我的独断主义被内心对话的冲突和矛盾所替代，由"广义他者"所代言的道德规范开始介入内心对话的结构，并实质上产生了自我控制的结果。莫里斯指出："自我控制应当成为生活的基调。不是从世界退出来的那种毫不紧张的自我控制，而是对生活在世界上的自我进行一种时时警惕的、严格的、强大的控制，并且认清世界的力量和人的能力的限度。"②

内心对话结构蕴含着言语理解和阐释过程，由于自我是一个动态的符号结构，"主我"和"客我"的变化都依靠在"广义他者"——社会行为规范的角色期待之下。这样就消解了先验自我或绝对自我的霸权地位，在开始内心对话之前必须考虑第三方的意见或态度，因此，实际上米德的内心对话结构还引出另外一个对话序列，即自我与他者之间的对话结构。一种基于相互承认和意义解释基础上的自反性，构成了米德自我主体间性的另外一层含义。

---

① 汉斯·格奥尔格·伽达默尔：《真理与方法：哲学诠释学的基本特征（下卷）》，洪汉鼎译，上海：上海译文出版社，1999年版，第641-642页。
② C. W. 莫里斯：《开放的自我》，定扬译，上海：上海人民出版社，2010年版，第68页。

4.3.4 自反性

符号自我的运作结构除了内心对话之外,还从另外一个层面上展开,即自反性(Reflexivity)[①]层面的自我。对米德来说,自反性的反思过程是在社会行为中产生的,传统观点认为,自反性是对自我的客观认知。当然不能排除这一点,从另外一个角度而言,米德的自反性自我是基于对社会其他自我的承认,无论是"角色扮演"还是站在他人的"视角"看问题,都包含了对各自主体性的承认以及双方意见交流和意义解释,因而,自反性自我须以主体间性为前提。

4.3.4.1 关于"自反性"

自反性这个概念最早出现在 16 世纪的牛津词典中,最初的含义是"折弯回去的能力",自反性在人文科学中的广泛应用肇始于米德的社会心理学。[②] 人类自我交流的自反性揭示了自我的社会本质,在自我的层面上,它指的是思维远离开自身,从另外的角度或立场对自我进行观察或反思,然后在某一个点上,思维又返回自身。类似于传说中的"灵魂出窍",但是仅仅具备一个主体,无法展开交流的自反性,思维远离自身时不能漂浮在真空状态,必须得找到与自我思维不同的另外一个接受者,在那里产生双方的对话行为和意义解释,然后,思维再携带着这些意义解释返回自身。

古希腊的先哲们都曾或多或少从认识论层面谈到过自反性,苏格拉底有

---

① 关于"Reflexivity",除"自反性"外,国内学界也有译作"反身性""反思性""返身性"等。学者肖瑛将其译为"反身性",并区分了三个层次的反身性:第一,当表示具有资格能力的主体一种自我观照、自我批判或自我反思的行为时,可以称之为"反思性反身性"(Reflective Reflexivity);第二,当表示话语的自我指涉时,称之为"自我指涉的反身性"(Reflexivity of Self-Reference);第三,当自我指涉具有自我对抗或自我否定含义时,可以称之为"自反性反身性"(Reflexivity of Self-Refutation)。他认为如果译成"自反性"容易让人理解为"自我对抗"或"自我否定",其实未必,还可以理解成"自我反思"。在米德看来,这是人类特有的一种基于神经生物学的能力,自反性必然是关于"自我指涉"的反思行为。即便是自我对抗或自我否定,仍然属于自我反思、对话、意义解释的范畴。

② Philip Carl Salzman, "On Reflexivity", *American Anthropologist*, Vol. 104, 2002, p. 805.

句名言"我知道自己一无所知";柏拉图在《查密迪斯篇》开始将"思索思考"本身作为讨论的主题,并认为唯有思索者才能确实知道什么和不知道什么,从"对认识者本身的认识"上升到"对认识本身的认识";① 亚里士多德偶尔也提及思想的自反性,并认为最好的思想就是"对思想的思想"。②

中古时期的奥古斯丁对自我存在之谜的发现也是自反性的,因为自我的怀疑、错误,所以要把自己的灵魂放逐到上帝那里来确证自我的存在:"因为我的灵魂不能光照自己,也不能浇灌自己,因此只有到你的生命之泉边,同样也只有在你的光明中能看见光明。"③

真正从自我意识角度谈论自反性的始于笛卡尔,他把自我意识分为纯粹意识和反思意识。在实际的思维活动中,两种意识合二为一,并发生流变。其中纯粹意识是反思活动中对外部对象的直接意识,然而外部对象不可信,纯粹意识返回自身,在思维的心灵中寻求解答,就变成了反思意识;反思意识指的是对反思本身的意识,类似于柏拉图"对认识的认识"或者亚里士多德"对思想的思想",是一种元反思。

在《哲学原理》中,笛卡尔写道:"因为不论在任何场合,我们在知道一种事物时,同时必然更确乎知道我们自己的心。例如,因为如果我触着地球,看到地球,因而判断地球是存在的,则我可以本着同样根据和更大的理由,相信我的心灵是存在的。因为我虽然以为自己触着地球,可是它也许是不存在的;但是我既然如此判断,则这样判断的心,当然不能不存在,关于呈现于我们的心灵的一切物象,我们都可以如此说。"④

英国经验主义者虽然反对理性主义关于天赋观念的原则,承认人的感知在获取知识上的重要性。但是当转而探求自我自反性的概念时,仍然像笛卡尔一样采取向心灵内部反思的路径,如洛克:"简单的反省观念是人的心灵关于其他观念的各种活动——心灵从外部接受了各种观念,当自我反思,并观察自己对那些观念进行处理时,就会从这些观念当中获取新的观念,同样这

---

① 倪梁康:《自识与反思》,北京:商务印书馆,2002年版,第25页。
② 亚里士多德:《形而上学》,苗力田译,北京:中国人民大学出版社,1993年版,第284页。
③ 奥古斯丁:《忏悔录》,周士良译,北京:商务印书馆,1963年版,第202页。
④ 勒内·笛卡尔:《哲学原理》,关文运译,北京:商务印书馆,1958年版,第4-5页。

些新的观念也能成为思维的对象，正如心灵从外面接收某些对象一样。"①

贝克莱的自反性概念有些模糊不清，类似于笛卡尔，他把反思分为两种：作为直接的意念认识的反思与作为想象的观念认识的反思。②休谟更加彻底地贯彻了对经验和感知的信赖，然而我们的感知又是某些印象片段的组合，因此由感知得出的自我又是一个支离破碎的自我，从这个层面上讲，人们将休谟的自反性归为是怀疑论的。

在《人性论》中休谟说："当我转而反省自我时，我永远不能感知到这个自我没有一个或某一些的感知，而且除了感知以外，我也永远不能感知到任何东西。因此，形成自我的，就是这些感知的组合。"③

不论是理性主义还是经验主义的自反性，都囿于对自我内部的反思，如威利所指出的，如果你的反思一直都是自己的想法或思想，岂不是有独断主义的危险，或者走不出戴勒菲神庙上神谕所昭示的人类困境：认识你自己。因此一直以来都存在自反性的盲点，即当自我的思维脱离自身到另外的视角去反省时存在两个障碍：

第一，自我的思维找不到一个落脚点，只能作为一个未被阅读的文本漂浮在自我想象的心灵内部，因而不能产生新的意义解释，当然反省也无意义，由此生成的是静止、静态和故步自封的自我；

第二，当思维脱离自身站到对立面反省时，原来的自我因为灵魂出窍，就只剩下一副空壳，如此导致的结果就是：反思成为思维脱离自身之后到另外一个视角进行自我观察。但是无论站在何种视角上，因分身乏术的缘由，它都得在密闭的心灵内部进行，因此在心灵内部出现一个个因反思而形成的"黑洞"，最后依靠自己无法把它们填平。

这也是造成现代性主体自反性焦虑的原因，并进而产生克尔凯郭尔式的孤独与绝望的情绪，或者萨特式的虚无。克尔凯郭尔用亚伯拉罕杀子献祭的隐喻来说明：孤独个体的信仰要经验恐惧和战栗，并进而朝向主体内心反思。

---

① 约翰·洛克：《人类理解论》，关文运译，北京：商务印书馆，1983年版，第93页，根据理解对译文有改动。
② 倪梁康：《自识与反思》，北京：商务印书馆，2002年版，第139页。
③ 大卫·休谟：《人性论（下册）》，关文运译，北京：商务印书馆，1996年版，第672页，根据理解译文有改动。

第 4 章　主体间性自我

实用主义的自反性带有解放自我的性质,它把反思的视角延伸到心灵外部。创始人皮尔斯反对纯粹的形而上学,提出了思想就是符号的观点,任何心灵内部的问题都必须从外部事实开始推论:"如果我们寻求外部事实的根据,就会发现思想是作为符号唯一的存在形式,坦率地说,任何思想都是从外部事实得到确证的,很明显,只有通过外部事实我们才能思考认识的一切。思想只能通过符号的形式得到认知,因此,所有的思想,都是符号。"①

杜威也反对存在直观的知识,任何知识的获得都必须经过反思的推论,而这种反思不是单独在心灵内部展开,要依靠外在的符号:"哲学必须明白这一点:反思的任务就是把那些在无意识或非理性状况下发生并影响我们的事情,对它们可能产生的各种后果进行推论,并转变为思考的对象,这就是在思考状态下对这些事情进行估算所具有的意义。如果不这样做,哲学就会陷入僵死的境地。"②

同样,米德所坚持的自反性,包含两个层次:其一是对认知对象的反思;其二,是对自我意识本身的反思。正如米德的自我内心对话结构一样,自反性既是私人的,也具有社会内涵。因为个体经验而产生的自我具有一个私人的心理领域,"起源于体内的经验构成一个内部世界,反思以某种模糊的形式从中产生"③。当心灵结构出现之后的反思,就不仅仅是"对他周围社会和物理事件的简单反应"④,而是开始将自身作为反思的对象,进入元反思的领域。

4.3.4.2 黑格尔"自反性"的社会内涵及困境

在实用主义之前,直到黑格尔才为自反性概念注入了社会内涵,根据他的否定辩证法,黑格尔的自反性包括"在他物中反思"以及回到"自身反思"⑤。

---

① Peirce Edition Project, ed., *The Essential Peirce*, Vol. 1, Bloomington: The University of Indiana Press, 1991, p. 24.
② John Dewey, *Experience and Nature*, London: George Allen & Unwin, Ltd., 1929, p. 325.
③ George Herbert Mead, *Mind, Self and Society*, Chicago: University of Chicago Press, 1934, p. 357.
④ George Herbert Mead, *Mind, Self and Society*, Chicago: University of Chicago Press, 1934, p. 371.
⑤ 邓晓芒:《思辨的张力:黑格尔辩证法新探》,长沙:湖南教育出版社,1998 年版,第 336 页。

黑格尔在这里所称的"在他物中反思",批判地继承了康德、费希特自反性中"外在的反思"的观点。

康德自反性的主要观点基于他的先验认识论,作为被认知的对象其特征正是我们先验地赋予它们的,因此我们认识任何事物就相当于认识自己。因此黑格尔认为:"康德的反思判断力虽然是外在的,却已经包含着内在的反思的萌芽了。外在的反思的前提是预设的、事先建立起来的,也就是非反思地建立的、给定的,它不是彻底的反思。"①

另外一方面,黑格尔还批评康德所谓外在的自反性没能解决一个难题,即虽然先验自我意识与直观对象之间在反思之前就建立了关系,但是事实上,先验自我意识是非经验的,与直观对象根本不会发生任何实质关系,"而在这种关系中,它们仍各自保持全然分离"②。

费希特的自我意识也是自反性的,他通过自我设定自我,论证了自我就是意识本身。他把在康德那里存在的认知主体与对象分离的现象统一了起来,在纯粹自我中设定有限自我与有限非我,反思在自我与非我之间进行,表象上看起来是外在的反思活动,但因统统都是在纯粹自我内部进行,用无限意志将它们统一起来,因此自反性虽然指向思维对象,"同时返回自身,并指向自身"③。反思活动产生的是自我,并达到主客体的绝对统一。

黑格尔认为康德或费希特的自反性不是实质上的外在的反思,不够彻底,反思活动仍然是在自我内部的循环。黑格尔对此解释说:自反性的问题必须摆脱直接的自我与自我的关系,而应当转到"间接地经由他者与自我所形成的关系"④上来。于是,黑格尔也提出自反性的两个层次:在他物中反思以及回到自身反思。这与自笛卡尔到费希特等人自反性的两个层次不同,并且从形式上来看,接近实用主义的自反性。

黑格尔自反性的创造性在于:反思活动的起点必须从自我之外的另一个主体那里开始。在耶拿时期的实践哲学中,黑格尔将霍布斯和费希特思想中

---

① 邓晓芒:《思辨的张力:黑格尔辩证法新探》,长沙:湖南教育出版社,1998年版,第285页。
② 黑格尔:《逻辑学(下卷)》,杨一之译,北京:商务印书馆,1982年版,第22页。
③ 梁志学:《费希特著作选集(第2卷)》,北京:商务印书馆,1994年版,第759页。
④ 诺伯特·威利:《符号自我》,文一茗译,成都:四川教育出版社,2011年版,第85页。

第4章 主体间性自我

具有主体间色彩的内容综合,认为自我意识的自为自在必须得到对方的承认。从自然伦理中的父母与子女的相互承认到社会伦理中主体间相互承认,黑格尔提出了自反性的主体间模式:"黑格尔的模式开始于一个思辨命题,即实践自我的形成依靠的是主体间的相互承认。直到两个个体都看到自己被他人确认为独立个体,他们才能互相把自己理解为独立行动的个体自我。"①

黑格尔的承认理论不仅仅是心理、道德层面的含义,还源于黑格尔对存在论的认识,被承认即意味着在一个系统中获得存在的位置,而不能被排除出这个系统。②其《精神现象学》中的主—奴辩证法思想所表现出的自我意识的反思内涵,即以主体间的相互承认为核心,承认理论某种程度上体现了"黑格尔精神概念的主体间性结构和模式"③。

可以认为,黑格尔关于自反性的认识为以后的实用主义铺平了道路,这种影响部分地可以从杜威以及米德早期的新黑格尔主义倾向中表现出来。但是这里必须再次强调:黑格尔自反性的主体间模式是碎片化的,而且主要来自于耶拿时期的青年黑格尔。

况且,彼时黑格尔仍旧"受到形而上学思想传统的制约"④,他的主体间的相互承认仍然基于精神意识的范畴,从未进入经验实践的世界。进入成熟时期的黑格尔,又回到了意识哲学的老路。

哈贝马斯对此批评说,黑格尔虽然考察到了意识哲学自反性的矛盾,然而当他试图解决这个矛盾的时候,自身却深陷自我意识的权威性而不能自拔。黑格尔开启了主客体之间反思关系到主体间关系的思想转向,然而主体间的交往媒介,却是他试图用来克服主客体分裂的绝对精神。

哈贝马斯说:"这种思想转向本来可以促使黑格尔从交往理论的角度弥补主体哲学中理性的反思概念,并对它加以转化。但是黑格尔并没有走上这条

---

① 阿克塞尔·霍耐特:《为承认而斗争》,胡继华译,上海:上海人民出版社,2005年版,第73页。
② 丁三东:《"承认":黑格尔实践哲学的复兴》,《世界哲学》,2007年第2期,第84页。
③ Robert Williams, *Hegel's Ethics of Recognition*, California: The University of California Press, 1997, p.11.
④ 阿克塞尔·霍耐特:《为承认而斗争》,胡继华译,上海:上海人民出版社,2005年版,第73页。

路。因为他一直都是根据民众宗教的观念来阐述伦理总体性观念。……黑格尔这样做，其目的就是要把哲学作为一种一体化的力量，克服由于反思本身所带来的一切实证性——进而克服现代的分裂现象。可惜，黑格尔只是在表面上取得了成功。"①

米德部分地继承了黑格尔自反性的研究遗产，即必须从自我之外找到一个对话的主体，反思行为首先应当是"在他物中反思"，为此就要从主体间性的意义上相互承认对话双方彼此的存在。

不过黑格尔用以解决主客体分裂的绝对精神，是米德等实用主义者所不能接受的，因为自反性的盲点延续到黑格尔这里仍未能得到有效的解决。"在很大程度上，实用主义的自反性是对黑格尔绝对性的反驳与解构。"②

因为米德所坚持的实用主义立场，在自反性的研究路径上，弥补了黑格尔所遗留的缺憾，霍耐特指出："在黑格尔原始洞见与我们的思想处境之间搭建起桥梁的理论，可能是米德的社会心理学。因为，他的理论可以把黑格尔的主体间性理论转化为后形而上学的理论语言。"③

4.3.4.3 米德对黑格尔自反性的继承与超越

米德的自反性是以反对哲学和心理学中的内省主义为出发点，必须将自反性置于与他人的相互关系中，相互承认对方作为独立存在的主体。具体而言，米德对自反性的理解主要有三个方面：

第一，人的反思行为必须以经验作为全部知识的基础，并且反思行为应当成为人的一种存在状态，反思意味着对过去行为经验在当下行为中的检验，并指向未来的自我。因而反思意味着在社会存在中对过去自我的否定、肯定以及重构。

第二，要使得黑格尔所遗留的"在他物中反思"的命题得以成立，必须消解绝对性的权威，就不能用绝对精神统摄自我以及对立面。应当在社会和

---

① 于尔根·哈贝马斯：《现代性的哲学话语》，曹卫东等译，南京：译林出版社，2004年版，第36-43页。
② 诺伯特·威利：《符号自我》，文一茗译，成都：四川教育出版社，2011年版，第86页。
③ 阿克塞尔·霍耐特：《为承认而斗争》，胡继华译，上海：上海人民出版社，2005年版，第74页。

第 4 章 主体间性自我

文化的语境中承认每个自我都是不同的,同时要秉承这样的观念:没有他者,就没有自我。否则,反思的主体也就缺乏有效性。米德的"主我""客我"概念首先消除了自反性的盲点,又因为"广义他者"的出现,使得自我在社会交往中能够进行"角色扮演",站在他人的视角看问题。因而,自我的反思行为能够走出自身,真正实现"在他物中反思"的命题。

第三,反思行为和模式固然重要,然而米德并未仅仅停留在形式上对黑格尔进行自反性的改造。在反思行为所运用的交流媒介上,因为米德用语言、符号、经验替代了黑格尔反思行为中的绝对精神。那么,必然的,对意义的强调,就会使得自我的反思作为符号文本,在他者那里得到解读并反馈回来,与自我达成某种共识,以此促进某个特定社会行为的继续直至完成。因此,反思行为中蕴含着对反思内容解释学意义上的沟通和理解。

米德对自反性的理解与他在德国留学时所师从的狄尔泰有莫大关系,狄尔泰的社会哲学认为人是在历史中相对的存在,人的反思行为必须抛弃个体自身意识,转向社会群体意识。狄尔泰认为人所具有的自反性的意义在于:"自反性引导出对于自我以及自我行为更具批判性的意识,同时也能构成对整个社群价值和渴望的更具批判性的意识。"[1] 从整个哲学和文化的层面,他也认为:"哲学所能取得的最高成就就是:使一个时代的文化意识到它自身,并且对该文化进行系统地阐释而增强它的力量。"[2]

这与米德在一次讲演中所提出的"一个时代的哲学总是解释这一时代最可靠的知识的尝试"[3]的观点极其相似。狄尔泰对自我反思的知识持相对主义的立场,但是却并没有滑向极端怀疑主义,他总体上相信存在于自我外部确实的知识,获得它们唯一的方式就是经验,"经验构成了我们知识的全部基础,是哲学家唯一恰当的主题"[4]。因而自我反思行为所依靠的知识,也只能来自于经验。

---

[1] H. p. Rickman, *Wilhelm Dilthey*: *Pioneer of the Human Studies*, Los Angels: The University of California Press, 1979, p. 45.

[2] H. p. Rickman, *Wilhelm Dilthey*: *Pioneer of the Human Studies*, Los Angels: The University of California Press, 1979, p. 45.

[3] 莫里斯为米德《心灵、自我与社会》所撰写导言,参见 *Mind, Self and Society*, Chicago: University of Chicago Press, 1934.

[4] H. p. Rickman, *Wilhelm Dilthey*: *Pioneer of the Human Studies*, Los Angels: The University of California Press, 1979, p. 43.

作为现代解释学的奠基人,"理解"这个概念在狄尔泰的反思哲学中占据重要位置。人的理解能力,即对自我行为或他人行为的意义解释,"是一种理智的过程,而非情感过程"①,而且是一种非技术的日常现象。

相互间的运用语言和符号对于交流双方所表达内容的认同:"因此,在指出内省方法局限性的同时,狄尔泰弘扬了'理解'方法:'唯有他的活动,他的确定了的生命表达,他对其他人的影响才教导人了解他自身;因此他只能通过理解这条弯路才能认识他自己。'狄尔泰其所以将'理解'称之为'弯路',乃是就理解方法相对于'自身思义'所具有的间接性质而言,后者可以看作是对生命活动本身的直接把握,也包括对与此相关联的他人生命表达乃至社会生活总体的把握——在理解理性标题下的诠释学把握。"②

可以说,理解是自反性的题中应有之义,反思行为中,既包括自我理解,譬如米德所说的"主我"对"客我"的解读,也包括自我与他人之间的相互理解。这里所说的理解并不必然是达成共识,而是一个基于相互主体性基础上的对反思内容的符号意义解释过程。狄尔泰关于自我反思与历史、哲学立场上的反思,反映出一种对个体主体性以及主体间性的关怀。

下面我们就来看一下米德是如何在自反性的概念上,摆脱了意识哲学封闭的自我观,从主客体二元对立的模式中解放出来,并进而达到一种主体间性的立场。在这其中,可以窥见米德对黑格尔、狄尔泰等人自反性学说的继承,还可以彰显米德本人的风格。

米德对自我理解的实用主义特征,他的学生莫里斯用另外一个名称来指代它:社会行为主义。这预示着米德"从一开始就没有束缚在欧洲大陆传统的认识论和意识哲学的思考方式中"③,只有在社会行为中才能认识自身,感知到存在的意义。

具体来看,自我在社会行为中遭遇了挫折、质疑或被否定,出现了"主我""客我"的内心对话,以及自我与行为规范的冲突。自我意识从社会行为中分离出来,反思过去的经验,为了解决现实问题的需要,重新对自我的行

---

① H. p. Rickman, *Wilhelm Dilthey: Pioneer of the Human Studies*, Los Angels: The University of California Press, 1979, p.75.
② 倪梁康:《自识与反思》,北京:商务印书馆,2002年版,第328页。
③ 倪梁康:《自识与反思》,北京:商务印书馆,2002年版,第580页。

第4章 主体间性自我

为进行创造性的解释。

因此，可以将米德自我的本质理解为在社会行为中自反性的存在。自我的反思性特征，米德与意识哲学的立场是一致的，并且都认为存在反思的两个层次。只是在反思的方式和领域上，两者出现了决裂："至于'Self'一词在米德哲学中的基本含义，图根哈特（Ernst Tugendhat）认为它更多是指'一种反思性的行为方式'，而非带有实体主义含义的'自我'，当然也不是人格意义上的'同一性'。"[①]

米德本人在他的《心灵、自我与社会》中也指出自我的反思性特征："我想说明的是：自我的特征就在于它是自身的对象。这种特征在'自我'这个词当中是以反思的形式表现出来的，这表明自我既是主体，也是对象。这里的对象本质上与其他对象不同，在过去的时间段里它作为有意识的对象被区分出来，并且与自我经验相关联，意识具有将自身作为对象的能力。"[②]

米德在这里所指的"意识"是"自我意识"，"反思或者反思行为只有在自我意识存在的条件下才能发生"[③]。从生物学的进化论观点看，自我意识产生于米德所说的"游戏"阶段，此时社会规范介入自我行为，"主我""客我"分裂，自我具有了"角色扮演"的能力。

明显的，米德对自我意识的界定不同于笛卡尔，尽管后者也是自反性的；康德虽然区分出了经验的自我意识，不过它是作为表象的存在；意识哲学中唯一与米德自我意识概念相似的是黑格尔，主要基于两点：自我意识是一个非先验的发展过程；自我意识形成中依赖他者的重要性。

米德自己也承认，他经历过一个黑格尔主义阶段，从黑格尔那里得到过启发。米德沿袭了黑格尔对自我意识论述的所有观点，同时借用在他的老师狄尔泰那里获得的自我意识作为历史性的存在，融合进化论和行为主义的观点，为自我意识注入更丰富的社会内涵。

自我意识不是直接地意识到自身，意识哲学一直试图从认识论的角度解

---

① 倪梁康：《自识与反思》，北京：商务印书馆，2002年版，第578-579页。
② George Herbert Mead, *Mind, Self and Society*, Chicago: University of Chicago Press, 1934, pp. 136-137.
③ George Herbert Mead, *Mind, Self and Society*, Chicago: University of Chicago Press, 1934, p. 91.

决"自我认识自我"的问题,最后难免陷入"我是我"的循环论证。米德改变了自反性的研究路径:"个体并非是通过直接的方式经验到他自身,而是间接的。是从同一社会群体其他成员的特定观点,或者是从他所属的社会群体普遍性的观点来意识到他自身。"①

米德关于反思的自我意识属于社会经验的产物,它意味着意识哲学中自我反思的逻辑起点,从以自我为中心转向社会结构与社会过程,意味着群体的优先存在。看起来,米德这里的思维有新黑格尔主义的倾向,用社会群体的存在吞没自我的独立性和特殊性。不过在与实用主义结缘之后,米德抛弃了思想中的新黑格尔主义。自我与群体属于辩证的存在关系,米德在这里只是强调自我意识的存在必须以他人意识为前提。

自我意识反思的逻辑起点,指明了自我与他者、自我与社会的交往特征,米德特别强调交往的媒介来自于从社会行为中产生的语言和符号。它们具有使自我产生理性交往的可能,也就意味着,自我作为具有言语和行为能力的主体,当自我反思时,反思的内容不是纯粹以意识的沉默无语或者自言自语表现出来,避免陷入"自我决定论"的循环。

语言和符号蕴含着自我过去的经验,同时现实中又有新的问题涌现,旧有的经验和现实的矛盾发生冲突,此时必须产生新的意义解释才能化解当下交流的困境。而用以表达的媒介就是我们的语言和符号,在交往行为中,语言和符号遵循某种既定的社会规则,因而像米德所说的"角色扮演"或者站在他人的"视角"看问题才是可能的。

如此来看,意识哲学中的自反性找不到表达对象的问题,到了米德这里就有了解决的方案。在对意义的理解与表达之间,因为对语言或符号规则的遵循,反思行为首先具备有效性;其次,因为实践经验的不断更新,语境的不断变换,总是会出现新的意义解释,反思行为同时具备创造性;最后,简单来说,没有他者存在,反思的前提就不成立,因此,米德的自反性概念是主体间性的。

米德对自我意识反思模式的贡献,图根哈特不吝赞美之词:"除了海德格尔之外,米德是我所了解的唯一一位将自我反思关系从'我—我'模式中解放出来的哲学家。他因此也摆脱了传统哲学的主—客模式,并从一条新的路径对其进行了

---

① George Herbert Mead, *Mind, Self and Society*, Chicago: University of Chicago Press, 1934, p. 138.

第 4 章　主体间性自我

重构。……在对现代自我意识概念的理解上——即对摆脱主—客二元模式的理解，只有在米德那里才达到了与黑格尔相比肩的位置。"①

---

① Ernst Tugendhat, *Self-Consciousness and Self-Determination*, Translated by Paul Stern, Cambridge: The MIT Press, 1986, pp. 219–263.

第 5 章 时 间 自 我

米德在个人的著述中曾专门讨论时间这个概念，比如《现在的哲学》完全就是一部谈论时间与自我的著作，《行动哲学》中也有多处谈到时间的问题。然而令人的遗憾的是，米德关于时间的论述至今还鲜有人重视，即便有，也存在一定的误读。

这一方面是因为米德的时间性观点解读起来存在许多困难，如米德的其他著作一样，存在表述不够清楚甚至自相矛盾的地方；另一方面，如果单纯对米德的时间观进行解读，不与他的自我理论进行对照，则难以把握米德对时间观的表述。

为了较为清晰地梳理米德的时间与自我的关系，本章首先对思想史中的两种时间观进行陈述，分别为物理时间观以及心灵时间观，并加以说明，由这两种时间观推导出的自我观念。其次，陈述米德对柏格森以及怀特海时间观的批判、分析、继承，由此形成的米德个人时间观，并说明时间与符号学、时间与自我的关系。再次，鉴于学术界对米德时间观的误读，为了客观地理解米德的时间观与符号自我的关系。本章将运用存在主义的时间观——主要是海德格尔、萨特的时间观对米德的时间观进行批判性重构。最后，在时间性中考察自我，可以很好地解释哲学领域争论不休的自我同一性问题。

5.1 思想史中的时间与自我

海德格尔在《存在与时间》开篇即表明：对任何一种存在的理解，都必须将其置于时间的视野中。[①] 海德格尔这句话同时指向对形而上学时间观的

---

① 马丁·海德格尔：《存在与时间》，陈嘉映、王庆节译，北京：生活·读书·新知三联书店，2006 年版，第 1 页。

第5章 时间自我

批判，正是传统形而上学对时间性的忽略，才导致了现代主体性的自我。

这种传统形而上学时间观是如何形成的，并由此造就了现代主体性的自我，为了厘清这两个问题，并且与后面所要展开的米德时间观进行对照，我们需要先陈述思想史中的时间概念。

追溯思想史中的时间概念，可以沿着两条线索进行。一种是自巴门尼德肇始的从宇宙论向本体论过渡的时间观，这种时间观认为人应当从经验现象中摆脱出来，用理性思维去认识和思考永恒的世界，但同时也把时间排除在本质世界之外。

科林伍德（R. G. Collingwood）指出，在欧洲思想史上，对宇宙论的探索中，自然的观念成为持久讨论的话题。在对自然的探索中，物理学的追问方式成为主导，"它指的是一种逻辑关系，而非时间关系"①。这也就意味着，古希腊的哲学家在对自然现象的观察中，追问的是这些自然现象的本质，即为什么会出现这些现象，而不会追问这些现象是何时产生的。对于这些现象是何时成为它们所是的状态，从来没有列入观察和思索的范围。

按照这种思路，一切自然界的事物都是自明和自为自在的。在古希腊从物理学转向形而上学的过程中，讨论的都是存在者的问题，而非存在的问题，"物理学从一开始就规定了形而上学的历史和本质"②。一直到文艺复兴时机械论的产生，对时间的思维方式都是物理学的，因而将这种时间观称为"物理时间"。

沿着这条线索，巴门尼德、柏拉图、亚里士多德、牛顿、笛卡尔、黑格尔，甚至后来的结构主义都认同这种"物理时间"。

思想史中第二种时间观是与物理学时间观相对的"心灵时间"，主要代表人物是具有基督教信仰的奥古斯丁。海德格尔认为，奥古斯丁在对时间的思考中，触及了存在的本质问题，并成为他对时间与存在问题思索的思想源泉。

奥古斯丁对时间观念的探索是为了捍卫上帝的永恒和自由，此后对奥古斯丁的时间观进行回应的是康德和胡塞尔，康德对时间的认识与他的先验论是一致的，认为时间不可能来自于经验，作为认识一切直观之表象的基础，

---

① R. G Collingwood, *The Idea of Nature*, Oxford: The Clarendon Press, 1945, p. 1.
② 马丁·海德格尔：《形而上学导论》，熊伟、王庆节译，北京：商务印书馆，1996年版，第19页。

只有在时间中,对事物的直观认识才是可能的。

胡塞尔的现象学也建立在先验论哲学的基础之上,不同于康德,胡塞尔认为先验自我也在时间之内,却不受时间规定,从而推导出的先验自我具有更加纯粹和绝对的主体意识。

5.1.1 物理时间与超越时间的自我

物理时间的特征是:存在于理念之外,是空间化的时间。凡是存在于时间中的事物,都被时间所规定,因而不能构成永恒,从巴门尼德到亚里士多德,完成对这种时间观的论述。沿着这种时间观探索自我问题的则是笛卡尔和黑格尔,在他们那里,自我都是超越时间的永恒存在。

巴门尼德之前的古希腊哲学家,主要研究的是宇宙的本原问题,在他们的思想中,都把宇宙看作是运动和变化的,因此,"时间作为运动和变化的促进力量被视为积极因素而保存在本质世界中"[①]。这一点在爱奥尼亚学派、米利都学派众多古希腊先哲中都有论述。

到了巴门尼德这里,他认为时间对于万物的存在没有任何意义,时间被排除出世界的本原之外。巴门尼德提出了存在论的问题,但是他的存在研究的是存在者,而非存在本身。巴门尼德的思想标志着从宇宙论向本体论的过渡,研究对象从自然界的具体事物开始转向对必然性、确定性的寻求,存在者是先验的存在,与时间没有任何关联。

在否定了经验和感知之后,巴门尼德指出:"所以只剩下一条研究途径,就是:存在者存在,在这条途径上有许多标志表明,存在者不是产生出来的,也不能消灭,因为它是完全的、不动的、无止境的,它既非过去存在,亦非将来存在,因为它整个在现在,是个连续的一。"[②]

柏拉图的理念论奠定了形而上学的基础,同时也意味着早期希腊物理学与形而上学的分裂,然而这种物理学的对事物存在的追问方式并没有发生变

---

① 黄裕生:《时间与永恒——论海德格尔哲学中的时间问题》,北京:社会科学文献出版社,1997年版,第6页。

② 北京大学哲学系外国哲学教研室:《西方哲学原著选读》,北京:商务印书馆,1986年版,第32页。

第5章 时间自我

化,恰恰是深化了这种追问。①比如柏拉图用数学的方式解释物理现象,在他的学园前铭刻着:不懂数学莫进此门。柏拉图的形而上学将世界分为理念的世界和经验的世界,只有理念的世界才是思维和知识的终极对象,这是一个永恒的实在,"时间性被形式化、抽象化为纯粹的'现在'"。②

柏拉图也区分了时间与空间,空间指的是无所不包的宇宙秩序,是理念产生的先在必要条件,而时间只是空间的一个面相,蕴含在宇宙秩序的框架中。宇宙被创造出来之后,缺乏永恒的理念,于是造物主"决定设立永恒者的动态形象"③。给它造一个摹本,设立有规则的天体运动,这个永恒者的动态形象就是时间,因而柏拉图所谓的时间就是理念的摹本。

时间随着天体运动而形成,时间的形式分为过去、现在、将来,在柏拉图看来,只有"现在"才是永恒的:"人们往往不假思索就把这些时间形式归为永恒者。这是错误的,我们常说:过去是,现在是,将来是。只有'现在是'才准确地描述了永恒者,因而属于它。'过去是'和'将来是'是对生成物而言的,它们在时间中,是变化的。但那不变的自我相同者是不会随着时间的流逝变老或年轻,它不会变,以前不会,将来也不会……"④

亚里士多德对柏拉图用数学的方法研究物理现象感到不满,于是写了一本《物理学》,重新对物理现象进行解释,其中特别提到了空间与时间。亚里士多德回归物理学的解释方式,仍旧受到了柏拉图对时间理解的影响,即他们所理解的空间和时间都是实体化与空间化的时间。

亚里士多德在讨论时间之前,先分析了空间的问题,他认为空间显然是存在的,因为事物总要存在于某个确定的位置,并且从相互换位的现象来看,空间也是存在的,空间随着运动相对存在。但不同于柏拉图,亚里士多德认为空间既不是形式,也非质料,与事物可以分离。空间的本质就在于它是"不能移动的容器……包围者的静止的最直接的界面。"⑤

---

① 黄裕生:《时间与永恒——论海德格尔哲学中的时间问题》,北京:社会科学文献出版社,1997年版,第8页。
② 包国祥:《传统时间观的奠基:柏拉图和亚里士多德》,《哲学研究》,2011年第5期,第62页。
③ 柏拉图:《蒂迈欧篇》,谢文郁译,上海:上海人民出版社,2005年版,第25页。
④ 柏拉图:《蒂迈欧篇》,谢文郁译,上海:上海人民出版社,2005年版,第25页。
⑤ 亚里士多德:《物理学》,张竹明译,北京:商务印书馆,1982年版,第103-104页。

对时间的理解，亚里士多德遵循的也是对空间的实体化理解方式，即追问：时间是什么？因为空间与运动之间的关系，那么时间也必然与运动之间有某种联系。但是并非如柏拉图所说的时间与运动之间画等号的关系，亚里士多德认为"时间既不是运动，也不能脱离运动"[①]。因此既然要探究时间是什么的问题，就要探究时间是运动的什么的问题。

以"现在"作为时间的分割点，就有"前"与"后"之分，我们这才能感知到时间的存在，因此时间就是"关于前后的运动的数"[②]，简言之：时间就是运动的数。"但是数有两种含义，我们所说的数有：'被数的数'（或可数的数）和'用以数的数'；时间呢，是被数的数，不是用以计数的数。"[③]

时间作为"被数的数"，意味着时间与存在其中的事物有所属关系，存在于时间中的事物是数的一种存在方式或部分，就像事物存在于空间中一样，因此，事物应当被时间所掌控。时间与事物之间的这种主—客关系，可以认为时间会对事物产生一定的影响，比如亚里士多德所说的：时间消磨着事物。

从比较悲观的情绪上而言，人们并不希望时间的存在，比如年轻美貌的女子随着时间的流逝人老珠黄，两颗相爱的心因时间的流逝开始变得淡忘。在亚里士多德看来，原因就在于："因为时间本身主要是一个破坏性的因素。它是运动的数，而运动危害着事物的现状。因此，显然永恒的事物不存在于时间里，因为它不被时间所包括，它们的存在也不是由时间计量的。可以证明这一点的是：这种事物没有一个会受到时间的影响。这表明它们不存在于时间里。"[④]

亚里士多德这段话的意思是：一定存在永恒的事物或本质不被时间所包括。那就是永恒的真理，不论时间之流如何莫测变幻，这样的永恒都是永远存在着的，永远指的是：过去、现在和将来。比如毕达哥拉斯所发现的正方形对角线和边的不可通约性，就是永恒存在的真理，因此不存在时间里。亚里士多德还谈到了意识与时间的问题，意识不存在，时间也就不存在，不过亚里士多德对这个问题并没有深入。

[①] 亚里士多德：《物理学》，张竹明译，北京：商务印书馆，1982年版，第124页。
[②] 亚里士多德：《物理学》，张竹明译，北京：商务印书馆，1982年版，第125页。
[③] 亚里士多德：《物理学》，张竹明译，北京：商务印书馆，1982年版，第125页。
[④] 亚里士多德：《物理学》，张竹明译，北京：商务印书馆，1982年版，第131页。

第5章 时间自我

从亚里士多德对时间的思考方式来看，与他的老师柏拉图相比，总体在寻求理念或本质世界的永恒上，二人持有一致的立场："宇宙是一个理想的世界，一个相互关联的整体，一个永恒不变的理念或形式的体系。这是事物终极的本质和原因，是使事物所以成为现在那种样子的指导力量或目的。但是，理念不脱离我们所感知的世界，而是这个世界的主要部分，内蕴于世界；理念给世界以形式和生命。"[1]

"物理时间"在亚里士多德这里发展到相当完备的程度，对之后整个欧洲的科学和哲学都产生了深远影响，海德格尔评价说："亚里士多德的时间论著是流传至今的对时间这一现象的第一部详细解释，它基本规定了后世所有人对时间的看法。"[2]

从文艺复兴到机械论的兴起，亚里士多德关于时空的观念促进了近代科学的产生。米德也曾指出，数学学科的兴起导致了从亚里士多德朴素时空观向牛顿绝对时空观的转向，整个自然界被认为是一架庞大的机器，每个事物都有其固定的位置。

然而真正沿着亚里士多德时间观思考自我问题的是笛卡尔。亚里士多德曾经在时间概念中寻求永恒不变的存在，它们是超越于时间的存在。但是在亚里士多德那里留下了疑问，他并没有具体指出这个超越时间的永恒存在于何方，或者是以何种形式存在，他仍然从物质本身寻求答案。

到了笛卡尔这里，经过普遍怀疑之后，他找到了超越时间的存在，那就是"我思"，这是唯一不能怀疑的事物。只要在"我思"的时候，我就存在，自我规定自我，自我的心灵实体具有永恒不变的特性。

但是时间对笛卡尔自我恒常的本性构成了威胁，因为"我思"这种行为必然要在时间中进行，也就是说，只要我的思维不停止，我就是常在的。不过有一点，笛卡尔意识到了，能够保证我的思维像一架永动机那样永不休止吗？当思维出现空白或断裂之后会怎样？那时的"我"还能存在否？笛卡尔写道："现在我觉得思维是属于我的一个属性，只有它不能跟我分开。有我，我存在这是靠得住的；可是，多长时间？我思维多长时间，就存在多长时间；

---

[1] 弗兰克·梯利：《西方哲学史》，葛力译，北京：商务印书馆，2001年版，第82页。
[2] 海德格尔·马丁：《存在与时间》，陈嘉映、王庆节译，北京：生活·读书·新知三联书店，2006年版，第31页。

因为假如我停止思维，也许很可能我就停止存在了。"①

类似的问题早在亚里士多德那里就被提及过，不过亚里士多德说的是意识和时间的存在关系。笛卡尔尽管发现了自我存在是超越时间的，但同时也受到时间对永恒自我的威胁。如何才能确保自我存在的永恒性，笛卡尔开始追问自我的来源是什么。

因为感知、肉体或外在物质都是靠不住的，笛卡尔只能求助于万能的上帝。任何"我思"所形成的观念都只能到上帝那里去寻找，那里包括一切现实和实在的东西，因为没有比上帝更完满的存在。因此，没有上帝的存在，我就不能存在。因为上帝永恒，而且可以非常确信的是：上帝在创造我的时候，"他是有些按照他的形象而产生的我"②。因此，自我存在的观念是天赋，这是一个超越时间永恒存在的主体。

笛卡尔超越时间的永恒存在是"我思"的主体，时间是一种外在客观形式，因而在"我"（这里的我指的是精神或心灵实体的我）与时间之间就形成了如下关系：我（精神、心灵）是主体，时间是客体，时间是我的派生物，主体统摄客体。

将时间的这一外在物理特性发挥到极致的是黑格尔，沿着否定辩证法的思路，黑格尔把时间看作绝对精神回归自我之前须扬弃的一个阶段或者外在形式。黑格尔用绝对精神取代了笛卡尔的上帝，将之看作是世界的本原。

黑格尔讨论时间也是从空间入手，空间是外在的抽象观念，依靠空间中的点进行区别。因此空间中的点构成了对空间本身的否定，但空间本身不是断裂状态，是相互连续的有限的量。由于空间中存在的事物被点的否定分割为许多漠不相关的持续存在，点与空间相关联，空间是自身的内部否定。

所以，空间之为空间就在于各个否定环节的自我扬弃，因而时间从中显现出来。"空间的真理性是时间，因此空间就变为时间；并不是我们很主观地过渡到时间，而是空间本身过渡到时间。一般的表象以为，空间与时间是完

---

① 勒内·笛卡尔：《第一哲学沉思集》，庞景仁译，北京：商务印书馆，1986年版，第25-26页。
② 皮埃尔·伽森狄：《对笛卡尔〈沉思〉的诘难》，庞景仁译，北京：商务印书馆，1963年版，第50页。

第5章 时间自我

全分离的,说我们有空间也有时间;哲学就是向这个'也'字做斗争。"①

时间与空间一样,都是外在的抽象观念,事物作为有限的东西存在于时间中,"事物本身就是时间性的东西。"②可见,在黑格尔那里,时间与那些外在的事物并没有什么本质区别,都不能构成永恒存在。

因为黑格尔把绝对精神作为世界的本原,精神是概念性的东西,时间是感性和抽象的东西。按照黑格尔的理解,感性、抽象的时间必然受到概念的支配,因为概念是自为的存在,具有绝对的否定性和自由:"时间不是支配概念的力量,概念也不存在于时间中,不是某种时间性的东西;相反地,概念是支配时间的力量,时间只不过是这种作为外在性的否定性。只有自然的东西,由于是有限的,才服从于时间;而真实的东西,即理念、精神,则是永恒的。"③

黑格尔的这段话旨在表明:绝对精神在回归自我之前,经历了一个外化为时间,然后自我否定,超越时间、扬弃时间的过程。"时间是作为自身尚未完成的精神的命运和必然性而出现的。"④ 这与自我意识的正-反-合的双重否定结构相一致。

正如笛卡尔的上帝存在于自我心灵内部一样,绝对精神也常驻自我内部。不同的是,绝对精神并非一个空洞无物的抽象概念,绝对精神与自我意识都具有主客同一的特性,既是主体也是实体,而黑格尔的绝对精神以自我意识的形式表现出来:"绝对精神,它一方面是以自我为中心的同一性,却总是回到自己中来而且不断回到自己中来的同一性。如果它是唯一的普遍性的实质,则它是作为精神才如此的,是看出自己为一个自我和一个意识的,而它就是意识的实质。"⑤

由绝对精神与自我意识的关系,推导出了黑格尔的绝对自我观念。绝对自我相对于时间是主体。当然黑格尔的绝对自我与笛卡尔的主体自我不同,

---

① 黑格尔:《自然哲学》,梁志学等译,北京:商务印书馆,1986年版,第47页。
② 黑格尔:《自然哲学》,梁志学等译,北京:商务印书馆,1986年版,第49页。
③ 黑格尔:《自然哲学》,梁志学等译,北京:商务印书馆,1986年版,第48页。
④ 黑格尔:《精神现象学(下卷)》,贺麟、王玖兴译,北京:商务印书馆,1979年版,第268页。
⑤ 黑格尔:《精神哲学》,韦卓民译,武汉:华中师范大学出版社,2006年版,第136页。

它是一个长期发展的过程。这个过程始终包含绝对自我,它以绝对精神的形式显现出来,自我的本质就是绝对精神。

5.1.2 心灵时间与先验自我

古希腊的物理时间观对基督教的信仰构成了威胁,按照亚里士多德的观点,事物存在于时间中,而时间具有破坏性。那么,基督教所信仰的上帝无论在与不在时间中,其绝对永恒和自由的本质都面临着解构。

奥古斯丁最先洞察到了古希腊物理时间对信仰的动摇,作为基督教信仰者,奥古斯丁深感希腊人对形而上学本质的追求,使得无论是现象世界还是信仰世界都陷入了困境。因为现象世界被抛弃掉了,代表信仰世界的上帝永恒和自由的本质同样遭遇了困境。

对于基督教来说,人要摆脱现象世界的恶,到信仰世界即上帝那里寻求绝对的善。奥古斯丁本人也说过:真正的哲学家就是爱上帝。但是,人生活的现象世界和信仰世界都遭到了时间的破坏,因此两个世界都需要救赎。

对于现象世界来说,因为它是上帝的创造物,因而是真实的。现象世界就是自我与事物的存在问题,说到底是认识自我的问题,若认识自我,首先得明白自我的位置。根据奥古斯丁,相同或相异的事物各安其位构成秩序,自我在秩序中应当处于什么位置构成了自我存在之谜所要探究的堂奥;对于信仰世界来说,奥古斯丁则需要捍卫上帝的永恒,因为如果上帝永恒的本质被动摇了,那么基督教信仰的大厦就会轰然倾塌,自我和世界上的事物还有何存在的意义?

物理时间观给作为基督教虔诚教徒的奥古斯丁带来了思想的困惑:难道应当对上帝及其创造的世界进行怀疑吗?当然不能,否则就会坠入罪恶的深渊。奥古斯丁对上帝存在以及上帝创造万物坚信不疑,时间本身也是上帝的创造物,因此对于"天主在创造天地前在做什么"这样的问题,显然是荒谬的。既然信仰不可怀疑,那么唯一的途径就是重新对时间进行思索。

时间究竟是什么,是像亚里士多德所言的时间是自在的物理之流吗?存在过去的时间、现在的时间和将来的时间吗?奥古斯丁开始对此产生了疑虑:"既然过去已经不在,将来尚未来到,则过去和将来这两个时间怎样存在呢?现在如果永久是现在,便没有时间,而是永恒。现在的所以成为时间,由于

第 5 章 时间自我

走向过去；那么我们怎么能说现在存在呢？现在所以在的原因是即将不在；因此，除非时间走向不存在，否则我便不能正确地说时间不存在。"①

从奥古斯丁的怀疑中，可以非常明确的一点是：将时间分成过去、现在和将来是不恰当的。因为将来和过去并不存在，只能说："时间分过去的现在、现在的现在和将来的现在三类，比较确当。"②既然时间不是一股连续的现成的、自在的物理之流，那么追问时间是什么的问题也就无意义，从而直接否定了时间是物体的运动的物理时间观。

时间不是物体的运动，那它就不是外在于我们，只能存在于我们的心灵中，因为时间只能以现在的形式存在，过去的现在是记忆，现在的现在是感知，将来的现在是期望。记忆、感知和期望都属于我的思想、我的意识，都只能存在于我的心灵，因此时间就是我的心灵的伸展："我以为时间不过是伸展，但是什么东西的伸展呢？我不知道，但如不是思想的伸展，则更奇怪了。"③

这样，时间就成为心灵内部的存在，因为时间也是上帝创造的，因此在上帝创造时间之前根本不存在时间。也就是说，上帝不在时间中，它在时间之外创造了一切，并且在时间之外知道时间之内发生的一切。因为时间存在于我的心灵，而我是由上帝创造的，上帝当然知道我心灵中发生的一切。据此，上帝就是超越时间的存在，因而是全知全能、具有绝对自由和永恒的本质。

上帝不可能欺骗我们，它创造的世界也必定为真，自我作为上帝创造世界的一部分，也必定存在无疑。至于自我之外的事物，按照奥古斯丁的理解，它们的存在只能依托于自我的心灵，因为："在内在时间观下，一切变化或运动都是在思想-意识的伸展、持续中显现出来的；离开了思想-意识，也就无所谓变化与运动。因此，如果人们的思想-意识是真实的、不可怀疑的，那么在其中显现出来的一切变化与运动也不会是梦幻或假象，而必定也是一个真实的世界。"④

---

① 奥古斯丁：《忏悔录》，周士良译，北京：商务印书馆，1963 年版，第 258 页。
② 奥古斯丁：《忏悔录》，周士良译，北京：商务印书馆，1963 年版，第 263 页。
③ 奥古斯丁：《忏悔录》，周士良译，北京：商务印书馆，1963 年版，第 269 页。
④ 黄裕生：《宗教与哲学的相遇：奥古斯丁与托马斯·阿奎那的基督教哲学研究》，南京：江苏人民出版社，2008 年版，第 93 页。

现在我们可以明白在奥古斯丁所言的秩序中自我的位置：现象世界、自我、上帝构成了秩序的三极。这三者与时间构成了如下的存在关系：现象世界存在于时间之内，时间存在于自我的心灵之内，上帝是超越时间的存在。奥古斯丁将时间内在心灵化是为了捍卫上帝的不朽，只有上帝存在自我才能存在。

由此而得出自我的本质是什么呢？奥古斯丁并未予以说明，其后的学者们也未对此进行清晰表述。我们可以从他对时间的论述中发现，过去的时间和将来的时间都是以现在的印象的形式存在于心灵中的，而印象来自于表象世界的经验，因而奥古斯丁的时间就是经验的时间，只有在经验事实的基础上才能在心灵中存在时间的概念，由此得出的就是经验自我。

但是经验自我远非自我欲达到的最高境界，依靠经验自我仅能得到事物的表象，自我还具有先验的理性能力，在理性之上还存在信仰。由此可见，奥古斯丁把自我分成两个层次——经验的自我和先验的自我。自我的经验来自于对外在客体时间性的感知，先验理性则来自于对上帝的信仰，时间以"现在"的形式存在于我的心灵中，而现在不可度量，肉体会死去，而灵魂永在，自我期待与上帝一样的永恒。

同样，这样的自我是一个孤独、封闭的主体，自我的心灵与他人的心灵之间不可交流。我的存在、认识和意志作为自我意识存在于我的心灵内部，他人在我之外，他人的任何意愿都不能进入我的心灵，我只与心灵之中的上帝之间进行内心对话。

应当说，奥古斯丁将时间内在化的努力不够彻底，而且他的时间观主要是为了证明上帝的绝对自由和永恒，对自我关注不多。直到康德，从认识论的立场确立人的主体性地位，在这个过程中，康德发现人的主体性和自由同样受到物理时间观的挑战。

因此从某种程度上而言，康德必须把在奥古斯丁那里关于时间的遗产继承过来，并加以改造，试图解决时间与人的自由的冲突："康德所谓的哥白尼式的革命以及对自由的捍卫实际上完全奠基在他对这一先导性问题的变革性解决：取消时间作为自在存在者的地位，使之成为人的内在感性形式。简单说，就是时间的主体化或向主体的皈依。因此，在康德的哲学中，时间只是

第 5 章 时间自我

人的时间。"①

康德将时间和空间看作是先验感性直观的两种纯粹形式,从而就否定了奥古斯丁时间来源于经验的说法,与康德本人的先验统觉相一致,即如何能够先验地认识经验中的对象,而对象由范畴从现象当中构造,但是必须得有连接范畴与现象的使之沟通的媒介:"显然必须有第三种东西,一面和范畴同质,另一面又和出现(现象)同质,而这样才使前者之应用于后者成为可能。这种中间媒介的表象必须是纯粹的,即毫无经验的内容,而同时它一方面必须是知性(理性)的,另一方面却必然是感性的。这样一种表象就是先验的图型(Schema)。"②

具备这种特质的先验图型就是时间,因为时间的先验规定性,范畴从现象中构造对象所以可能,又因为,在康德那里时间在逻辑上先于空间,一切现象被直观的先天条件就是要存在于时间中。从这一点上来说,时间具有"先验的观念性"和"经验的实在性"。从作为先验感性直观形式来说,时间是先验的;从作为范畴构造对象的连接条件来说,时间又是经验的。

康德区分时间的经验性是为了其自然形而上学服务,被直观的现象只有在时间中才能被先验统觉所把握,从中所产生的是经验自我;而时间的先验性是为道德形而上学服务,由此而产生的是先验自我,先验自我与经验对象没有任何关系,于是它不在时间中,属于物自体的范畴,因而是不可知的,不在时间中也就意味着先验自我不受时间规定,所以具有自由意志。

康德对奥古斯丁时间观的回应并未能彻底解决时间与自由之间的冲突,胡塞尔就批评康德的先验自我观念是可疑的。从现象学立场,胡塞尔对奥古斯丁的时间观念进行了重构。

与康德不同,胡塞尔把时间看作是一种意识现象,对此研究的前提就是首先排除各种客观时间:"正如现实的事物、现实的世界不是现象学的素材一样,世界时间、实在时间以及作为关于心灵的自然科学的心理学意义上的自

---

① 黄裕生:《时间与永恒:论海德格尔哲学中的时间问题》,北京:社会科学文献出版社,1997 年版,第 26 页。
② 伊曼努尔·康德:《纯粹理性批判》,韦卓民译,武汉:华中师范大学出版社,2000 年版,第 186 页。

然时间也不是现象学的素材。"①

现象学所研究的时间是意识发生中的时间，它具有在意识中构造时间本身并使之成为客体的能力，因此，这种时间也被胡塞尔称之为"内时间意识"。简而言之，就是我们的意识具有先验的时间性。

但是这里就存在一个疑问，"内时间意识"与自我之间的关系是什么？它属于自我的哪个部分。胡塞尔也将自我分为先验自我与经验自我，这一点与康德是一致的。不同之处在于，胡塞尔的经验自我是自然状态中的我，先验自我则是经过现象学的严格还原，排除一切实在性的东西，只剩下纯粹意识以及由纯粹意识构造的现象，与康德不同，胡塞尔认为先验自我也位于时间之内，以纯粹意识的形式存在。

以此来看，"内时间意识"也就是先验自我所具有的先验的时间性，用胡塞尔本人的话来说，就是"时间客体连同其时间规定性在其中构造起自身的那个意识"②。先验自我在自我意识内部构造时间的过程从原印象开始，原印象作为构造时间的绝对开端，"是所有其他的东西从中生产出来的源泉"③。它不是被生产出来的，而是自身构造自身，是"意识的源自发性"④。

简言之，原印象就是意识对外在时间客体的感知所形成的印象，它被意识把握为内在时间的起点，原印象本身不会消逝，它仍旧能够在意识之后的感知中"滞留"。"滞留"相当于奥古斯丁时间概念中的"现时的现在"，不过胡塞尔反对奥古斯丁对此进行的图像论解释。

"滞留"作为被意识把握的"现时的现在"，还具有依据原印象预见将来的意识，胡塞尔称之为"前摄"，由此胡塞尔的内时间意识的体验结构呈现为：原印象—滞留—原印象—前摄。其中"滞留"是胡塞尔时间意识中的关键："我对我本身来说在意识生活的每一刻都滑向过去，但我始终以滞留的方式

---

① 埃德蒙德·胡塞尔：《生活世界现象学》，倪梁康、张廷国译，上海：上海译文出版社，2002年版，第72页。
② 埃德蒙德·胡塞尔：《生活世界现象学》，倪梁康、张廷国译，上海：上海译文出版社，2002年版，第83页。
③ 埃德蒙德·胡塞尔：《生活世界现象学》，倪梁康、张廷国译，上海：上海译文出版社，2002年版，第89页。
④ 埃德蒙德·胡塞尔：《生活世界现象学》，倪梁康、张廷国译，上海：上海译文出版社，2002年版，第90页。

第5章 时间自我

觉察到我自己本身。这种原初滞留便是原初综合。在这种综合中，我——先于任何客体化——始终已经确认了我自己，并且始终与此相一致，我始终已经获得了第一个与我自己之间的距离。"①

这种前对象性的自我意识就是先验自我的内在时间意识，内在时间意识在胡塞尔那里可以被理解为两个方面：其一是自我意识将外在时间客体构造为内在时间意识；其二，构造内在时间意识的过程也是建构自我的过程，即先验自我在构造时间意识的同时也使得自身显现。"时间化在胡塞尔那里也可以是指自我的自身构造过程。这个意义上的'时间化'是自我的'自身时间化'，它是一个不间断的过程，即自我的不间断的继续追求。……自我的'自身时间化'并不意味着自我被创造出来，而只表明这样一个状态，即自我只能在一定的自身时间化阶段上得到指明。"②

因为先验自我经过现象学的严格还原，"它不再是现象，它不是经验活动、思想活动等的意向对象"③，因此先验自我不能被创造出来，作为纯粹意识，它在意识中存在，却不是意识的对象，具有自明性和自我同一性，一种"内在性中的超越性"④。不仅如此，先验自我的意向性具有构造一切对象的能力，而内在时间"作为一切对象性之一般被给予性形式"⑤，某种程度上承担着统摄经验对象的功能，而内在时间意识则是先验自我统摄时间的意识。先验自我在时间中，却不受时间规定，从这个意义上而言，胡塞尔的先验自我具有比康德的先验自我更为绝对的主体意识。

---

① 埃德蒙德·胡塞尔：《生活世界现象学》，倪梁康、张廷国译，上海：上海译文出版社，2002年版，第24页。
② 倪梁康：《胡塞尔现象学概念通释（修订版）》，北京：生活·读书·新知三联书店，2007年版，第533页。
③ 埃德蒙德·胡塞尔：《第一哲学》，王炳文译，北京：商务印书馆，2006年版，第557页。
④ 埃德蒙德·胡塞尔：《第一哲学》，王炳文译，北京：商务印书馆，2006年版，第652页。
⑤ 埃德蒙德·胡塞尔：《经验与判断》，邓晓芒、张廷国译，北京：生活·读书·新知三联书店，1999年版，第305页。

5.2 米德的时间观

严格来说,米德的时间观介于以上两种时间观之间,但更偏向于第二种。与此同时,米德时间观又与两种时间观保持着最大限度的距离,它是一种符号学的时间观,强调时间的社会性。主要体现在,无论是物理时间观还是心灵时间观,都不免带有唯我论和决定论的色彩。比如物理时间观的超越时间的自我,心灵时间的先验自我,都追求绝对永恒或普遍意志。在这个过程中,自我都是预先给定,或者坚持独断论、以自我为中心,没有给符号自我留下解释、交流和创造的空间。

5.2.1 时间的本质

与上述两种时间观相比,米德坚持一种相对开放的历史时间观,强调时间的创造性,也就是自我的创造性。把从机械论和目的论中剔除的"新生事物"和"突现事物"找回来。在时间中不存在绝对永恒,时间的"现在"中随时都可能出现非意图性结果。以此来看,米德时间观主要受到了达尔文进化论、柏格森宇宙生机论以及爱因斯坦相对论的影响。

米德及其他实用主义者"属于用时间化方法解释达尔文主义的流派"[①],对自我而言,在心灵和自我意识产生之前,根本不存在所谓的时间观念。因此康德说时间是先验地认识事物的直观形式,在米德的时间观念中并不成立。

5.2.1.1 时间的过去、现在和未来

在物理时间观中,通常把时间分为过去、现在和未来三个阶段。这三个阶段呈现非常明显的前后次序,过去和未来只属于它们各自所处的时间段,与现在没有任何关系。过去和未来都是变化的,比如柏拉图认为只有现在才准确地描述了永恒存在者,他的意思是指永恒存在者没有过去和未来,也就意味着过去和未来并不存在。

亚里士多德持有相似的观点:"'现在'是时间的一个结点,连接着过去的时间和将来的时间,它又是时间的一个限:将来时间的开始,过去时间的

---

① 帕特里克·贝尔特:《时间、自我与社会存在》,陈生梅、摆玉萍译,北京:北京师范大学出版社,2009年版,第8页。

第 5 章　时间自我

终结。但这种情况不像固定的点那样明显。它是潜在地能分开时间。并且，作为这种分开时间的'现在'，是彼此不同的。而作为起连接作用的'现在'，则是永远同一的。"①

物理时间观强调一切变化和运动都在时间里，而理念作为永恒者是静止的，没有过去和未来，永远处在不会变化的现在中。按照进化论的思维，如此必然导致绝对自我，在米德的时间观念中，他同样对时间做三段的划分，不同的是，在米德看来，过去和未来的存在状态不可抹杀："现实存在于现在之中，不过，'现在'还暗含着有一个过去和一个未来，而通常我们认为过去和未来是不存在的。"②

在米德的时间观念中也存在"永恒"这个概念，不过米德所说的永恒不是静止的现在，而是变化的。因为变化是事物存在的本真状态，因此永恒指的是事物变化存在中的永恒。在此意义上，时间才具有一种不可唤回性（Irrevocability）的过去。

从作为自然状态的时间来看，时间的过去是不可唤回的，而如果作为心灵意义上的时间，时间的过去又是可以唤回的。当符号自我处理当下的社会情境时，自反性智力必定会运用过去的经验，过去的时间就蕴含在过去的经验中在心灵中显现出来。

时间中的"过去"同样也不是固定不变的，如果存在一个固定不变的过去，那意味着对"客观现实变化、流逝突现以及创新的排除"③。在米德看来，过去必定依据时间的现在才能成为过去，而现在处于持续变化的存在状态，总会有新的意义注入现在中，当我们从持续变化的现在回望过去，存在过去中的某些符号必定又获得了新的意义解释。

这与符号表意的结构相类似，符号表意理论上具有无限延展性，但是在具体的交流行为中，由于符号接受者的因素，符号表意会在某一个点停止下来，符号表意暂时终止的地方之前构成时间的过去。其后随着符号自我认知

---

① 亚里士多德：《物理学》，张竹明译，北京：商务印书馆，1982 年版，第 132 页。
② George Herbert Mead, *The Philosophy of the Present*, London: The Open Court Publishing Company, 1932, p. 2.
③ David L. Miller, *George Herbert Mead: Self, Language, and the World*, Austin: University of Texas Press, 1973, p. 187.

能力和范围的扩大,过去暂时终止的符号表意还会重新开始。对某一个符号表意,从过去的不理解到现在的理解,处于过去和现在两个时间段上的意义都发生了变化,因此:"最终的解释项不是编年体时间意义上的,符号表意可能在任意时刻中止,但是只要它中止,就会像凤凰涅槃一样获得新生。"①

这实际意味着,并不存在一个独立于现在的任何过去,任何过去延伸到现在都不是给定的,必须面临着随时被重构。任何包含过去的现在都存在不为我们所认知的事物,但也存在随时可能被认知的事物,时间的过去寓于时间的现在之中,表明了"主我"存在的认知可能性。

米德的这种时间观,与奥古斯丁有相似之处,奥古斯丁反对按照时间运动的先后次序把时间分成"过去""现在""未来"。时间的过去和未来都统一于现在之中,因此只能说过去的现在、现在的现在和未来的现在。然而两者之间仍有根本的差别,奥古斯丁时间观的核心是"现在",而米德时间观的核心则是"将来"。

米德意义上的"现在"指的是,符号表意只能在某个确定的时刻出场、敞开自身并得到解释,塔拉斯蒂说任何"描绘世界的文本总是在场的、具体的,任何时刻都处于历史洪流的'现在'时"②,然而这种在场只是暂时的,如果坚持认为它能构成永恒,实际上意味着不存在时间。

过去属于一个不断被建构的产物,过去和现在之间存在一种必然的联系,这种必然的联系与"主我""客我"的关系是一致的。尽管米德说现实位于现在之中,他的另外一层含义是指,现在只是符号意义的暂时在场,而符号的运动则必定是超越现在,趋向于未来的可能性,从这个层面上来说,现在又意味着萨特意义上的不存在。

米德对时间的过去、现在、未来之间的关系可以表述为如下的观点:

第一,过去、现在和未来不能单独作为一个独立的时间段存在,过去的、已经发生的事物影响着现在正在发生的事物,正在发生的事物又影响着将要发生的事物。也就是说,一个符号的表意行为同时聚集了时间的过去、现在

---

① Umberto Eco, "Peirce's Notion of Interpretant", *Comparative Literature*, Vol. 91, 1976, p. 1467.
② 埃罗·塔拉斯蒂:《存在符号学》魏全凤、颜小芳译,成都:四川教育出版社,2012年版,第11页。

和未来。只是当我们去感知的时候,它暂时向自我意识敞开自身并得到解释,然后又沿着时间轴在否定、肯定的结构中自我超越。

第二,过去不能完全决定现在,同样现在也不能完全决定未来。即便在思维严谨的数理逻辑领域,米德也发现已经发生的事物只能部分地影响其后将要发生的事物,而不能决定其全貌。符号意义的在场不仅是暂时的,而且是部分的,说现在不存在,是指相对于现在将要成为的未来,不在场的意义对符号的"现在"表意构成一种缺陷。符号的运动只能在原有表意的基础上沿着时间轴去创造新的符号。

第三,时间的过去、现在与未来之间的整体结构,并不是说三者处在一个水平线上,绝对的同时性。米德的做法高明之处就在于,在时间的整体结构之内将"主我"和"客我"进行错位,这样使得作为结构的符号自我既能展现其创造性,也能将自身作为对象,在自反性意识中进行理性控制成为可能。

5.2.1.2 时间与创造性

对于亚里士多德来说,时间就是破坏性的东西,他认同毕达哥拉斯学派所说的时间是最愚笨的观点,世间万物都被遗忘在时间里。亚里士多德所认为的事物的本质在时间中发生了变化,脱离了事物原初的状况,即事物原初的本质消失不见了,因此他认为:"时间与其说是产生的原因,倒不如说是灭亡的原因。"[①]

物理时间观坚持用永恒的理念判定事物的变化,自然中的所有事物都受到时间的规定,因此从永恒的理念来看,事物的变化只发生在过去和现在的时间段,事物未来的各种可能性都被永恒的理念抹杀掉。从根本上而言,这是空间化的时间,将事物在时间中发生变化的地方看作是一个一个静止不动的点,这些固定的点都有其相应的位置,因而构成了宇宙的秩序,这是机械论的时间观。

遵循物理时间观必定限制人的自由,因而奥古斯丁将时间看作是人的心灵时间。米德正是沿着这种思路思考时间问题,同时他借鉴了进化论,特别是柏格森的时间观。

---

① 亚里士多德:《物理学》,张竹明译,北京:商务印书馆,1982年版,第134页。

时间既然不能以固定的点排列成宇宙的永久秩序，只能以"绵延"或"流逝"的形式存在于自我意识中。自我意识凭借记忆、感知和期待，融过去、现在和未来为一体，自我意识与外部对象之间的关系决定了自我意识不能预测，也不能按照某个既定规律重复循环，因此自我意识是自由的，由此才可能产生自我自由的行为，也就预示着自我行为中可能产生的任何可能性。

米德反对用空间化的观点理解时间，应当把时间看作是本体的存在方式，与自我的生命和意识紧密相关。正如柏格森所说的时间构成了生命的本质要素，从进化论的观点来看，时间就意味着创造，意味着生命过程中的新奇性事物的出现："我们越是研究时间，就越是会领悟到：绵延意味着创新，意味着新形式的创造，意味着不断精心构成崭新的东西。"①

时间的本质是创造性，表现为自我在社会行为中的对"现在"的重构，米德及其实用主义的时间观尽管强调现实位于现在之中。但是其最终的指向是在时间的流逝中持有高度未来化的观点，即在时间的存在中不断进行自我超越。

然而未来根本无法预测，存在"无数无法改变的偶然性"②，从现在的观点来看，每一个即将出现的未来都蕴含着新事物的可能性。这一方面是源于符号自我的认知能力提高以及认知范围扩大，另一方面在于认知对象的语境发生变化。如此都可能导致有之前未知的因素出现，符号自我不得不重新进行意义解释。

这个功能主要是由"主我"运用自反性在心灵当中完成的象征性重构，对于偶然出现的新事物或者突现事件，符号自我的自反性智力能够对这些突现事物进行理性控制。

在这一点上，米德与柏格森站在相对的立场上，在柏格森看来，未来同样也是不可预测的，充满各种可能性。但是在应对各种可能性上，柏格森运用生命力的直觉或者直观，于是就暗含有一种自我决定论的危险："这意味着我们使自己相信这种生命力，但是却没有试图预见未来。于是柏格森就指责人的反思性智力，他是一个反理性主义者。他试图指出，我们对世界的反思

---

① 昂利·柏格森：《创造进化论》，肖聿译，北京：华夏出版社，1999年版，第16页。
② George Herbert Mead, *The Philosophy of the Act*, Charles W. Morris, ed. Chicago: University of Chicago Press, 1938, p. 313.

的观点总是对事实进行歪曲。"①

于是,柏格森的这种时间的创造性,在米德看来实际上并不能让我们把握世界的本原图景,从非理性、非反思的途径来解决现实中遭遇的未知因素,仅仅是源于生命的冲动,看似实现了自我的意志自由,然而最终却是对理性自我的破坏,不符合实用主义所提倡的科学方法的本质,即是对自我意识的自反性的忽略。

5.2.2 时间与符号学

符号表意的三元模式必须要在时间中展开,根据皮尔斯符号无限衍义的说法,每一次符号表意中所得出的解释项都会成为下一次符号表意的符号:

符号→对象→解释项

  符号①→对象①→解释项①

    符号②→……

从时间的节点上来说,符号对应着时间中的"过去",它是已经在我们的头脑中形成的观念;对象对应着时间中的"现在",它是符号自我在当下所要面对的文本;解释项则对应着时间中的"未来",即符号自我给予对象的释义,既然时间中的未来无法预测,因为符号表意的复杂性,比如阅读语境或者解释者的因素,那么符号的解释项同样也会出现多种释义。

从符号表意的展开过程可以看出,作为"过去"的符号和"未来"的解释项都必须在"现在"的对象文本中展现自身;解释项作为下一次符号表意过程的符号,不能独立存在于某一个符号表意过程,它必须携带着上一个符号表意过程的意义进入下一个符号表意过程。

因此,对于米德来说,时间总是与符号自我的意义解释和交流行为联系在一起。时间是在符号自我心灵意识内部展开的符号表意过程的绵延,这里所说的时间规定了符号自我的有限性。

原因在于,在实用主义者看来,自我对世界整体存在事物的认知,不可能穷尽其全貌。自我认知随着经验总是处在一个扩大化过程中,就同一个事物来说,从不同阶段或视角来说,自我对于其意义的解读都可能不同,更遑

---

① George Herbert Mead, *Movements of Thought in the Nineteen Century*, Chicago: University of Chicago Press, 1936, p. 293.

论面对整个无限的自然界,事物存在的本质就在于其变化作为恒常状态。

就符号自我的认知限度来说,只能认识自然界存在事物的有限事物或者事物的有限性。并将能够认知的这一部分事物进行符号化,时间蕴含在自我所能认知的符号化的事物当中。在现实经验中,它们构成了一系列的事件,当符号自我面对这些事件的时候,所构成的行为在自我意识中表现为符号的表意过程。

与物理时间观相比,米德认同亚里士多德"一切变化和一切运动事物皆在时间里"[①]的观点,这些运动和变化的事物存在于自然界一个总的时间系统里,我们在这里把它称为"普遍时间";而符号自我及其认知的对象又存在于另外一个时间系统里,我们把它称为符号自我的"存在时间"。这两个时间系统分别相当于萨特自在的时间以及自为的时间。

由物理时间观所推导出的自我超越了整个自然界事物存在的"普遍时间",按照这种观点实际上只承认只有一个自我存在,即绝对自我;这在米德看来是不可思议的,符号自我只能扎根于社会文化系统之内,而不能超越它存在。从更实际的层面来说,符号自我的"存在时间"是有限的,在海德格尔那里指的是主体的死亡。因此,符号自我只能在"存在时间"的有限性内不断自我超越,以对抗"普遍时间"中的虚无。

同时,与康德和胡塞尔的时间观相比,康德为了捍卫人的自由,所付出的代价是把人割裂为两个部分,经验自我属于现象界,存在于时间中;先验自我属于本体界,超越时间的限制。胡塞尔同样把自我分为经验的和先验的,经验自我自然在时间中,先验自我作为经现象学还原之后的纯粹意识,在时间中展开自身,整个符号世界都是由先验自我构造的。

无论是笛卡尔、黑格尔的绝对主体自我,还是康德、胡塞尔的先验自我,在时间与自我的关系上,自然界的事物存在于"普遍时间"中,要么得出自我作为绝对理念和精神超越于自然界的万事万物,要么得出先验自我创造了自然界的万事万物,作为本质的自我与符号世界不会发生任何关系。

总体上来说,所得出的自我具有无限性,可以统摄存在于时间中的所有事物,由此观念也导致了近代以来人类世界的无数灾难。米德及其实用主义

---

① 亚里士多德:《物理学》,张竹明译,北京:商务印书馆,1982年版,第129页。

第 5 章 时间自我

的自我观则从自反性的立场思考自我的有限性,自我既不能超越存在于时间中的万事万物存在,自然界的万事万物也不是由一个单独的自我所创造,它必须认同存在其他自我的创造性。

米德的时间也是内意识的,除去细微的差别,他的时间意识与萨特非常接近。萨特的前反思意识中没有自我存在,意识也就感知不到时间存在。萨特的前反思意识在米德那里是生物学进化论意义上的自我意识产生之前的阶段,在前面我们曾把它叫作"生命意识"。直到自我意识出现,才有时间的概念。

符号自我分成"主我""客我",但不同于康德、胡塞尔的先验自我,符号自我的"主我"部分也与经验之间发生直接的关系。它既受到过去"客我"的限定,也能根据想象力开展自由的行动,因此有时它又能跳出经验的范畴。然而即便如此,"主我"仍位于"存在时间"内。

时间作为符号自我的存在方式,符号自我的意义解释以及与他人之间的交往行为构成了时间的载体,而它们在现实中是以一系列的行为事件表征出来的,"事件构成了存在事物的本质,意味着时间的流逝"[①]。这里所说的时间的流逝并非自然时间的先后顺序,从过去到未来的线性时间,而是指在每一个符号在场的时间点上都包含过去、现在、未来的成分。

承认符号自我的有限性,即意味着对先验自我或绝对自我的解构。但同时并不意味着符号自我返回到自身内部,在孤独无依的状态下自言自语。符号自我因为其经验范围的不同,每个符号自我都有属于自己的"存在时间",时间规定符号表意,各自时间系统中的符号表意并不完全相同,因而符号自我的有限性也即意味着它们之间的差异性,用符号学的术语来说,这是能指分节。

比如在美国本土,不同的族群对待时间的态度完全不一样。美国白人对待时间非常认真,尽量利用时间使得效率最大化,根据时间制订详细工作计划,并将眼光瞄向短期未来。而居住在亚利桑那州的纳瓦霍人对待时间的态度完全不一样,在纳瓦霍人的传统观念中,他们根本没有未来的观念,所谓的真实只有在此时此刻能够变成现实的事物才是可信的。

对待时间的不同观念,导致了两个族群完全相左的时间系统,由时间系

---

① George Herbert Mead, *The Philosophy of the Present*, London: The Open Court Publishing Company, 1932, p. 2.

统所规定的行为规则必定会有差异,这种差异就是文化的差异。同样,对符号自我来说也是如此,我与你在认知对象、兴趣、范围上必定存在区别,所以我与你必定进入的是不同的"存在时间"系统。

在各自的"存在时间"中,属于符号自我的时间被应用在符号化认知对象之上,因此符号表意是由时间所规定的,正如米德所说的,"在不同的时间系统中,时间具有不同的意义"[①]。在符号自我所属的"存在时间"里,时间规定了符号表意的差异,因而也就具有了符号自我之间的差异。

既然分属不同"存在时间"的符号自我各有独特性,那么这样的符号自我会是封闭、自我中心化的吗?我们所反复强调的符号自我的交往特征如何表现出来?米德认为,符号自我所属的"存在时间"具有开放性和朝向未来的特征,这种特征是通过符号自我在时间轴上的纵向运动和横向位移表现出来。

符号自我的纵向运动位于自身的"存在时间"内部,就符号自我的结构性来看,它不能单独停留在过去、现在、未来任何一个时间段,否则就不存在所谓的自我内心对话,符号自我也就没有创造性。

符号自我集中了时间系统中的过去、现在和未来,现在即将成为过去,即将过去的现在和过去构成了旧的时间系统,未来是值得期待的一个新的时间系统。符号自我同时位于旧的时间系统和新的时间系统中,创造性出现在旧的时间系统向新的时间系统的过渡阶段,其中"主我"与"客我"之间始终在进行内部的交流。在符号自我的"存在时间"内部,符号自我通过"主我""客我"及"广义他者"的三元对话结构进行纵向的运动。

符号自我的横向位移如何表现出来呢?一个固定的社群中,不同的符号自我之间,尽管都有属于自己的"存在时间"。但是符号自我具有社会性,一方面,与符号自我一致,"存在时间"也是共在;另一方面,这些不同的"存在时间"之间存在交集。

符号自我的社会性,按照米德的观点,指的是:"旧有的对象与新出现的对象之间形成了新的关系,我在这里用'社会性'来称呼它,并不是指一个新的系统,而是调试过程……它出现在旧的系统向新的系统过渡的阶段……

---

① George Herbert Mead, *The Philosophy of the Present*, London: The Open Court Publishing Company, 1932, p.12.

第 5 章 时间自我

就是能够同时作为几种不同的事物存在的能力。"①

旧的对象与新的对象既可以是符号自我时间系统内的纵向关系,比如"主我"与"客我"的关系,也可以是不同符号自我之间"存在时间"的横向关系,符号自我的主体间性要求必须承认其他自我的社会存在。

在这种横向关系中,符号自我具备"同时作为几种不同的事物存在的能力",并不是说符号自我具有穿越时空的能力,能够以同一性存在于不同的"存在时间"中。而是说,符号自我是社会身份的集合,在不同的"存在时间"中,"自我必然以某种表意身份或解释身份出现,身份暂时替代了自我"②。

符号自我的各种身份具有社会属性,是已经得到他人承认的符号文本,从时间上来说,位于"过去",它们的表意行为一直延续到现在,在与其他符号自我的交往关系中,仍然能够得到他人的承认。

因此,符号自我同时存在于不同的"存在时间"中,指的是符号自我在他人"存在时间"中已获得对方承认的相应身份。对于符号自我的每一个"现在"而言,都有不同的几种身份同时存在于他人的"存在时间"中,是已经得到他人承认的符号文本。

但是不能就此将身份等同于符号自我,从时间上来说,身份属于"过去"的符号文本延续到当下的表意行为。属于符号自我的各种身份在不同"存在时间"的展现,只能同时存在于自我意识中。在一个具体的现实情境中,符号自我不可能展现其全部身份,只能按照现实语境和自我需要展现部分身份。

身份只是符号自我结构的一个片段,通过身份不可能认识一个人的全貌,也不能由某个人的暂时身份判定他在社会中地位,因此米德说:"任何存在总是蕴含着不存在。"③认识此刻展现出来的身份,必定会遮蔽在其他时刻存在的身份。况且,身份属于过去的存在,而过去属于一直被建构的产物。

---

① George Herbert Mead, *The Philosophy of the Present*, London: The Open Court Publishing Company, 1932, p. 47-49.
② 赵毅衡:《符号学:原理与推演》,南京:南京大学出版社,2011 年版,第 346 页。
③ George Herbert Mead, *The Philosophy of the Present*, London: The Open Court Publishing Company, 1932, p. 1.

5.2.3 米德与存在主义时间观的比较

迄今为止，人们对米德的时间观念仍然存在误解，在《现在的哲学》中，米德反复强调时间的过去和未来表象于现在，以至于相当多的学者在叙述米德的时间观念时，将"现在"作为他的时间观念中的核心："在米德的时间叙述中，核心的观点是什么呢？米德的出发点是什么？答案可以在米德关于时间性的主要著作《现在的哲学》的题目中找出来。……在这方面，他的一个中心论点是，会在现在找到现实的轨迹。……米德著述中或多或少包含的第一个意义就是，反复强调人们一定生活在一个现在。他们是现在的永恒囚徒，原因是他们的经验永远是在一个'现在'中。"①

他们可能忽视了，米德尽管强调时间"现在"的重要性，但是米德多次强调②，时间的"现在"总是意味着正在生成（Is Becoming），同时它又在飞快地流逝。任何的存在总是都处在形成过程中，同时存在总是蕴含着不存在。作为时间的"现在"同样如此，它在成为"现在"的那一瞬间又成为时间中的"过去"，而即将到来的"未来"又即将成为"现在"。

对于实用主义者来说，活在当下固然重要，但是未来同样值得期盼，人生的状态就是一直"在路上"。就符号表意而言，真正应当引起注意的是符号未来可能的意义是什么，即对符号本身释义的解释项在下一个符号表意过程中将成为怎样的符号。

托马斯·西比奥克（Thomas A. Sebeok）指出："符号学完全不是关于'真实'世界的学问，而是关于真实世界的具体补充或变异模式——就如莱布尼茨的观点——是关于无数人类学想象或者关于可能世界的学问。因此，符号学从不揭示世界是什么，而只关注人们能够了解什么；换句话说，符号学模式描绘的不是现实之类的事物，而是人们在提问方法中所展示的本性。"③

就符号自我来说，是一个在社会文化中充满弹性的符号释义结构，它的

---

① 帕特里克·贝尔特：《时间、自我与社会存在》，陈生梅、摆玉萍译，北京：北京师范大学出版社，2008年版，第75-76页。
② George Herbert Mead, *The Philosophy of the Present*, London: The Open Court Publishing Company, 1932, p. 1.
③ 托马斯·西比奥克：《符号仅仅是符号》，转引自埃罗·塔拉斯蒂：《存在符号学》，魏全凤、颜小芳译，成都：四川教育出版社，2012年版，第16-17页。

第5章 时间自我

自反性、对话性都能确保它与意识哲学中的绝对自我和先验自我划清界限。以此推之，符号自我对自身的认知的核心就不是时间中的"现在"，而是时间中"未来"符号自我的各种可能性。米德的时间观不是海德格尔所说的"流俗的时间观"，而是把时间看作是自我本源性的存在。从几个方面来比较，米德的时间观与现象学—存在主义的时间观都具有一致性。

第一，时间的现在、过去和未来不是线性的先后顺序，而是呈现为高度的三维一体的立体化，关于这一点，前文已经有过详细论述。时间的三维在海德格尔那里对应的是曾在、当前和将来，在萨特那里对应的是自在、自为与可能性。

第二，时间序列中的核心不是"现在"，而是"将来"。而流俗的时间观"则在现在中看到基本的时间现象"[①]，以"现在"作为时间的分界线，呈现为线性的、不可逆转的流逝过程。因此海德格尔说流俗时间观中所言的"现在"，是将整个时间序列切割成三段，中间的那段与前后没有任何关联的纯粹现在，由此导出的现象必定不会有什么前途。

第三，时间性是理解自我存在的根本方式。符号自我在时间中呈现为一个面向未来的开放结构，时间性就是把过去、现在和未来统一起来的现象，在时间性当中，符号自我永远无法穷尽自身，却又在与时间的对抗中不断自我超越，其表征就是可能性。

承认时间性是自我存在的根本方式，同时必须不能舍掉的一个前提就是：自我不是在时间中的孤独的存在，是与他人共在，确切地说，是与他人在时间中共在。米德的符号自我相当于海德格尔的"此在"（Dasein），任何存在总是存在者的存在，存在者总是我们自己，只有"此在"去存在的本性才揭示了存在者的存在本质。"此在总是从它所是的一种可能性、从它在其存在中这样那样领会到的一种可能性来规定自身为存在者。这就是此在的生存建构的形式上的意义。"[②]

对"此在"的存在分析以其在现实中的"生存"作为主导线索，所谓"生

---

① 马丁·海德格尔：《存在与时间》，陈嘉映、王庆节译，北京：生活·读书·新知三联书店，2006年版，第481页。
② 马丁·海德格尔：《存在与时间》，陈嘉映、王庆节译，北京：生活·读书·新知三联书店，2006年版，第51页。

存"就是"此在"在日常世界中的生存活动，与生活世界融为一体，而非脱离现实步入纯粹的形而上学的视域，这恰恰是传统意识哲学的思路。对米德来说，符号自我存在并展现自身，必须置于具体的社会文化的语境中，不可能独立地自为自在。

从现象学—存在主义出发的自我存在强调与他人的共在，海德格尔说"此在"的本质就是共在。萨特举了一个例子：假如我对自己感到羞耻，那是因为我首先向他人展现羞耻。在自我意识的反思中，"他人是我和我本身之间不可缺少的中介"①。雅斯贝尔斯则认为自我是生活于世界之中的超越存在，哲学信仰的首要抉择，就是相信思维是封闭于自身内在的存在还是超越自身的存在。

强调自我在时间中与他者共在源于符号自我的有限性，符号自我作为时间中的存在，无法在一种绝对透明中意识到自己的永恒主体："和时间一样，对主体性来说，要成为主体，重要的是向一个他人开放和摆脱自己。我们不应该把主体想象为有构成能力的，把主体的许多体验或 Erlebnisse 想象为被构成的，不应该把先验的我当作真正的主体，不应该把经验的我当作先验的我的影子或痕迹，如果它们的关系是后一种关系，那么我们就能回到有构成能力者，这种反省就能使时间破裂。"②

"此在"在世界中存在始终作为一个整体性结构，海德格尔称之为"操心"（Sorge），"此在"作为面向可能性之存在，被规定为"先行于自身的、已经在……中的、作为寓于……的存在"③分别对应于"此在"的三种状态：生存、被抛、沉沦。"此在"的日常存在的基本方式乃是沉沦，它意味着"此在"消散在世界的公众意见中，沉沦于世界。"此在"作为沉沦的存在就不是本真的存在。

既然"此在"在世界中所获得的只是非本真或不完整存在，就不能说对

---

① 保罗·萨特：《存在与虚无》，陈宣良等译，北京：生活·读书·新知三联书店出版社，2007年版，283页。
② 莫里斯·梅洛-庞蒂：《知觉现象学》，姜志辉译，北京：商务印书馆，2001年版，第534页。
③ 马丁·海德格尔：《存在与时间》，陈嘉映、王庆节译，北京：生活·读书·新知三联书店，2006年版，第226页。

第5章 时间自我

"此在"的生存论分析具备了源始性。从时间上来说，我们获得的只是对"此在"当下的生存论分析。而现象学—存在论探索的是阐释可能的一种方式，阐释的前提是"此在"先行具有的整体性和源始性。然而沉沦的"此在"："这种存在引导着此在的日常解释并从存在者层次上遮蔽着此在的本真存在，结果使指向这一存在者的存在论不能获得适当的基地。"[1]

海德格尔说，"对现象学的领会在于把它作为可能性来把握"[2]，现象的对立面则是遮蔽。无论是偶然的遮蔽，还是必然的遮蔽，都会使得只要"此在"在世界中存在，它就具有不透明的本质，或者说其本真的能在就是不完整的，就无法将"此在"与被遮蔽的存在作为整体来把握。

唯一的可能就是给"此在"设定一个终结，否则只要其存在，就得为其可能所是的东西操心。于是海德格尔引入了生存论的死亡概念，如此才能够使"此在"既为本真的能在，亦是作为整体存在。只有面向死亡存在，才能使"此在"摆脱在世的沉沦状态，并作为本真的整体能在，这样就把存在引入了时间的视域。

存在进入时间并总是在时间中显现自身，由"此在"的面向死亡存在可知，它是被动的存在，只有人才具有向死存在的死亡意识，只有人才是能够使时间彰显存在意义的存在者，于是在时间与存在中，人的主观性就受到了限制。

米德的符号自我扎根于社会文化中，在时间中展现自身。相比于海德格尔的某种神秘主义与悲观情绪，米德及其实用主义者们要乐观得多。尽管在他们的时间现象学中，时间仍旧规定了自我是面向死亡存在的生物。然而符号自我不但可以暂时跳出某个时间系统的约束，还能够为处于时间系统中的事物制定规则，用规则控制事物，在某种程度上就是对时间的掌控。

符号自我之在世，忙于对各种意义的解释以及自身的超越，用符号—行为或事件对抗因追求本真整体能在而产生的现世中的沉沦。既然无法把握那个永远无法企及的整体本真性存在，由此而产生不可名状的存在性焦虑；不

---

[1] 马丁·海德格尔：《存在与时间》，陈嘉映、王庆节译，北京：生活·读书·新知三联书店，2006年版，第355页。

[2] 马丁·海德格尔：《存在与时间》，陈嘉映、王庆节译，北京：生活·读书·新知三联书店，2006年版，第45页。

如脚踏实地地在符号自我的有限性内,接受时间的现实性,考虑如何超越当下的经验,从而扩展自身的观察力和理解力。

但这并不是说,符号自我的时间属于传统的流俗时间观,毫无疑问,未来才是符号自我时间观念中的核心。只是这种未来是阶段性的短期未来,类似于布罗代尔(Fermand Braudel)所说的历史时间中的"短时段",它对应的是符号自我的日常生活中的个体事件。

这种"短时段"相当于某个符号表意的暂时完成阶段,至于该符号在其后的表意范畴,必定会受到其影响,而非决定,由此符号的表意不能窥一斑而见全豹,据此来预言其后的符号表意趋势。与此相对,克罗齐(Benedetto Croce)宣称在任何个别事件中都可发现全部的人类历史,照此分析,那么历史本身则无叙述的必要。

相比于海德格尔对自我、存在与时间的论述,萨特的观点更接近于米德实用主义"我行动,我存在"的符号自我。存在先于本质,这是萨特对存在问题的精确表述。在"自在存在"与"自为存在"之间,萨特更注重于后者,即人的意识在行动中的自我超越性。

这种超越性在时间轴上类似于符号的运动过程,但是不同于物理时间,萨特的时间是三维时间的现象学,萨特说:"时间性明显的是一种有组织的结构。过去、现在、将来这所谓时间的三要素不应当被看作是必须凑合在一起的'材料'的集合……研究时间的唯一可能的方法就是把时间性当作一个整体加以剖析。这个整体制约着它的次级结构并赋予它们以意义,这是我们永远不应忘记的。"[①]

萨特把人的意识分为对象意识、自我意识和反思意识,其中的对象意识也即前反思意识,是纯粹透明意识。但是萨特说,在这种纯粹意识中根本不存在胡塞尔或康德所言的先验自我。他举了一例子:当我读一本小说的时候,我只有对小说中的文字、主人公、情节的意识,但是传达这个意识的我并不栖身在这个意识中,它只是一种对象意识。

对象意识除了虚无什么也没有,它是塔拉斯蒂所说的"前符号"(Pre-sign)阶段。意识因为是虚无,所以不受限制,有绝对自由——选择对象的自由,

---

[①] 保罗·萨特:《存在与虚无》,陈宣良等译,北京:生活·读书·新知三联书店,2007年版,第145-146页。

第5章 时间自我

并且要为此承担责任。当意识超越对象时，存在一个对意识本身的否定，并进而超越意识完成对自我的肯定，自我显现出来，自我意识和反思意识也同时显现出来，这是符号运动的超越阶段。

比如当我在意识中想起《米格尔街》这本小说时，我意识到我不是这本小说，于是首先否定我是这本小说，当我意识到这本小说在书架上时，书架作为小说存在的背景被虚无化，我只能否定《米格尔街》不是别的任何东西，它只能是作为一本小说存在。

如此看来，作为"前符号"阶段的虚无并不是什么都不存在，相反，它意味着任何可能性的存在，这一切都源于人的自由本质。在人成为他所是的那样之前，什么都不是，它只是一种它自己造就的可能。虚无来自人的选择自由，一旦选择某个对象必须展开实际的行动，借助于世界中的"物"来超越、置换虚无，从而变得有存在的意义，这是符号的行动阶段，仅靠符号自身不能展开这样的行动，首先得有对象的存在，他人的存在，因此萨特说单独一个人是不会庸俗的。

主体的符号超越运动在萨特那里停留在否定阶段，他是通过否定来肯定，萨特这种用现象学的一元论取代主体哲学的主—客二元论，其目的就是论证人的无限自由，在全面否定中不断超越。然而当主体否定之后回头审视自身时，发现仍旧未能摆脱虚无的笼罩，于是不得不再进行新的否定性超越，因而主体的符号运动在此过程中并没有一个巩固意义的根基（Ground）。

与之相对，米德的符号自我在时间轴上同样展开自身的超越，不同的是，符号自我被置于时间轴上的先后顺序，符号自我的超越经历两个阶段：否定和肯定。当"主我"沿着时间轴运动，此时它是一个几近于漂浮的能指，朝着自己想象的丰盈的存在移动。当其在现实中受到各种阻力或挫折时，它开始停下身来从外在于自身的符号反思自我，并做自身的部分否定行为。

"主我"的部分否定明显没有萨特的自为否定那么绝对和彻底，萨特的自为以全面否定自身对抗虚无。《恶心》中的洛根丁过着平淡的生活，某一天在海边捡起一颗石子扔向大海，那一刻他陷入了突如其来的困惑，开始喃喃自语："我看见了一个东西，使我极为厌恶，我现在已经忘了那是石子还是大海。"他像是滑进了无底深渊，所有的依托荡然无存。

而米德的"主我"在超越进程中同样面对内心的复杂斗争，却不是采取一刀切的全盘否定方式，它必须参考"客我"以及"广义他者"的意见，出于维持某种相对的稳定结构而言，主体小心翼翼地遵循"大胆假设，小心求证"的温和线路。

"主我"在历经否定的阶段之后，自身开始产生分裂，一部分沉淀下来，成为依附于"广义他者"、代表符号自我内部稳定秩序的"客我"，即为符号主体超越的第二个阶段：肯定。而另一部分则继续形成新的"主我"，继续朝前运动。因此米德的符号自我在时间轴上的超越运动，是一个充满时间张力的图式，允许主体在某一时刻作片刻的停留反观自身，作循序渐进式的改良，这本身符合实用主义的符号自我模式。

5.3 时间与自我同一性

在西方哲学中，对自我同一性（或人格同一性）的探讨循着对自我认识的发展，一般分为本体论、认识论和存在论的三种进路。前两种进路还可以称为静态自我同一性，而基于存在论的自我同一性也可称为动态自我同一性或实践论自我同一性。显然，米德的实用主义符号自我同一性属于后一种。

5.3.1 时间与自我同一性的两个维度

从本体论和认识论出发，是主体哲学研究自我同一性的两个维度。

古希腊精神追求理性确定性和普遍必然性，赫拉克利特说：人不能两次踏进同一条河流，意即我们不可能在经验世界中遇到两个相同的自我，沿着毕达哥拉斯、巴门尼德的时间观，其后的柏拉图和亚里士多德等试图在一个超验的理念世界中寻求同一性。中世纪，随着奥古斯丁自我存在之谜的提出，自我同一性于是被归结为灵魂不朽与上帝永存的问题。

到了笛卡尔的理性主义，他开始把自我同一性的问题与自我意识联系起来，作为"我思"的自我意识和认识自我的逻辑起点。只要"我思"必定"我在"，自我同一性等同于"我思"的自我意识。不过笛卡尔意识到了时间的存在对自我意识永恒性的威胁，于是他又论证了上帝的存在与不朽，于是就把自我同一性看作是上帝天赋的观念，自我的主体成为超越时间的实体，于是自我同一性就成为与上帝永恒本质一样的绝对同一性。

第 5 章　时间自我

约翰·洛克作为经验主义者，同时也是一个二元论者。他从经验的直觉出发，认同笛卡尔关于自我的存在是自明的观点，同时也相信自我是一个存在的实体，不过经验主义的不可知论使得洛克并没有规定这个实体的本质是什么，而只是简单地认为自我就是能思想、有意识的东西。

不同于笛卡尔，洛克认为身体也应当成为自我的一部分，并且是自我同一性的存在物理基础。因此洛克说："人的同一性就在于一个组织适当的身体。"[①]而自我同一性的内容，则是由自我意识构成："因为意识既然常常伴着思想，而且只有意识能使人人成为他所谓的'自我'，能使此一个人同别的一切能思想的人有所区别，因此人格同一性（或有理性存在物的同一性）只存在于意识。而且这个意识在回忆过去的行动或思想时，它追忆到多远程度。现在的自我就是以前的自我，而且以前反省自我的那个自我亦就是现在反省自我的这个自我。"[②]

洛克的时间是线性的时间观，关注当下的即刻经验，只要承载自我意识的身体存在，自我意识在整个生命过程中就是同一的心灵实体，现在的自我与过去、将来的自我是同一个自我。

同作为经验主义者，休谟却对自我同一性作了彻底的反驳，因为休谟不相信有任何先验的观念或确定的知识，任何感官的印象都必定发生在观念之前。而时间只是我们的印象和观念的联结，据此休谟断言："时间不能单独地或伴随着稳定、不变的对象出现于心中，而总是由于可变的对象的某种可以知觉的接续而被发现的。"[③]

感知或知觉的印象是碎片状的流动性，从来没有恒定不变的印象，比如我们的各种情感：快乐、悲伤、喜悦，从不会同时存在。于是自我就是一个时时变换的被知觉的流动印象。当我意识到自我时，所意识到的总是恰好在那个时间点上显现的知觉："任何时候，我总不能抓住一个没有知觉的我自己，而且我也不能观察到任何事物，只能观察到一个知觉。"[④]

休谟颠覆了笛卡尔的心灵实体概念，也解构了洛克自我意识同一性的观

[①] 约翰·洛克：《人类理解论》，关文运译，北京：商务印书馆，1959 年版，第 306 页。
[②] 约翰·洛克：《人类理解论》，关文运译，北京：商务印书馆，1959 年版，第 310 页。
[③] 大卫·休谟：《人性论》，关文运译，北京：商务印书馆，1996 年版，第 48 页。
[④] 大卫·休谟：《人性论》，关文运译，北京：商务印书馆，1996 年版，第 282 页。

点，走向了另一个极端：忽略认知主体，重视经验对象。于是就由绝对自我同一性转向绝对自我非同一性，在同一段时间内，心灵由各种杂乱无章的经验表象组成，在不同的时间内，更谈不上自我同一性的问题。

休谟从不可知论和经验论出发对心灵实体自我同一性的解构是有积极意义的，同样留有遗憾的是，他没有从自我意识统一经验表象的角度去理解自我同一性。直到康德，在调和理性主义和经验主义之后，把自我分为经验自我和先验自我。康德相信经验不能解释自身，必须得有一个超越于经验之外的认知主体，它具有先天地整合各种经验材料的先验意识，这种意识乃是维系一切表象之所以可能的必然条件。

康德还修正了休谟的时间概念，康德认为时间不是经验，乃是经验事物存在之本质，事物之存在必须以时间为前提。先验自我整合各种经验材料必须通过内感官的时间形式，而康德所说的自我同一性就是先验自我的这种统摄经验对象的能力，"它在一切判断中都总是同一个我"[①]。

然而康德这里的意思并不是说自我是作为一个像笛卡尔那样的恒定实体，在康德看来，自我是变化的。即便如此，先验自我作为整合经验的逻辑主体，其思维、认识、判断的逻辑结构不会变，如多米诺骨牌中推倒第一张牌的力，传递到最后一张牌，仍然保持不变。因此在康德这里，自我同一性就不再是作为被认知的对象（笛卡尔和洛克等人都是如此），而是作为使一切表象活动之可能的纯粹认识主体。

先验自我统摄客体的逻辑结构被黑格尔代之以绝对精神，他的自我同一性指的是主体与客体的同一，在现实世界中以"他物"（他物非物质，而是外在观念）的形式存在。自我意识的任务就是把主客同一中的"他物"扬弃掉，回归自身，以既是主体也是实体的"绝对精神"显现出来。

"绝对精神"作为超越时间的存在，是自我意识的先验结构，黑格尔的贡献在于：其一，自我意识的自反性结构是一个发展的过程，而非先天品质；其二，他人的显现是构成自我意识必不可少的环节。

黑格尔对自我同一性的探讨已经超出了意识哲学封闭自我的范畴，开始显现为一个向他人敞开的结构，这是黑格尔的独特贡献。只是"绝对精神"

---

① 伊曼努尔·康德：《实用人类学》，邓晓芒译，上海：上海人民出版社，2005年版，第21页。

第 5 章　时间自我

在黑格尔的自我意识中力量过于强大，他人的显现不过是作为被自我意识扬弃的对象，实际上并不能构成真正意义上的主体间性结构。

胡塞尔从康德自我同一性理论中受到极大启发，他也把自我分为"经验自我"与"先验自我"。而"经验自我"连同外在的经验对象，被胡塞尔运用现象的方法悬置起来，存而不论。只考虑作为经现象学严格还原之后的纯粹意识的自我极，在指向客观世界并使意识自身获得意义同一性方面，与康德的"先验自我"具有相同的逻辑结构。

不过胡塞尔的这个"先验自我"功能更为强大，它不但在自我意识中构造时间，还是构造符号世界的形式基础。从两个方面，胡塞尔发展了康德先验自我作为自我同一性的逻辑主体。

其一，胡塞尔继承了他老师布伦塔诺（Franz Brentano）的意向性概念，然而当涉及任何所谓的外在符号时，胡塞尔都指出意向对象并非实在对象，而是意识给予对象的赋义行为，这样就解决了布伦塔诺"对象的意向非存在"的问题。胡塞尔认识到了意向对象所具有的表层结构和深层结构的复杂性，据此自我意识的意向性认识主体不再是被动地等待对象，而是具有主动地选择和构造意向对象的活动。

胡塞尔把这种意向性构造称为意向活动的本质，它是先验自我意识的深层结构，具有超稳定性和共时性。使得自我成为具有能动性的意向构成主体，而不仅仅是一种容纳既定经验的框架，这种能动主体既能够构造意识对象的形式，也能够构造意识对象的内容。

其二，胡塞尔把在康德那里被看作是作为认识事物表象直观形式的时间，改造为内在时间意识。用一个色子来举例，胡塞尔区分了它的客观时间性和内在时间性。在客观时间中色子的显现应当被悬置起来，而作为这个色子本身存在的观念却内在于意识中，色子在内在意识中存在的观念就是上面提及的"对象性意义"。

胡塞尔把这种将思维对象作为总体统一性在意识中的显现称之为"综合"，类似于康德的先验统觉，而使之称其为可能的则是内在时间意识。"内在时间意识本身的显现方式是意向体验"[①]，不过在康德那里只是静态的横

---

① 胡塞尔·埃德蒙德：《笛卡尔式的沉思》，张廷国译，北京：中国城市出版社，2002年版，第59页。

向时间结构，且体验不具有主动性。胡塞尔的意向体验从作为先验主体所具有的"综合"能力来说，同样具备这种共时的超稳定结构，即"横向意向性"[①]，或符号构成当中的聚合轴。

不过在胡塞尔看来，构成先验自我意向性体验的实在世界中的对象，"只有在流动的普遍统一性形式中才是一个可共存的宇宙"[②]。这是胡塞尔超越康德的地方，先验自我意识在内在时间中构造意向对象并同时展现自身，于是，胡塞尔就把时间和发生的内在关系联系起来考虑，自我同一性既表征为"横向意向性"，也表征为"纵向意向性"（或符号组合轴）。

时间、自我及意向对象之间就有了普遍发生学的关系："按照这种普遍的发生学，在流动的被给予方式的某种意向行为—意向对象的形式结构中，过去、当下和未来总是一再地构造为一体。……自我，在某种程度上可以说是独立地在一种'历史'统一性中把自己构造出来的。"[③]

因此，康德的先验自我同一性只在静止的共时或横向时间结构中展现自身，也就是说，康德的认识论只在符号的聚合轴一个维度上展开，必定导向封闭的逻辑主体。胡塞尔在此问题上引入内时间意识，先验自我意识的意向性既是横向的也是纵向的，在符号运动的两条轴上都可以自由地进行意向对象的构造活动。

不过后人在评价胡塞尔自我同一性问题时，认为胡塞尔实际上存在与黑格尔相似的问题，即自我同一性趋向于敞开地面向他人的开放结构，但为了确保先验自我的逻辑同一性，他人就像被置于"风洞实验"边缘的颗粒，面临随时被吸纳进风洞中心的后果。

经验世界的种种可能性都得为先验自我的存在随时做出牺牲，这样做的目的就是确保先验自我的同一性能够持续下去，"而不管我是否恰好现实地经验到这样一些对象"[④]，我对它们不必负任何责任，一切都为了确保先验自

[①] 倪梁康：《纵意向性：时间、发生、历史：胡塞尔对它们之间内在关系的理解》，《哲学分析》，2010年第1卷第2期，第60页。
[②] 胡塞尔·埃德蒙德：《笛卡尔式的沉思》，张廷国译，北京：中国城市出版社，2002年版，第102页。
[③] 胡塞尔·埃德蒙德：《笛卡尔式的沉思》，张廷国译，北京：中国城市出版社，2002年版，第103页。
[④] 胡塞尔·埃德蒙德：《笛卡尔式的沉思》，张廷国译，北京：中国城市出版社，2002年版，第104页。

我的同一性，由此导致的后果是自我的个体性和现实性被悬置掉了。

5.3.2 米德论自我同一性

从笛卡尔到胡塞尔，本体论或认识论所追求的自我同一性，不外乎是为了将自我建构为永恒和超越时间的主体，为此就得论证存在确定性和必然性的知识作为主体的根基，无论经验对象呈现何种变幻，主体自我整合与构造意向对象的逻辑结构都具有超稳定性，在这种意义上，自我同一性具有绝对必然性。

当米德谈论自我同一性的时候，他并不是像休谟那样认为自我只是感知的碎片，全无中心性。或者像尼采那样拒斥自我同一性，认为"主体的范围始终忽大忽小，体系中心点不断偏移"[①]。持客观相对主义的观点，米德认为自我同一性只是相对的存在。

与本体论或认识论的自我同一性相比，米德在以下三点上与之意见相左。

其一，对确定性和必然性的追寻。米德的"主我""客我"结构和功能大致相当于康德或胡塞尔的"先验自我"与"经验自我"。然而康德或胡塞尔对于自我的经验部分基本不作过多描述，忽略自我与符号世界的关系，全力维系先验自我的纯粹统觉功能，并由此构成了绝对性意义上的自我同一性。

对米德来说，自我的存在总是处在生成过程中，作为一个在时间中绵延的符号结构，自我的命题永远不要试图认识我是谁，这是主体哲学的任务，事实表明他们在这方面的努力没有得到想要的答案。符号自我应当关心的是：通过当下的努力，我可能会成为什么样子。正如海德格尔所言，基于此在的生存论建构，"人是某种超出它自身的东西"[②]。

主体哲学对绝对自我同一性的追求，以便证明具有确定性和必然性的知识存在，在杜威看来是为了逃避现实中的危险。然而单从心灵出发"在认识上寻求确定性的办法业已被废弃了"[③]，面对经验世界的多变性和流动性，

[①] 尼采：《权力意志》，孙周兴译，北京：商务印书馆，2007年版，第255页。
[②] 马丁·海德格尔：《存在与时间》，陈嘉映、王庆节译，北京：生活·读书·新知三联书店，2006年版，第57页。
[③] 约翰·杜威：《确定性的追寻：关于行知关系的研究》，傅统先译，上海：上海人民出版社，2005年版，第223-224页。

在符号表意之外寻求意义之在场，必然会导致由先验自我维系的自我同一性患上存在焦虑的妄想症。

其二，自我同一性与自我独立性的关系。主体哲学意在通过先验自我的绝对理性和权威。将社会上的个体意识纳入其逻辑主体的结构中，并试图将这种先验的"统觉"作为整合世界经验材料的唯一合法形式。自古希腊以来至近代哲学基本上行进在一条追求超越个体经验和实在的整体理性之路上，这种思想的关键在于："第一，只有在固定不变的东西中才能找到确定性、安全性；第二，知识是达到稳定确切的东西的唯一道路；第三，实践活动是一种低级的事物，它之所以是必要的，是因为人类具有兽性和从环境中竞求生存的需要。"[1]

然而在思想史上也不乏持相反意见者，比如莱布尼茨（Gottfried Wilhelm Leibniz）的"单子论"就认为凡物莫不相异，宇宙中的每个单子都从不同的侧面反映了宇宙的面貌。针对这个问题的立场，作为实用主义者的米德并不排斥在普遍性和特殊性之间的内在联系，从黑格尔的辩证法那里得到启示，米德认为作为个体的自我能够将两者统一起来。

具体做法就得承认普遍性是产生特殊性的源泉，类似于某一个符号的意义阐释，它若想获得自身的意义体系，必须得有一个存在的框架，在此框架中它借助其他符号在交互作用中向前运动。

然而纯粹理性主义者们并没有注意到这些，他们始终坚持普遍性的意义只能作为逻辑存在于意识中。直到黑格尔对这个问题进行修正，开始在一种动态自我的基础上将个体经验纳入普遍性范畴，自我开始在自身外部获得意义阐释的空间。米德对此评价说："在通向真理的经验道路上，自我首次被赋予了一种明确的功能。在此之前，自我通常被认为是通向真理的障碍，代表着与普遍性相对立的特殊性。"[2]

将自我纳入社会过程，与保持其独立性和个体性并不违背，就某个符号的表意而言，它自身的有限性并不能使其穷尽社会文化的全部意义，符号自

---

[1] 约翰·杜威：《确定性的追寻：关于行知关系的研究》，傅统先译，上海：上海人民出版社，2005年版，第37页。

[2] George Herbert Mead, *The Philosophy of the Act*, Charles W. Morris, ed. Chicago: University of Chicago Press, 1938, pp. 634-635..

第5章 时间自我

我的结构扎根社会文化中，是以其展现社会文化的不同侧面和角度呈现自身，因为它是一个可能的存在，自身无法完全领会自己，旁人也做不到这一点："每一个个体自我都有其独特的个性和形式；因为个体自我在有组织的结构中的社会行为，是从其独特的立场出发反映社会过程的形式。……因此个体自我所共存的社会根源和结构并不排斥它们散布在中间的差异性，也不否认它们事实上存在的程度不同的个体性和独立性。"[1]

第三，自我同一性是否包含客观经验材料。主体哲学所谈论的自我同一性，追求永恒和必然的对象，而客观经验材料受时间规定，易于流逝，于是被置于与理性相反的地位："由于观察的科学材料不能统摄于理性科学所提供的形式与原理之内，这种观察性的科学便和实际事物一样为人们所轻视。它们和理性科学的完善实体比起来，是较为低下的、世俗的和平凡的。"[2]

不屑于客观经验材料的短暂和流逝，形而上学于是将自我同一性的根基置于主体之内，尽管柏拉图早就提出了"存在"的问题，然而哲学家们并没有真正懂得"存在"的内涵，在研究它之前就假定了主体的在场，而且自身充满丰盈的意义场域，以上帝之手操控着可感和流动的客观经验世界。

此种意义上的自我同一性实际上就是自我中心论，它坚持用一种既定的完善的理性去认知同样是事先存在的经验材料。从时间上来看，认知主体与对象都位于过去，于是在承认自我同一性之外，也就没什么创造性和进步性可言。符号学家和存在主义者们对形而上学的自我中心论提出了最为激烈的批评，皮尔斯称形而上学已成为"一门软弱无力、东倒西歪、腐化堕落的科学"[3]。

先验主体对客观经验材料的强大统摄力，使得后者完全不具备对抗来自于先验主体的任何规训，而符号"成为存在的第一步是反叛"[4]，或者萨特

---

[1] George Herbert Mead, *Mind, Self and Society*, Chicago: University of Chicago Press, 1934, pp. 201-202.

[2] 约翰·杜威：《确定性的追寻：关于行知关系的研究》，傅统先译，上海：上海人民出版社，2005年版，第19页。

[3] The Peirce Edition Project, ed. *The Essential Peirce: Selected Philosophical Writings*, Vol. 2, 1893—1913, Bloomington: Indiana University Press, 1998, p. 375.

[4] 埃罗·塔拉斯蒂：《存在符号学》，魏全凤、颜小芳译，成都：四川教育出版社，2012年版，第13页。

意义上的原初否定，或者米德更具社会化色彩的冲突。

而当感觉经验材料被独立运动的主体吸纳，两者最后成为洛特曼（Jury Lotman）所说的同质的同心圆，因此，"所有基于融合和浸合原则上的交往和传播形式从根本上只会破坏交往"①。与符号的生成与存在法则根本不匹配："在符号与它的对象的关系上，符号是被动的。符号是被对象决定的，而且符号不影响决定它的对象。"②

自我同一性必须被看作是处于交往关系的运动的符号结构，因此米德说，现时代的哲学不那么具有超验性了，"它关心的是我们能在经验中找到的东西"③。从存在本身来探讨自我同一性，存在"就不是上帝，不是世界根基，'在'还是一切在者"④。

以上米德与本体论或认识论在自我同一性理解上的分野，都意味着从超出主体自身的角度来理解自我同一性。比如威廉·詹姆斯曾经提及的一个人的自我包含多种所有关系，他的身体、精神、衣服、房产、朋友等都属于自我的财产，并可归类为物质自我、社群自我、精神自我和纯粹自我。

当谈论自我同一性时，詹姆斯把它归结为一种"温热与亲密"的情感，而非认知的层面，就像库利："很明显，以第一人称代词为名称的观念中的显著的东西，是一种特殊的感觉，这一感觉可以被称为'我的感觉'或者专有感。几乎任何一种观念都可以和这一感觉联系起来，被命名为'我'或'我的'，但是这一感觉，好像只有这一感觉本身是问题的决定因素。"⑤

在米德及其他实用主义者，比如皮尔斯、杜威看来，他们更强调自我同一性是基于认知和实践层面，如果仅仅是自我感觉则是肤浅的。皮尔斯认为存在独立于我们观念之外的事物，依靠感觉仅能获得事物的表层意义，而认知理性可以通过推理得到一个真结论；在杜威看来由感觉产生的直接情绪容

---

① 埃罗·塔拉斯蒂：《存在符号学》，魏全凤、颜小芳译，成都：四川教育出版社，2012年版，第14页。
② 科尼利斯·瓦尔：《皮尔斯》，郝长墀译，北京：中华书局，2003年版，第101页。
③ George Herbert Mead, *The Philosophy of the Act*, Charles W. Morris, ed. Chicago: University of Chicago Press, 1938, p. 627.
④ 徐崇温：《存在主义哲学》，北京：中国社会科学出版社，1986年版，第103页。
⑤ 查尔斯·霍顿·库利：《人类本性与社会秩序》，包凡一译，北京：华夏出版社，1991年版，第108页。

第5章 时间自我

易将自我导向武断、偏执、狂热的状态。

同样在米德的概念中，分析自我同一性应当从认知的层面考虑："当思考自我的本性时，其重心应当放在自我的思维层面，构成自我核心及其基本结构，乃是自我意识而非情感性经验或生物神经。因此自我本质上属于认知的层面而非情感的现象。"①

詹姆斯和库利所谈论的自我同一性源于一种情感性的自我感觉，并不是凭空的自由想象。而是如詹姆斯所说的自我的肉体、精神力量和财产，当我意识到它们属于我时，在内心意识中所激发出的某种令人兴奋的东西。

在时间的范畴内，这种自我感觉强调的是一种符号在场感，或符号的身份属性，具有某种非常私密的性质。"这是符号能量的一种自然绽放"②，由此而产生的符号占有欲或归属感，然而在意识流的支配下，非常不具有稳定性。

这主要是源于只有两个主体（如果把詹姆斯所感觉的肉体、精神或财产以及库利的"镜中自我"也看作是被感觉的主体）参与了符号行动。詹姆斯坚持认为自我同一性就是基于"经验之间的温热感所形成的一种相似性连接"③，尽管库利指出自我的社会交往性质，然而他在表述自我的判断能力时，认为它更多地取决于想象的直觉，而不是推理论证。与米德认知的和实践的层面的自我同一性相比，都不具备自反性的内容。

应当说，米德的自我同一性是在形而上学与威廉·詹姆斯之间取了一个中间值。前者坚持绝对的认知层面自我同一性，后者的彻底经验主义否定了有实质上的自我同一性存在。两者都具有二元论倾向的思维，并从主体内心意识出发（包括库利的镜中自我），呈现为完全的自我私密性。

米德自我同一性是自我认知层面和实践层面的统一体，强调自我的实践层面使得符号摆脱了完全私密化的内心对话，以一种间接的、公开被讨论的方式让自身的意义变得厚重，体现了皮尔斯所说的符号被对象决定的观点。而自我的认知层面则保证在符号行动中，符号的主动性和控制力，当进入符号表意环节时，由之前的符号被对象决定的关系，就转换为"符号决定着意

---

① George Herbert Mead, *Mind, Self and Society*, Chicago: University of Chicago Press, 1934, p. 173.
② 诺伯特·威利：《符号自我》，文一茗译，成都：四川教育出版社，2011年版，第123页。
③ 维之：《人类的自我意识》，北京：现代出版社，2009年版，第266页。

义"①的关系。

自我同一性的两个层面都没有恒定的本质,查尔斯·泰勒(Charles Taylor)认为早在 16 世纪文艺复兴开展得如火如荼的时候,蒙田(Michel. de. Montaigne)就以其冷静的观察意识到人类生活的无常。蒙田也曾试图通过反思自身寻找一种存在于人类内心普遍和永恒的本性。"但是,对蒙田来说,事情并不以这种方式出现。有某种迹象表明,当他坐下来写作而转向他本身时,他体验到了可怕的内部不稳定性:无论我们本身还是客体,都不是永恒不变的存在。"②

作为符号的自我总是处在与对象相互联系的社会系统中,因而符号自我的同一性就是非由自身能完全决定。当符号与对象都处在变化的过程中时,符号表意开始,经历否定和肯定两个阶段,一个符号表意过程暂时中止或完成。

此时,在符号自身主动性和控制力的操控下,它实现了自身预设的目标。目前状态下,符号有能力将表意的各环节统摄于自我意识中,且沿着横向时间轴展开,类似于康德或胡塞尔自我同一性的符号横向表意。其情形大致如下:符号主体在意识中巡视并将自身看作对象,展开内心对话,以一种自我安慰或妥协的方式达成内部意见的一致,并表达出像《加勒比海盗4》中杰克船长一样的言说:永远不要妄图知道自己的末日,生命的奥秘就在于活在当下。

米德说,当事物成其为所是的那一刻,就达到了自身的同一性。或许米德说的就是这个意思:在符号完成一个表意过程的那一刻,它只是暂时或阶段性地达到了自身同一性。当它以一个存在者的身份作片刻的停留,并以一种自我感觉式的自我意识在横向时间轴上展现同一性。

与此相对,米德同样表达过任何存在总是意味着不存在,符号的生命运动不会休止,它必须得沿着时间轴做纵向的位移。当符号反观自身的时候,符号具有的自反性使它还要从自身外部寻求反思的逻辑起点。

此时符号经常会将自身所形成的系统与其他系统之间进行比较,并阐释两者的差异,它发现了自身的不圆满,于是形成一种卢曼(Niklas Luhmann)

---

① 科尼利斯·瓦尔:《皮尔斯》,郝长墀译,北京:中华书局,2003 年版,第 101 页。
② 查尔斯·泰勒:《自我的根源:现代认同的形成》,韩震等译,南京:译林出版社,2001 年版,第 267-269 页。

所说的普遍意义上的缺失感（Lack-ness）："任何被认知的存在都不是存在。作为被认知了的我，我绝不是我自身。作为被我认知了的存在，这存在绝不是存在自身。一切被认知的存在都是一种形成了的存在。形成了的存在是一种经过特殊把握了的东西。但同时又是一种蒙蔽性和束缚性的东西。"①

于是萨特的虚无开始涌现出来，克尔凯郭尔体味到了成为存在主体的艰难，雅斯贝尔斯开始考虑在当下心满意足与朝向未来闪烁之光中做出何种抉择。对于米德来说，他必须得开始考虑其中涌现的各种未知因素。符号主体在实现自我同一性的同时，很快就成为另外一组符号关系中的客体，此时它无法完全掌控自身的行动。

符号主体经历着由否定向肯定超越的过程，它同时位于旧的符号系统和新的符号系统之中。通过自反性外在的反思，它发现并强化了自身存在与外在符号系统的差异性，依靠符号生命内在的欲望、冲动以及集体力量的召唤，符号主体力图趋向于寻求同一性。

符号自我就在这种同一性和差异性之间来回博弈，就其自身作为一个意义的容器来说，总体上呈现为螺旋上升的态势。但是符号自我必须容忍这种交替上升所带来的苦闷，如果将符号的超越力量归结为某种"欲望"，那么正如柏拉图所说：人生之苦闷，其一是来自于欲望没有被满足，其二是欲望得到了满足。

---

① 卡尔·雅斯贝尔斯：《生存哲学》，王玖兴译，上海：上海译文出版社，2005年版，第11页。

第6章 社群自我

符号自我在社会交往中不断进行自我超越运动,否定和肯定的环节反复出现,并相互重叠于符号表意的任何阶段。基于我们之前的命题,符号自我的有限性,它无法完全阐释自身,更不可能在一个空虚的时空中自在存在。为此,它不得不在各种交往关系中选择对象,在不断超越自身的同时,与其他符号自我共同建构意义栖身的语境——社群。

在社群中,符号自我既是意义阐释的主体,也是作为被阐释的文本存在。符号自我单独无法决定自身的形态,它必须置身于某个相互联系的"阐释社群"中维持一种主体间性的关系。

经典实用主义者当中,皮尔斯、杜威和米德都是社群观念的倡导者,并在社会与自我的关系上发展出了各自的社群观念。除去其中的差别,经典实用主义的社群观念强调社群中符号表意的普遍性、规则、意义共享、达成共识,在此基础上,构建多元、平等、自由的自我。

6.1 经典实用主义的社群观念

6.1.1 科学方法:皮尔斯与试推法

经典实用主义社群观念的兴起,与科学方法的认知论有着密不可分的联系,然而我们这里所谈论的科学方法非一般意义上的,比如数学的或物理的方法。传统科学方法运用一种非常严谨的推理逻辑能力,最终目的在于给出一个标准或确切的答案,具有很强的目的性。即便在当今很多人文学科中,这种科学方法也屡见不鲜,比如实证法在人文科学中的广泛应用。

经典实用主义所谈论的科学方法,消除了传统形而上学的理性权威,从过去对确定性和必然性的追寻转向对非确定性与可能性的接纳。推理的方式

第6章 社群自我

由自我中心转向与交往对象的双向互动,把讨论的话题置于一种公共平台上,在此符号意义可以不断被阐释,此过程中不断有新的符号主体加入进来,逐渐形成一种受规范和秩序制约同时又不断冲破规范和秩序的"阐释社群"。

当然符号的表意不是没有边界,出于一种摆脱原子式个体和自我决定论的需要,它必须通过科学方法的认知论形成与社群意见的交流,并进而成为社群的一分子。

从社会发展史来看,这在美国镀金时代的思想转向上表现得异常明显:"在原来的启蒙哲学中,思潮是指向个人主义的,是将以往的总体观重新分解。在1870年之后的思潮中,重点在于整体而非局部——在社会学中,重点放在人类社会的历史进程上;在生物学中,重点放在从低级到高级的进化上。个人,在经过如此的社会和政治分析之后,变得不再是孤立的、自我决定的实体了,而是延续生命之流的工具,产生于过去而面向着未来。……随着这种概念的建立,长期以来指向哲学无政府主义的运动停止了。整体性原则注定将逐渐取代个人主义的分散性原则;秩序定将取代任意性。"[1]

经典实用主义者当中,皮尔斯同样也是一位科学家,作为新观念的创始人,皮尔斯对科学方法的阐释最为翔实。他认为只有通过科学方法的认知论,符号自我才能真正成为社群中的个体。毫无疑问,"科学"的观念在皮尔斯的思想体系中占有重要的位置。皮尔斯一直致力于建立一个与笛卡尔思想迥然不同的理论体系,因此,皮尔斯要做的,就是反对笛卡尔提出的科学的定义。

笛卡尔认为,通过自明性的直觉以及必然性的演绎,人类可以获得确定性和明晰性的知识,而"确定性和明晰性的知识"在笛卡尔看来就是科学的全部概念。皮尔斯反对这种科学的传统观点,科学主要关注的不是"确定的知识",也不是"系统的知识",更不具有某种工具性目的:"对于皮尔斯而言,科学的本质不在于它的真理,而是它的不懈追求真理的奋斗。"[2]

皮尔斯坚信,任何一个确定的问题都有完美的解决方式,站在这样的立场上,皮尔斯批判笛卡尔的普遍怀疑论:"相反地,皮尔斯认为,人们应该从普遍的信念开始,但是当任何个别的信念面临着相反的证据时,人们应该愿

---

[1] 沃浓·路易·帕灵顿:《美国思想史:1620—1920》,陈永国等译,长春:吉林人民出版社,2002年版,第943页。

[2] 科尼利斯·瓦尔:《皮尔斯》,郝长墀译,北京:中华书局,2003年版,第46页。

意放弃它。"①

在给出什么是科学的方法之前，皮尔斯首先对传统认识论的三种方法进行了批判。

首先是固执的方法（The Method of Tenacity），这种方法会让人们对已有的信念墨守成规，"只要他坚定自己的信念不动摇，一切都会很圆满"②。比如，当某个人确信死亡即意味着灵魂和肉体的毁灭，在他的生命中完成了某些基本的仪式，他就会坚信死亡后就会步入天堂，而不会留下任何的遗憾。但是皮尔斯说，这种确定信念的方法在实际中禁不住推敲。特别是在一个社群当中，个人的意见往往会受到来自社群内部其他成员的影响。它实际意味着：个人信念的确定，不存在于个体，而是存在于社群当中。

第二种是权威的方法（The Method of Authority），这种方法长久以来一直扮演着支持神学伦理和政治教条的角色，通过意识形态国家机器，将统治者的观点强加于人民，同时打击和排斥异类。很显然，这种权威的方法在多元化的社会发展形态面前注定要失败的。文艺复兴时期哥白尼提出的"日心说"，"二战"时期希特勒的法西斯统治垮台都足以说明，当集体意向性不再认同某个系统的身份功能时，它便会走向衰落。

第三种方法皮尔斯称之为先验的方法（The Method of Priori），在对事物的认知上，我们往往依赖先验的理性来确定某个信念。但是皮尔斯认为这种方法的问题在于：先验的方法禁不住时间的考验。因为理性的东西在这个时间节点上被认为是正确的，而在另外的时间节点上则值得怀疑。相当多的理性则来自于经验，如果不是伽利略在比萨斜塔上的实验，人们很长时间内都会认为重的物体比轻的物体下落得快。

以上三种方法无法确定我们的信念，关键的因素在于在这些方法中，信念的确定完全由自我自行决定。如此不符合符号表意的法则，理论上，符号表意具有无限的延展性，如果由符号自身决定其表意范畴，实际上意味着符号表意的终结。

为此就得在符号自身之外，即超出符号控制能力的范围之外寻求认识事

---

① 科尼利斯·瓦尔：《皮尔斯》，郝长墀译，北京：中华书局，2003年版，第47页。
② Justus Buchler, ed. *Philosophical Writings of Peirce*, New York: Dover Publications, Inc., 1955, p. 12.

第6章 社群自我

物的方法,皮尔斯称这种方法为科学的方法(The Method of Science)。它的前提是:"存在着真实的事物,它们的性质完全独立于我们对他们的看法。那些实在的事物依据固定的法则影响着我们的观念,尽管我们的感觉就像我们和对象的关系一样是不同的,然而,利用知觉的法则,我们可以利用推理来确定事物的本来面目。任何人,只要他有足够的经验和理性,他最终都能得出一个真实的结论。"[①]

确立了科学方法的态度之后,如何通过具体的论证达到一个我们所想象的"真结论",皮尔斯认为有三种方法:演绎法(Deduction)、归纳法(Induction)、试推法(Abduction)[②]。在研究的早期阶段,皮尔斯认为演绎法缺乏创新性,它只能在一个固有的封闭系统内运行;归纳法和试推法两者有相似之处,它们都可以为不确定的未来提供可能性的知识,两者的根本区别在于:"在皮尔斯的框架里,归纳法仅仅能够为最后的观点提供证实的过程;而试推法的目的不在于利用假设得到最后的观点,而在于假设本身——或许是(May-be's)什么的问题。"[③]

因此只有试推法才是真正意义上的科学方法,在推论之前,存在一个可能的假设,试推法的目的就是寻找与假设相关联的证据来验证它。从而使得这个假设无限接近其实现的可能性,这是一种对符号无限衍义的解释方法,重在其中的推论过程,而非最后的结果。

如此就会存在两种可能性,在试推过程中要么能够得到一个与我们之前想象接近的"真结论",要么得到一个与之相反的结论。两种结论都是无限靠近真相,结论若相反,则对之前的符号表意进行否定并修正表意路线,若结论接近,则对之肯定继续进行衍义。

---

① Justus Buchler, ed. *Philosophical Writings of Peirce*, New York: Dover Publications, Inc., 1955, p. 18.

② 关于"Abduction",国内学界对此译法比较具有代表性的有:哲学界译为"外展推理"(徐向东,2000);语言学界译为"不明推论"(丁尔苏,2000)、估推(沈家煊,2001);逻辑学届译为"假设推理"(江天骥,1984)、"试推法"(钱易,1991)、溯因推理(陈波,2002);符号学界译为"试推法",参见赵毅衡:《符号学原理与推演》,南京:南京大学出版社,2010年版,第109-112页。

③ Douglas R. Anderson, "The Evolution of Peirce's Concept of Abduction", *Transactions of the Charles S. Peirce Society*, Vol. 22, p. 151.

这种对事物的认知方法，是皮尔斯在笛卡尔的普遍怀疑主义与柏拉图的独断主义之间采取的第三条道路。皮尔斯推崇科学的认知方法，但并不盲从，他不认同笛卡尔式的纯粹理性的科学，在掺杂人类情感的符号表意问题上，严密的逻辑推理显得过于死板。

皮尔斯做了一个类比，笛卡尔式的科学更像一根链条，某个环节脱落整个链条就会扯断。从试推法出发的科学则像由数根线组成的绳子，某根线断掉绳子本身不受影响，况且科学论证的过程中会不断有新的符号元素加入。

试推法所要面对的是一个开放的文本，我们可以从普遍的信念开始。在推论过程中，很有可能会发现有充分的证据与我们所坚持的某个信念发生冲突，因为没有任何一个信念是绝对肯定的，这就是皮尔斯的"易谬主义"（Fallibilism）。

皮尔斯的科学方法与易谬主义之间并不冲突。科学方法的最终目的是在论证过程中提高我们的推理能力，是一个面对符号文本不断变化进行阐释。

通常认为杜威的实用主义主要继承的是威廉·詹姆斯的传统，杜威甚至标榜自己的实用主义为"工具主义"（Instrumentalism）。但是我们不能单纯地将这种"工具主义"理解为解决实际问题的工具，所谓的工具指的是面对事物不确定性所采取的一种思考问题的思路或方法。

杜威同样反对单纯从自身产生的直接而自明的知识，这种知识的产生源于现代社会人类存在的不安全感，常常面临各种不确定性。因而急于寻找一种正当或非正当的手段来暂时避免这种不确定性状态，当找到一种这样的手段能够暂时趋利避害之后，人们以为知识就从中产生了，并将这种知识作为此后指导行为的真理。这种获得知识的方法，在杜威看来是"人们把确定感和一个确定的情境混为一谈了"[①]。这与科学方法的本质不符，而且容易导致武断、权威与偏执，必将束缚符号自我的发展。

若要掌握科学的方法，必得先有科学的态度，这种态度要求当自我在实践中遭遇各种疑难，不是急于寻找一种手段将其排除。而应当对疑难本身持有"好奇"，不急于下结论，而是从疑难本身出发，"使晦暗不定的东西发展

---

① 约翰·杜威：《确定性的追寻：关于知行关系的研究》，傅统先译，上海：上海人民出版社，2005年版，第175-176页。

而成为稳定清晰的东西"①。这才是科学的方法，其本质在于探寻的过程，而不是穷尽对象和自身。

真正的知识来自于主体与自然界事物的交往关系，然而它只能对符号表意的结果进行预测："符号也是一件在自然中发生的事情。随着符号的发展，这种交互作用便倾向于预计的后果，这时候，这种交互作用便具有智慧的性质，从而产生了知识。"②

同样，在米德看来，科学的方法就是从某些假设入手。前提是符号是按照一定的规则组织起来，并在规则的制约下进行表意过程，且符号的表意过程具有相似性，因而由符号构成的世界才是可知的，这同样是一个假设："科学并没有绝对的证据来证明世界能够得到完美的阐释。它只能是发现了所谓少数的自然法则。然而，我们仍然要坚持整个自然是可阐释的这样一个假设。……我们是从法则的角度来认知世界的，但是我们并没有假定任何一条法则就是最后的阐释，我们期待它们能够不断地改变。"③

6.1.2 符号自我与社群的关系

尽管在经典实用主义者当中，对科学方法的阐述具有一致性的意见。然而运用科学方法阐释符号的目的，在于无限接近意义的真相，单独某个人无法完成这个命题，需要在一种符号自我之间互动的状态下进行意义阐释，为此符号自我不得不存在于某个符号系统中与其他符号自我之间构成一个意义相对稳定的社群。

那么符号自我在社群中应当处于什么样的状态，在经典实用主义者当中却存在分歧。对皮尔斯来说，用试推法在符号表意推理过程中，所出现的偏差，根源在于符号自我的特异性。符号自我作为个体在本质上呈现为碎片状："无论个体拥有什么，它却并不包含独立性的存在。皮尔斯个体理论（只是

---

① 约翰·杜威：《确定性的追寻：关于行知关系的研究》，傅统先译，上海：上海人民出版社，2005年版，第176页。
② 约翰·杜威：《确定性的追寻：关于行知关系的研究》，傅统先译，上海：上海人民出版社，2005年版，第180-181页。
③ George Herbert Mead, *Movements of Thought in the Nineteen Century*, Chicago: University of Chicago Press, 1936, pp. 266-273.

人类个体）的要旨在于，我认为那只是一种社会性的存在。"①

在皮尔斯看来，通过科学方法论证的不断证实与证伪，我们就有可能得到那个最后的真相。但是凭借符号自我个体的力量是无法做到这一点的，由于个体片面性的存在，这种科学探究或论证只有在社群的统一行动下才是可行的。

皮尔斯一直坚持这样的观点：真理本质上是与社群联系在一起的。"在皮尔斯的早期思想中，社群的功能作为一种认识论的典范：社群意见的一致明确了真理与实在，社群是思想进程到达顶峰的所在之处。"②

在皮尔斯后期的研究中，社群的观念发生了一些改变，科学方法在社群当中凸显了更为重要的作用。总的来看，根据皮尔斯的观点："个人在社群当中应当放弃自我的个体性，从而达到一种普遍和谐的状态。"③

皮尔斯在符号自我与社群关系的论述中似乎忽视了符号自我的主体性，不过皮尔斯认为，符号自我的主体性作为一种"存在"，会在社群当中被过滤掉，这是社群成员达到认识真理的前提。

皮尔斯认为，符号普遍存在于我们生活的世界当中，任何的交流行为都要依赖符号的表意，包括自我的形成、人的思想、自我的结构都是符号化的。根据前文论述的皮尔斯关于科学方法的认知论，符号自我并不是先验的存在，而是在后天的习得中形成的，符号表意存在于自我形成的这个过程中。

在与社会环境的相互作用中，有两个前提对于符号自我的形成具有决定性的意义。其一是语言的习得，随着儿童年龄的增长，他能够理解到在一定的声音和形象之间具有逻辑联系；其二是符号自我的对话性，例如当一个儿童听妈妈说火炉是烫的，不能去触摸，但是他并不觉得如此，而是用手去触摸，感觉到火炉果然是烫的，于是他会在观念中否定之前的自我，他会在内心与自己对话，一个新的自我将出现在未来的时刻当中。

---

① Riley Gresham, "Peirce's Theory of Individuals", *Transactions of the Charles S. Peirce Society*, Vol. 10, 1974, p. 163.

② Joseph P. Demarco, "Peirce's Concept of Community: Its Development & Change", *Transactions of the Charles S. Peirce Society*, Vol. 7, 1971, p. 25.

③ Joseph P. Demarco, "Peirce's Concept of Community: Its Development & Change", *Transactions of the Charles S. Peirce Society*, Vol. 7, 1971, p. 35.

第6章 社群自我

符号自我对话性的根源来自于皮尔斯的易谬主义，个体独立地无法实现真正的自我认知，只有借助于社群外在的普遍知识，个体才能在自我形成的过程中不断修正某些错误和无知，因此最后形成的自我在皮尔斯看来具有玻璃一样透明的本质："个体的人，由于他的不同的存在只有通过无知和错误来显现，从他与他同类、与他自己的将来和他们的将来的不同点上来看，他只是一个否定。这就是人，高傲的人，对于他最肯定的最无知的是，他的玻璃一样透明的本质。"①

于是在皮尔斯的早期思想中，符号自我被还原为社群的性质，"成为人类自我特征的是完全否定性的东西"②。它们由无知和错误构成，这与中世纪的奥古斯丁"我犯错我存在"的观点是一致的。因而在社群中，符号自我的自由意志和主体性被社群的意见吸纳，完全成为透明的符号载体。

与皮尔斯相比，早年的米德也曾持有与皮尔斯一致的立场。转向实用主义之后，米德开始认识到，这种将自我还原为社群性质的新黑格尔主义立场不符合民主的精神。米德开始关注如何在一个社群中保持自我的主体性，显然一种自由、平等和独立的符号自我理论是建构民主观念之必需。

根据米德的观点，应当追问社群的构成成分是什么。显然在皮尔斯那里，社群是由一个个具有否定性的符号自我构成，因此符号自我才具有完全透明的性质。符号自我本身没什么秘密可言，并且都是在社群意见指导下成为社群的一员，各成员之间似乎不存在什么差异性。

相比较而言，米德的观点是：构成社群的是不同符号自我之间的交往关系："自我出现在经验中，主要是以'客我'的面目出现在它所属的社群中。……他是社群中的一分子，有其独特性，然而这个特定个体在社群中的实现不是自我，而是他作为一个分子的社群中他与他人之间的关系。"③

这实际上说出了符号自我的多面性，因为人在社会交往中，要与不同的人

---

① The Peirce Edition Project, ed. *The Essential Peirce*: *Selected Philosophical Writings*, Vol. 2, 1893—1913, Bloomington: Indiana University Press, 1998, p. 5. 转引自科尼利斯·瓦尔：《皮尔斯》，郝长墀译，北京：中华书局，2003年版，第115页。
② 科尼利斯·瓦尔：《皮尔斯》，郝长墀译，北京：中华书局，2003年版，第115页。
③ George Herbert Mead, *Mind, Self and Society*, Chicago: University of Chicago Press, 1934, p. 136.

产生人际关系，他必须不停地变换身份与之交往，所以一个人应当有着多个不同的社群。在自我与社群的关系上，米德与早期的新黑格尔主义发生了决裂，他开始认识到不是自我完全属于社群，而是符号自我拥有多个社群身份。

符号自我在社群中呈现的，只是某个身份，从时间上说，身份属于过去的建构物，所以符号自我进入社群的，只是整体符号自我中的"客我"部分，"主我"的一部分成为"客我"进入社群，另外一部分则游离于社群之外，观察并控制符号自我的行为，"主我"的晦暗不明以及不确定性构成了符号自我的半透明状态。

符号自我与社群的这种关系类似于卢曼社会系统中的"一阶观察"与"二阶观察"，因为人类社会文化的二元对立特征，"客我"的符号身份进入社群并与其他成员之间交往，社群身份暂时遮蔽了符号自我的其他身份，两者形成对立，但后者不显现出来，而社群身份也无法意识到，此时它是一个强符号，被遮蔽的身份则作为弱符号，两者力量不对等，否则就会出现吊诡的情形，自身相互矛盾或出现人格分裂。

而"主我"则会观察到这种二元对立，它清楚社群身份只是自身的暂时状态，而非必然的和唯一的，因此也可以采取另外一种身份参与社群交往。但是就"主我"来说，它依然不是全知全能的，它在观察"客我"社群身份的同时，自身也存在被遮蔽和排除的部分，对未来的各种可能性，它无法完全把握。

根本上，社群不过是各种符号在此相遇，并获得元语言进行文化描述的环境。像洛特曼的"符号域"，"符号域"作为一个开放的符号系统，内部符号的二元对立性和差异性构成了内部结构的不对称性。符号自我的社群身份在其中作为一个子系统存在，在与其他子系统的交往中相互博弈，此消彼长，巩固现有的意义内容，打击和排斥异类，逐渐将无序的世界结构化，沉淀下来成为符号自我的相对稳定的"客我"部分。

既然社群具有如此强大的文化整合力量，那么符号自我的性质是否由社群决定。或者如塔拉斯蒂所说的，符号自我作为主体，与周围世界围绕我们的符号域之间，是环境决定符号自我的命运还是由其内在决定。

米德同样面对这个问题，并且表现出了矛盾的地方，一方面他所坚持的生物符号学并不排斥人的内在欲望和生命力，而有时候又过分强调社会性对

第 6 章 社群自我

自我的形塑:"作为个体动物的人绝不可能控制环境。人对环境的控制是通过社会组织兴起的语言,人的思维机制都是社会产物。只有采纳个人所在社会群体的态度,个人才能够获得自我。个人必须要社会化,然后才能够获得自我。"[1]

在另外一些地方,他又表示:"在某种程度上,有机体是通过它的感受性来决定自己的环境,并对之做出反应。因此,有机体能够存在的环境是由其本身控制的。……它选择以什么构成环境,对之做出反应,并为了自身的目的而利用环境,这些目的存在于有机体的生命过程中。"[2]

在结构主义的视野中,比如福柯,符号主体的秩序性被无处不在的权力体系侵占、断裂,于是构成非中心化的、分散的空间,符号主体最终消失,它只是受秩序规训的产物。包括我们上面提及的洛特曼的"符号域",以及皮尔斯的透明的符号自我。此外列维-施特劳斯在他的《神话和意义》中把自我比作是一个空虚的场所,每个人都是事件发生的被动交叉点。

于是社群成为形塑符号自我的场所,"没有符号或文本可以从其他符号中独立出来单独起作用"[3]。主体被周围的符号所缠绕,自身的个体性被周围的符号吸纳,失去了主体性的符号成为一个受内在规律支配的结构,其本身能够进行自我调节。不需要向外部寻求帮助,与其他的符号域或社群之间也不交往。

进化论和行为主义的观点给米德提供了理论支撑,尽管在符号自我与社群的存在关系上,其表述有相互矛盾的地方。不过米德仍然坚持这样的观点:自我意识的自反性允许我们想象一个独立存在的自我。这里主要指的是符号自我中的"主我",它的一部分进入社群之后被同化为社群自我,而另一部分或一个新的"主我"依然与社群之间保持着距离。

符号自我本身作为一个系统,为了满足现实和想象的需要,必须不停地

---

[1] George Herbert Mead, *Movements of Thought in the Nineteen Century*, Chicago: University of Chicago Press, 1936, p168.

[2] George Herbert Mead, *Mind, Self and Society*, Chicago: University of Chicago Press, 1934, p. 245.

[3] 埃罗·塔拉斯蒂:《存在符号学》,魏全凤、颜小芳译,成都:四川教育出版社,2012年版,第 206 页。

进行超越行动。借鉴斯宾塞（Herbert Spencer）的社会有机体概念，米德发展了他的生物符号学，并认为有机体在进入某个系统之前，能够自行决定自己的生活环境，也就是说，有机体有选择环境的自由。

当然这种选择的自由来自于符号自我的"主我"，我们可以自行决定以某个身份进入社群，作为被阐释的符号或文本，必须进入与其他符号的相互关系中。社群也须以丰富的多样性和开放性给予符号自我选择的自由，以吞噬个体独特性为代价的社群自身也将变得贫乏。

6.2 符号规则

符号自我一旦进入社群关系，就不得不遵守社群内符号表意的一系列规则。就像在一场游戏当中，参与者只有领会了游戏规则，才能使游戏进行下去。因此指导符号表意的符号规则是意义产生和交流的重要因素。

6.2.1 社群中的意义建构：符码与隐喻

米德在分析自我产生的过程时，曾经区分了玩耍和游戏的阶段，在游戏阶段，儿童必须采取所有参与者的态度，遵守游戏规则，所有参与游戏者构成了一个有组织的社群，通过规则的制约，社群对其中的成员行为加以控制，而控制规则生成和意义解释的则是符码。

符码对意义的控制主要侧重于应用的社会维度，符号表意的首要环节，就是将有意义的符号进行符码化。这样，符号就有了携带意义的文本进入交流过程，传达到接受者那里再进行意义解释或曰解码。约翰·菲斯克（John Fiske）区分了符码的两种分类：行为符码（Behavior Code）与意指符码（Signified Code）。

行为符码指的是在符号发送者与符号接受者之间，符号意义具有一致性，"解码必须遵从编码，忠实地还原复制编码"[①]。比如在足球比赛中，规定罚点球的位置必须是距离球门十二码。当然在行为符码中，也不是永久固定不变，规则改变，就要对符号意义进行重新编码。同样以足球比赛为例，加时赛从过去的实行金球制的"突然死亡法"到如今的必须打满上下半场共三

[①] 赵毅衡：《符号学：原理与推演》，南京：南京大学出版社，2011年版，第224页。

第6章 社群自我

十分钟。

意指符码指的是对符号文本进行编码的解释方式,通常符号编码者与解码者之间,因文化、语境等因素对符号的意义理解不一致。斯图亚特·霍尔(Stuart Hall)在分析受众观看电视节目时形成三种解码方式:主导—霸权式符码(Dominant—hegemonic Code)、协商符码(Negotiated Code)、对抗符码(Oppositional Code)。①最近还有学者提出一种更为积极的第四种解码,即创造型解码方式。②

无论是哪一种符码,都是用于传递符号意义的中介,并且在符码的使用过程中,依赖使用者共同的文化背景。可以确定的是,由符码构成的元语言集合维系着社群内部关系的稳定结构。

不同的社群所使用的符码存在差异性,社会学家伯恩斯坦(Basil Bernstein)在研究底层劳工和中产阶级家庭儿童语言使用状况时发现,两种家庭的儿童使用的是两种完全不同的话语类型。劳工家庭出身的孩子使用"限制型符码"(Restricted Code),中产阶级家庭出身的孩子倾向于使用"精密型符码"(Elaborated Code)。在角色关系处理上,后者具有比前者更为灵活与充满弹性的空间。

不过符码不能单独建构起符号文本的意义体系,比如艾柯就认为符码是作为一个系统而存在,它包含句法、语义以及行为三个部分。巴尔特在分析流行服饰的符码结构时认为,服饰符码应当包含能指结构、所指结构以及符号结构三个部分。

无论符码是作为一个系统还是一个结构,它都是连接形式和意义之间的一种控制机制,或者说,符码就是一种意义转换机制:"它们系由有限状态的因素集合而成,这些因素又是由偶对方式构造并受某些组合规则制约,……在社会科学界,这样的系统几乎总是能够得到承认和确立,从而揭示:这样一种系统怎么才能传达另一类系统的所有或若干成分,而后者在某种程度上

---

① 斯图亚特·霍尔:《编码,解码》,王广州译,选自罗钢、刘象愚主编《文化研究读本》,北京:中国社会科学出版社,2000年9月第1版,第345-358页。
② 陆正兰:《回应霍尔:建立第四种解码方式》,《南京社会科学》,2011年第2期,第42-45页。

又与前者相联系（反之亦然）。"①

也就是说，符码只有在形式和表意之间构成某种关联功能时，才能得到社群中成员的确认。正如上文所指出的，符码是一个文化问题，比如巴尔特在分析一件长袖羊毛衫时指出其中蕴含的服饰符码：

长袖羊毛开衫·领子·敞开=轻松随意

长袖羊毛开衫·领子·闭合=庄重正式②

又如注重个人隐私权的北美人，非常在意人际关系中存在的空间符码，两个人在交流中的身体距离表明两者的关系亲近程度，如下：

距离小于 6 英寸=亲密关系

6~21 英寸=亲朋好友关系

1.5~4 英尺=一般关系

4~6 英尺=安全距离，适合聊天

7~12 英尺=正式交谈

因为符码不能单独建构日常生活中的意义体系，必须得借助某种手法的符号修辞，其中最重要的是隐喻。隐喻就像是粘合意义系统和符码系统的语义胶，相比于其他的符号修辞，更容易在日常生活中建立起各种潜移默化的规则。

亚里士多德在《诗学》中提出了隐喻的概念，他认为隐喻就是将一事物的名称转用于另一事物。相对于奇文怪字的艰涩和平铺直叙的直白，只有隐喻能恰到好处地产生一种建构意义的效果。不过亚里士多德的古典修辞学仅限于从言语的层面上来考虑隐喻的功能，在亚里士多德之后，对隐喻的研究逐渐走向狭隘化。

现代符号学对隐喻的研究则已经扩展到日常生活世界，在一个相对稳定的社群中，隐喻的结构无处不在，并且以非常隐秘的方式支配着社群成员的思维和行为，不容易为人所知，它以一种自然而然、简单直接的形式传达某种符号形式的抽象内涵。

---

① 乌勃蒙托·艾柯：《符号学理论》，卢德平译，北京：中国人民大学出版社，1990 年版，第 43 页。

② 罗兰·巴尔特：《流行体系：符号学与服饰符码》，敖军译，上海：上海人民出版社，2000 年版，第 69 页。

第6章 社群自我

维科（Giambattista Vico）把隐喻归结为人的想象力，他的意思指的是人们在面对日常生活中的隐喻结构所产生的思维反应和联想功能，由最初的形象思维演化为抽象思维系统。但是人的想象力不断推动隐喻的结构发生变化和运动，因此人类系统也一直在变化，据此他推导出人类文明演进的四个阶段。

但是仅靠想象力并不能完全说明隐喻结构的产生，隐喻结构类似于皮尔斯符号分类中的"比喻像似"，隐喻的功能依赖的也是形式和意义之间的像似关系。隐喻的产生存在于社群成员之间的交往关系，基于众人的普遍同意和接受，在形式和意义之间具有某种像似性。这里的像似性当然不是指外形上的相似，而是具有文化关联性。

换言之，隐喻结构必须得在使用中形成，经过社群成员的共同推理论证，达成某种社会契约。一旦社群中的某种隐喻结构形成，在一段时期内就能维持意义的稳定性。处于稳定表意状态阶段的隐喻结构，对塑造社群成员的自我意识来说，扮演着重要的认知功能。

理查兹（I. A. Richards）在《修辞哲学》一书中拓展了亚里士多德对隐喻的理解，他认为隐喻不是一种单纯的语法修辞，更多的是一种认知意义的功能与获取知识的方式。隐喻结构的形成得有经验基础，比如社会上称呼记者为民主的"看门狗"，是因为在记者和看门狗之间具有隐喻的基础——对应着忠诚、良心等。两者具有相似的意义而成为文化规约，因此隐喻的结构植根于社群成员的日常生活经验。

社群中的隐喻结构建构了意义系统，一旦这种意义系统形成，对社群中的成员思维和行为就具有文化和心理上的强制性。会在潜意识中告诉自己：只有这么做才不会被排斥。比如英国文化中要求街上行人避免直视对方，目光的接触被认为是不礼貌的行为。

隐喻结构对人们行为的影响可以看作是某种规则，对塑造自我的社群意识起着重要的功能，由此形成的是自我内涵中的相对稳定结构，或者是米德符号自我中的"客我"部分。因此拉可夫（George Lakoff）说："有相当一部分社会现实和个人经验都是通过规约性的隐喻构造出来并被理解的。"[①]

不过隐喻只是具有相对的稳定性，拉可夫和约翰逊（Mark Johnson）根

---

① George Lakoff, *Metaphor and Thought*, Cambridge: University of Cambridge Press, 1993, p. 244.

据隐喻的规约程度不同,将隐喻分为"规约隐喻"与"新的隐喻";保罗·利科(Paul Ricoeur)把隐喻分为惯用隐喻与活的隐喻,前者指的是"言语向语言的回归"①,后者指的是言语,两者会在口头禅和多义性之间循环,说明隐喻是一个动态的变化结构。

6.2.2 传统符号学框架内的规则

传统符号学中,通常认为规则就像是自然的法则不可更改,符号的表意要受到规则的支配,比如索绪尔在对"语言"和"言语"的分析上,他把语言称为使用规则,把言语称为人们遵守语言规则的实际使用。如果把语言和言语的这种关系扩展到非语言符号领域,索绪尔认为符号学就是:"它将告诉我们符号是由什么构成的,受什么规律支配。因为这门科学还不存在,我们说不出它将会是什么样子,但是它有存在的权利,它的地位是预先确定了的。"②

也就是说,符号的构成要受到规则的支配,换言之,对社群来说,成员的行为要受到社群规则的支配。这种支配性的符号规则在现代社会通常表现为三种形式。

其一,建构个人权威与现代神话。罗兰·巴尔特认为,自西方社会理论语言学转向之后,出现了一种新的流行神话,巴尔特称之为"现代神话",在关于什么是现代神话的定义上,巴尔特有一个非常简单的回答,他认为:"神话是一种讲述。"③是一种传播的体系,一种意指作用的形式。

巴尔特用符号意指化的两个序列说明了现代神话的产生过程:在第一个序列当中,符号的能指与所指产生明示意,并且作为第二个序列的能指,神话就产生于符号的第二序列意义之中,在神话产生的过程当中,语言扮演了特别重要的角色。

通过引用法国黑人士兵面对法国国旗敬礼的例子,巴尔特指出,神话的功能在于指出某事,并且将其意义体系强加在我们身上接受它。神话与一般

---

① 保罗·利科:《活的隐喻》,汪堂家译,上海:上海人民出版社,2004年版,第167页。
② 费迪南·德·索绪尔:《普通语言学教程》,高明凯译,北京:商务印书馆,1999年版,第38页。
③ Roland Barthes, *Mythologies*, New York: The Noonday Press, 1991, p. 106.

第6章 社群自我

历史相关联,通过语言掠夺,将意义转化为形式,使历史自然化。

现代社会的神话除了巴尔特所引用例子建构的政治神话之外,社群中更多地表现为个人神话,个人神话通常表现为一种个人权威,他的言行具有左右社群意见的力量,或者成为社群成员模仿和崇拜的对象,因而具有一种符号化的权力。

比如对于追求时髦的人来说,时尚设计者在那些以追逐时尚为人生目标的社会群体中具有绝对的魅力,他们就是时尚的风向标:"赶时髦从来不需要任何理由与专业技能。专家们一定会通过展示他们的资格或者切身的研究成果表明规则的正当性,但是时尚设计者们既不会用个人喜好左右民意,也不会援引任何研究成果。他们只是通过必要的引导告诉公众:这个时节最流行的是什么。"[1]

其二,制度性规则。在米德看来,社群中不仅存在"广义他者",还存在"广义的社会态度"。这使得社群自我出现成为可能,因为交往合作的需要,社群成员共同规约某些行为方式,共同遵守,在它面前,社群成员具有一致的反应。这就是我们所称的制度,它"体现了社群成员对某个情景的一种共同反应"[2]。

约翰·塞尔把制度性规则看作是一种社会事实,它们之所以能支配人们的行为,是因为人类的集体意向性(Intentionalite Collective)具有赋予事物某种身份或功能的能力:"能够制造社会事实的能力是一种以生物学为基础的能力,人类和其他物种共同享有这种能力:也就是说是一种集体意向性的能力。集体意向性只不过是在人类之间或者动物之间合作的框架下,共同分享意图形式的现象。"[3]

当集体意向性认同某些制度性规则之后,它们就具有支配人们行为的能力。不过这些能力非制度规则本身所固有,比如符号学家常引用的一个例子:

---

[1] Theo Van Leeuwen, *Introducing Social Semiotics*, London: Routledge Press, 2005, p. 67.

[2] George Herbert Mead, *Mind, Self and Society*, Chicago: University of Chicago Press, 1934, p. 261.

[3] 约翰·塞尔:《自由与神经生物学》,刘敏译,北京:中国人民大学出版社,2005年版,第60页。

交通信号灯的颜色转换意味着不同的交通规则，它告知行人或车辆应当采取什么样的行为方式是正确的，否则就可能因违反交通规则被惩罚。但信号灯本身没有这种能力，这种能力来自于人们集体意向性的承认。

制度性规则起作用的方式要通过某种再现系统，即一种使它发生效用的中介，得以在我们的思维中显现，"这种方式应该是语言的或者是象征的"①。比如刚刚提到的交通信号灯，它是以成文的规则告知给社群成员，要按照规则行事。因此言语行为作为社会制度的基础，我们获得言语的过程，同时也是不断自我认证的过程。

其三，社会中的某些仪式或禁忌。在象征人类学看来，文化就是一套符号系统，所形成的隐喻结构蕴含着深厚的文化意义。社群中的文化符号系统被建构为各种各样的仪式行为，从而成为社群日常生活中的禁忌。其目的是维系一整套既定的社会规则，将社群成员的认知纳入规范系统，防止社会中越界的行为发生，让系统中有秩序的存在事物各安其位、各安其命。

迪尔凯姆与莫斯（Marcel Mauss）在《原始分类》中发现，自然中的事物被分类归属，它们之间存在的包含和排斥关系并非是在自然界中存在这种先验的逻辑秩序，或者生命个体本身具有这种先天的能力。事实上，自然事物分类秩序的动力来自于社会中的集体表征或意识，在符号分类与社会秩序之间具有严格的对等关系。

至于康德先验论中的自然本身有其内在的逻辑结构，因而赋予我们的心灵一种超验力量，迪尔凯姆评价说："我们没有任何证据认为，我们的心灵天生就包含有整个分类框架的基本原型，而且这个原型有完整的构造。"②

迪尔凯姆强调分类的社会基础，任何分类都是基于社群成员的集体意识，社群中的各种分类图式、概念、范畴，往往是通过节日、习俗等符号化的仪式行为表征出来，仪式就是"在集合群体之中产生的行为方式"③，这些符

---

① 约翰·塞尔：《自由与神经生物学》，刘敏译，北京：中国人民大学出版社，2005年版，第68页。
② 艾米尔·迪尔凯姆、马塞尔·莫斯：《原始分类》，汲喆译，上海：上海人民出版社，2000年版，第8页。
③ 艾米尔·迪尔凯姆：《宗教生活的基本形式》，渠敬东、汲喆译，上海：上海人民出版社，2006年版，第8页。

第6章 社群自我

号化的意识行为本身在集体情感的认同下，具有了制度化的权力，既构成了日常生活中的基本逻辑，对社群成员的行为来说，也构成了不可轻易逾越的禁忌。

禁忌不仅存在于文明不发达的古代社会，即便在现代社会生活形式中，禁忌也会出现很多衍生形式，继续发生效力。比如渔民出海打鱼之前忌讳吃鱼时翻动鱼肉，如此有可能在海上招致翻船的诅咒；现代社会文明虽然发达了，但是开车的人在餐桌上同样也忌讳翻动鱼肉……

弗洛伊德认为禁忌可能代表了两个层面的含义，崇高神圣的或者神秘危险的："塔布（Taboo）所代表的禁忌和宗教或道德上戒律不一样。它们并不建立在神圣的宗教仪式上，而建立在自己本身身上。它与道德戒律所不同的方面，主要是在于它没有明显的、可以观察到的禁忌声明，同时，也没有任何说明禁忌的理由。塔布，既没有理由也不知道它的起源。虽然，它们对我们来说是一种不智的，甚至迷信的，可是，对于那些在此统治下的人们来说，则成为当然的事情。"[1]

人类学家玛丽·道格拉斯（Mary Douglas）通过对《旧约·利未记》中饮食禁忌的分析，得出结论说，凡是可食的动物，都是洁净的，反之则是肮脏的。道格拉斯认为，这不是卫生、道德或本能的问题。这样规定的根源是由于分类的需要，因为"圣洁是上帝的属性，其根本的意义就在于'分别出来'"[2]。其根本目的在于创造和维持秩序，日常生活中的肮脏或污秽"是由头脑的区分活动创造出来的，它是创造秩序的副产品"[3]。肮脏的意味着脱离了事物的本来秩序，有可能破坏秩序，因而是危险的。

当然现代社会中的禁忌会随着文化不断变化，并逐渐脱离原始的思维，有可能成为习惯、传统或道德规范。不过维系事物秩序的功能并没有变化，比如鞋子穿在脚上被认为是正常的，而放在餐桌上则被认为是肮脏的。

---

[1] 弗洛伊德：《图腾与禁忌》，文良文化译，北京：中央编译出版社，2005年版，第20页。
[2] 玛丽·道格拉斯：《洁净与危险》，黄剑波等译，北京：民族出版社，2008年版，第64页。
[3] 玛丽·道格拉斯：《洁净与危险》，黄剑波等译，北京：民族出版社，2008年版，第196页。

6.2.3 相反的观点

传统符号学认为人是受规则制约的个体，社会符号学对规则有不同的看法，他们认为无论是产生自文化的规则还是制度性的规则，都是由人制定的，因此人能够改变规则。这个看法与米德本人的观点具有相似性（在米德那里，更多的是把规则称为制度），自我作为一个符号，每个人都有属于个性化的自我。在米德的表述中，他认为规则制定的主体是人，社群中的规则越多、越细分，意味着人掌握了更多的规则，从而获得了更多的自由。

由人来支配社群中的规则与遵守规则并不矛盾，社群的关系必定得由某种稳定的结构或秩序来维系，这些力量不外乎来自于人们对规则的顺从。只要这些规则不是极权统治的产物，而是来自于像迪尔凯姆所说的集体意识，它就不会像铁板一块，完全禁锢社群成员的思维和个性："认识到这一点是非常重要的，即对这些社群的成员来说，按规则办事并未让他们意识到非常不体面地屈从于外部强加的那些规则。这些规则已经被同化，甚至带有个人化色彩，用当下的行话来说：每个人都拥有个性化的自我。"[1]

人们制定的规则分成不同的种类，有的具有弱编码特征，有的具有强编码特征，还有的可能兼具两种特征。根据这一点，约翰·塞尔将人类制定的规则分成两种：调节性规则与构成性规则[2]。前者具有强编码特征，比如交通规则规定行人过马路必须走人行横道；后者有可能既是强编码也是弱编码，比如中国象棋的游戏规则，"马"走"日"，"象"走"田"，"车"走一条线，这是不变的。但是具体的下棋路数却不固定，允许下棋者发挥想象力和创造性出奇制胜。

根据米德的观点，制度性规则指导下的有组织的社会行为是符号自我形成的基础。只有将社群中的"广义他者"的经验纳入自身的范畴，并获得一种象征性的符号化才发展出社会性的自我，但是这并不妨碍符号自我的个体特征："正如个体的自我一样，社会制度是在人类进化的社会生活中发展起来的特有的形式化的表现。它们并不必然破坏社群成员的个性，也不用狭隘地

---

[1] Theo Van Leeuwen, *Introducing Social Semiotics*, London: Routledge Press, 2005, p. 58.

[2] 约翰·塞尔：《自由与神经生物学》，刘敏译，北京：中国人民大学出版社，2005年版，第64页。

第6章 社群自我

规定固化某种行为方式。……相反，它们只在一般意义上规定社群成员的行为使之对社会负责，为社群成员的行为创造性、灵活性和多元性留有广阔的空间。"①

就社群本身作为一个系统来看，在与其他系统的争夺中如果不被淘汰就得不断更新自身以保持差异性。比如人类对于洁净的绝对追求将导致无差别化的状态，但同时也破坏了社会文化二元对立的特性，如果土壤去除掉所有杂草，自身也将变得贫瘠。因此人类所需要的洁净只能是存在于符号系统，而不是绝对的活生生的现实，正如威廉·詹姆斯所说的，最完美的哲学就是对否定性事物终极性的肯定。

另外，从现代社群中的边缘文化来看，它们自身拥有一套对抗规则制约的文化符码，其再生性保障了它们的文化自主性。比如，北美亚文化群体所使用的"隐语"："如果主导文化已学得了这种代码，抑或这种代码经筛选，进入了中产阶级的词汇中去了（如黑人的很多隐语就是这样），于是新词就必然要发明出来。"②

尼达姆（Rodney Needham）在为迪尔凯姆和莫斯的《原始分类》所写的序言中，指明了一个事实：社群本身或者社群成员在对待系统内部规则的时候存在"符号倒置"（Symbolic Reversal）现象。具体来说，就是对于规则的主动违逆。这既表现在与该社群起源有关的神话传说上，也表现在社群成员日常生活的某些仪式上。

比如，制定严格的法规对婚姻和性关系进行限制是人类社会的普遍特征，在这种规则下，乱伦被视为禁忌，违规者要受到严厉的惩罚。但是尼达姆在考察某些社会群体后指出一个令人吃惊的事实："在某些社会中，甚至在那些继嗣制度已经使乱伦变得不可想象的社会中，神话竟把整个民族、某些群体或者某些人员说成是一次原初行为的后裔，而这种行为恰恰就是在实际生活中最令人深恶痛绝的乱伦交合。"③

---

① George Herbert Mead, *Mind, Self and Society*, Chicago: University of Chicago Press, 1934, p.262-263.
② 拉里 A. 萨姆瓦，等：《跨文化传通》，陈南、龚光明译，北京：三联书店出版社，1988年版，第197页。
③ 罗德尼·尼达姆：《〈原始分类〉英译本导言》，参见迪尔凯姆与莫斯《原始分类》中译本，汲喆译，上海：上海人民出版社，2000年版，第122页。

此类故事在古希腊神话传说中并不少见，此外尼达姆还指出在婆罗洲的一种农耕仪式上，当地的女人会打扮成猎头战士的模样。而在平时，这种行为是被严格禁止的。在现代社会，这种"符号倒置"的现象似乎更加普遍，这一方面要归于现代社会的某些规则或禁忌对符号主体的约束力越来越弱，即便违反也不会受到原始社会那样严厉的惩戒；另一方面在于现代社会符号主体获得了更加强烈的冲破规则限制的自我意识。

比如在一个倡导节俭的社会中，炫耀性消费被认为是铺张浪费。据媒体报道，中国的星巴克美式咖啡比在美国售价高 75%，然而仍有不少以小资身份自居的年轻人对此趋之若鹜。在这些年轻人中甚至流行这样的话：我不在办公室，就在星巴克，我不在星巴克，就在去星巴克的路上。

从这些神话故事或现代社会的例子可以看出，人类主体自身存在一种否定或超越既定规则的文化基因。符号规则首先成就了自我的主体，但同时也构成了对主体的限制，在这样一种存在性的悖论中，符号主体对虚无和焦虑的反抗就成为保持自身异质性之必需。

最近符号学领域的研究成果也证实了这一点，即在人类社会中存在一个普遍现象，某种事物一旦成为规则或者禁忌，反而会显现出更迷人的诱惑，以及强有力和超自然的符号力量。而对于接触这些事物的人来说，他们会借此表达某种意识形态。

弗洛伊德从心理学角度出发，在对禁忌的研究中，认为最主要的禁忌就是禁止接触，被看作是"接触恐惧症"[1]。但是在禁忌和本能之间就会存在冲突，自我在意识中渴望去接触它，并且会想象由此会获得一种无上的快感。但它是禁忌，不敢碰它，所以又憎恨它。本能性的欲望被压制在潜意识中，然后通过寻找替代物转换欲望。

如果说弗洛伊德的心理学自我将对抗的形式存在于潜意识中，那么符号主体则需要在实践层面反抗规则或禁忌的压制。比如在全民戒烟运动中，吸烟被认为是危害健康的行为，无论是对他人还是对自身。也正是因为该行为被禁止，张扬个性的年轻人则希望通过吸烟这种符号化的行为表达反叛或狂放不羁的意识。符号主体固有的否定性特征，赋予反抗的行为具备一种"对

---

[1] 弗洛伊德：《图腾与禁忌》，文良文化译，北京：中央编译出版社，2005年版，第21页。

第6章 社群自我

既存规范、价值观和权力形式的一种质疑"[①]。

6.3 当代社群主义与自由主义自我观之争

米德所处的时代,正是美国社会思潮发生激烈碰撞的时代,进化论、行为主义、自由主义、新黑格尔主义、实用主义等风起云涌,每一种思潮都形成了关于各自的自我理论。由这些思潮所形成的自我观之间的争论一直延伸到20世纪80年代,逐渐在政治哲学领域形成两种对立的自我观:分别是社群主义自我观和新自由主义自我观。前者以迈克尔·桑德尔(M. J. Sandel)、阿拉斯戴尔·麦金太尔(A. C. MacIntyre)、查尔斯·泰勒以及迈克尔·沃尔泽(M. Walzer)为代表,后者以约翰·罗尔斯(J. Rawls)为代表。由两种主义所产生的自我观相互批评,走向了不同的自我还原论立场,新实用主义主要代表人物理查德·罗蒂认为,如果我们返回米德的理论,或许能够对两种截然对立的自我观进行调和。

6.3.1 对自由主义自我观的批评

在社群主义者看来,以罗尔斯为代表的自由主义自我观是康德式的,自我是摆脱了目的性和有选择能力的存在。这样的一种自我观,要基于两个前提,即罗尔斯在《正义论》中反复强调的"原初状态"与"无知之幕"。

罗尔斯假定在原初状态中的人们:"首先,没有人知道他在社会中的地位、他的阶级出身,他也不知道他的自然资质和自然能力的程度,不知道他的理智和力量等情形。其次,也没有人知道他的善的观念、他的合理生活计划的特殊性,甚至不知道他的心理特征,像讨厌冒险、乐观或悲观的气质。再次,我假定各方不知道这一社会的经济或政治状况,或者它所能达到的文明和文化水平。处在原初状态中的人们也没有任何有关他们属于什么世代的信息。"[②]

不难想象,"原初状态"这个概念与卢梭《社会契约论》中的"自然状态"

[①] 于丽娅·克里斯特娃:《反抗的未来》,黄晞耘译,桂林:广西师范大学出版社,2007年版,第3页。

[②] 约翰·罗尔斯:《正义论》,何怀宏等译,北京:中国社会科学出版社,1988年版,第131页。

具有相似性。但是罗尔斯辩解说，虽然"原初状态"是由卢梭的"自然状态"演变而来的，但两者之间的差异在于，"原初状态"是一种理论假设，而非指向某种历史事实。

处于"原初状态"中的人被"无知之幕"过滤掉了有关从他们的身份和能力出发的知识，但是他们并不是和原始人一样蒙昧无知，而是具备了解社会一般事实的知识，比如经济事务和政治事务的组织原则，人类心理的一般规律以及社会组织的基础。也就是说，他们具有从人人平等的状况下考虑问题、做出理性选择的能力。

桑德尔对此批评说，从自由主义者的论述中，我们看到了一个剔除人格理论与人类动机的先验主体。它不仅树立了一种自我决定论的意识，而且仅仅关注这一先验主体是如何在受到环境限定的前提下，塑造主体本身，而与人类欲望的对象割裂开来的。

自由主义的自我观首先受到来自社会学的挑战，社会学的观点认为，在个体的符号表达与行为的社会结构性之间存在难以割舍的关系。自由主义的自我观之所以是错误的，在于它消解了人的根本社会特征，而从一种完全中立性的角度来看待自我。它认为自我可以独立于社会条件的限定，从而能够独立地进行意义表述，不免呈现出一幅绝对自由主义的幻象。

这一观念在迪尔凯姆的社会学理论中得到了集中阐述。在《原始分类》中，迪尔凯姆通过对事物秩序与符号分类对应的考察后断言：个体心灵的状态只是此起彼伏、连绵不断的意识流，在个体身上根本不存在对事物分类的先天框架，所有的人类认知都必须在集体情感当中去寻找。社会生活全部是由集体表征构成的，"集体习惯"是一切道德、法律和审美的标准和基础，对个体的行为具有普遍约束性。

不过社会学的反驳在某种程度上并未能动摇自由主义自我观的根基，自由主义自我观强调独立于任何价值或目的的独立性，并不是指在心理事实的基础上，自我能够超越一种庸俗的价值观。而是说，自我是一个具有认知能力的主体，对于价值和目的的追求并不能完全界定自我，换言之，自我作为具有认知能力的主体，必须与在现实中追求与实现自身利益的自我区别开来。

桑德尔指出，尽管罗尔斯修正了康德先验主体理论，试图在一种更为适合人类实际状况的背景下重构自我。但是罗尔斯并没有成功，他的形而

第6章 社群自我

上学先验自我强调完整圆满的符号主体是先于经验存在的。罗尔斯这样做的方法论依据,在于与目的论保持最大限度的距离,对自我来说,平等自由的选择权利比目的或价值更重要,毫无疑问,罗尔斯强调的是自由选择的能力和权利。

但是在桑德尔看来,这样的自我论需要用自由意志来弥补主体与客体之间的距离,因而成为超越经验的存在:"自我相对于其目的的优先性意味着,我不仅仅是经验所抛出的一连串目标、属性和追求的被动容器,也不简单的是环境之怪异的产物,而总是一个不可还原的、积极的、有意志的行为者,能与我的环境分别开来,而且具有选择能力。把任何品质认同为我的目标、志向、欲望等,总是隐含着一个站立于其后的主体的'我',而且这个'我'的形象必须优先于我所具有的任何目的与属性。"①

我们发现,桑德尔对自由主义的作为主体的"我"的阐发,已经非常接近米德符号自我中的"主我",有其合理性的成分。自由主义之所以受到社群主义者的批评,在于桑德尔认为自由主义的自我观类似于固化的实体,而非构成性的符号结构,甚至是并没有将自我置于公共空间讨论的范围,拒绝主体间性意义上的相互理解,也排除了自我的各种可能性:"将自我置于超越经验极限的地位,使之变得无懈可击,一次性地也是永久地将其身份固定下来。"②

作为现代社群主义的主要代表人物,麦金太尔寄希望于对古典道德传统的复归拯救现代社会的个人道德危机。古希腊亚里士多德的城邦政治成为其社群主义观的主要思想来源,在《政治学》当中,亚里士多德提出了最早的社群主义观念。

亚里士多德认为由若干村坊组成城邦就是高级而完备的社会形态,生活此中的人们可以得到完全的自给自足,相反"凡人由于本性或出于偶然而不归属于任何城邦的,他如果不是一个鄙夫,那就是一位超人。这种'出族、

---

① 迈克·桑德尔:《自由主义与正义的局限》,万俊人等译,南京:译林出版社,2001年版,第25页。
② 迈克·桑德尔:《自由主义与正义的局限》,万俊人等译,南京:译林出版社,2001年版,第77页。

法外、失去坛火（无家无邦）的人'，荷马曾鄙视为自然的弃物"①。

只有回归亚里士多德的古典传统，重申社群的观念，人们才能发现真实的自我。麦金太尔以维科"四体演进"的方式考察了自我与社群关系演变的宏观历史。相对于维科的"神祇时期""英雄时期""人的时期""颓废时期"，在麦金太尔这里则对应的是：荷马史诗中的"英雄时代"、古希腊"城邦时代"、中世纪"宗教时代"、近代"启蒙时代"。

英雄时代的叙事为其后的社会摹本提供了历史记忆，而且其道德秩序在当今依然具有影响力。英雄时代的社会中，社会整体的基本价值和观念是先在的，并且主要来自于家庭和亲属的血缘关系："每一个个体都在一个明晰而又高度确定的角色与地位系统内，拥有一个既定的角色与地位。其关键结构是亲属结构与家庭结构。"②

勇敢是英雄时代最重要的美德，在这样关系单一的社会结构中，人们在社会阶层中的地位或身份都由既定的规则指定，如果缺乏一个相应的身份，就不可能得到他人的承认。因此《荷马史诗》中的英雄角色就不可能从自身之外进行反思。他们缺乏那种将自我与角色分离开来的能力，因为一旦脱离他在社会中的既定位置，就意味着自行消失。

从英雄时代进入古希腊城邦时代之后，社群关系就由英雄社群转变为政治社群。雅典政治社群之所以受到广泛赞誉，"是因为它最卓越地展现了人类应当具有的那种生活方式"③。相比于英雄时代，古希腊城邦中的人们在探寻什么是美德时，可以有多元化的观点，它们分别来自于：智者派、柏拉图、亚里士多德与索福克勒斯。

当然这种多元化要基于一个前提，即个人的美德应在城邦中践行并理所当然地由城邦界定。只有在政治社群中，自我才能通过对永恒理性的思考获得自足性。但是在亚里士多德的笔下，野蛮人、奴隶以及城邦之外的人不具有自由，它们的社会身份不可改变，从这一点来看，亚里士多德的个体论具

---

① 亚里士多德：《政治学》，吴寿彭译，北京：商务印书馆，2009年版，第4页。
② 阿拉斯戴尔·麦金太尔：《追寻美德》，宋继杰译，南京：译林出版社，2003年版，第153页。
③ 阿拉斯戴尔·麦金太尔：《追寻美德》，宋继杰译，南京：译林出版社，2003年版，第167页。

第6章 社群自我

有非历史性特征。

亚里士多德强调社群行为中的普遍性,即理性和秩序的整体性。从亚里士多德的立场来看,理性绝不可能成为激情的奴隶。伦理学的目的就在于训诫激情,使之符合理性的目的,并以此来开展有目的的实践行为。

中世纪的自我与古希腊城邦政治社群有相似的一面,即都认同个人是由特定角色构成的,角色将自我固定在各种社群中:"我是作为这个家庭、这个家族、这个氏族、这个部落、这个城邦、这个民族、这个王国的一名成员而面对世界的。除此之外,别无他'我'。"[①] 不过与亚里士多德不同的是,自我的身份角色不再局限于某一个城邦或社群之中。基督教的博爱精神宣扬,无论自我属于哪一个社群,或者被某个社群所驱逐,自我都属于天国永恒社群中的一员,这里所展现的是上帝对生命个体的宽恕与慈爱。

自启蒙运动之后,世界的理性和秩序就被打破,前现代的自我与社群的稳固关系随着亚里士多德主义的衰落开始解体。自我有意识地摆脱社群的制约,拒绝停留在某个固定的社会角色上耗尽一生。个人主义自我观冲破了传统道德秩序的禁锢,话语的多元化、意见分歧,理性秩序的神话开始走向破灭:"当代道德话语最显著的特征乃是它如此多地被用于表达分歧,而这些分歧在其中得以表达各种争论的最显著的特征则在于其无休无止性。我的意思是说这类争论不仅没完没了(尽管它们的确如此),而且显然不可能得出任何结论。"[②]

为什么会导致这样一种现象呢?麦金太尔认为这是情感主义剥夺了我们的理性,情感主义的所有判断和评价都是基于某种主观的偏好或态度。从符号特征上来看,情感主义不关心文本意义,只在乎文本在语境中的使用功能。在情感主义的视野中,他们著作中的修辞都属于隐喻性的判断而不是严格的推理论证。

麦金太尔认为,自我应当在社群中被定义,但是自我与他所承担的社会角色还是存在差异,并且拥有社会性的历史内容。而情感主义的自我则缺乏

[①] 阿拉斯戴尔·麦金太尔:《追寻美德》,宋继杰译,南京:译林出版社,2003年版,第217页。

[②] 阿拉斯戴尔·麦金太尔:《追寻美德》,宋继杰译,南京:译林出版社,2003年版,第7页。

判断的任何终极标准或原则，包含太多偶然性的成分："由此，这种不具有任何必然的社会内容和必然的社会身份的、民主化了的自我，可以是任何东西，可以扮演任何角色，采纳任何观点，因为它本身什么也不是，什么目的也没有。"①

根本上，麦金太尔拒斥情感主义的自我观，他认为摆脱了身份、阶级和出身的自我，不但在现实生活中不符合日常表现的逻辑，而且缺乏历史连续性，因此具有某种抽象和和虚幻的特征。

前现代的社会中，自我通过拥有成员资格而获得的各种社会身份，并不是偶然成为自我的特性，不是"为了发现'真实自我'而必须剥除的东西"②，麦金太尔将自我认作是一个实体，自我的社会身份有时会全部地决定自我的职责或义务，而当自我脱离了社会关系中的独特位置，自我就什么也不是。

而另一位社群主义的主要人物查尔斯·泰勒，对自由主义的自我观并没有持完全否定的态度。相反他认为，自由主义的自我观的某些核心议题值得严肃地考虑，即便在对自由主义的自我观进行批评时，他也是基于这样的前提："人类是自我解释的动物和生灵，其作为人的身份依赖于他们的来源并且从属于他们从其所生活的语言共同体的母体获得的善观念。"③

泰勒强调自我感，然而这种自我感必须有一个存在的"框架"，在此"框架"中存在的某些硬性规定确认着自我的身份，才能使我们进行意义表达。这个"框架"是圈定自我身份的虚拟道德空间，它的存在不依赖于我，脱离开它自我就成为无本之木。

在这样的空间中，自我的存在必须找到方向感，要对"我是谁"或"你是谁"这个问题保持时刻警醒，在意识中将他人当作潜在的话语对象。这就意味着，虽然泰勒承认人是自我解释的动物，然而自我解释不可能充分，一

---

① 阿拉斯戴尔·麦金太尔：《追寻美德》，宋继杰译，南京：译林出版社，2003年版，第41页。
② 阿拉斯戴尔·麦金太尔：《追寻美德》，宋继杰译，南京：译林出版社，2003年版，第42页。
③ 史蒂芬·缪哈尔、亚当·斯威夫特：《自由主义者与社群主义者》，孙晓春译，长春：吉林人民出版社，2010年版，第115-116页。

第6章 社群自我

个人只有在其他自我之中才能获得自我:"我们不是在有机体的意义上是自我的,或者在我们有心有肝的意义上我们并不拥有自我。我们是具有这些器官的生物,但这些器官是完全独立于我们的自我理解或自我解释或对我们具有意义的事物的。但是,我们只是在进入某种问题空间的范围内,如我们寻找和发现向善的方向感的范围内,我们才是自我。"①

迈克尔·沃尔泽从分配正义的角度强调社群意义的共享,政治社群与历史社群是最接近我们认同的意义共享的世界。它们是自我相互交往并创造意义的真实空间,在其中"语言、历史和文化结合起来产生一种集体意识"②,社群成员有共同的情感和直觉,它们是维系社群成员情感的纽带。

而社群成员的身份只有通过社群才能获得,社群本身就是一种被分配的物品,它赋予人们以成员资格,成员资格只是社群内部的决定,任何外部机构无此功能。也就是说,社群本身成为社群成员资格与非社群成员之间的边界,获得成员资格的人便具有在社群内部交流的权利。

在沃尔泽看来,一个社群中的成员只有社群的创建者具有自主选择或相互选择的权利,而:"所有其他成员都是由那些在他们之前成为成员的人来选择的。个人也许能给出他们为何应当被选择的好理由,但外面的任何人都没有权利进入里面。成员们自由决定他们未来的伙伴,并且他们做出的决策是权威的和最终的"③。

也就是说,作为社群主义者,沃尔泽否定了自我具有自由选择的权利,社群对个体来说,具有某种优先性。特别是在讨论移民的文化身份问题时,沃尔泽强调作为国家或民族的政治社群本身就构成了善的自足性,社群本身必须对成员的排斥与接纳具有自主权,某些人因为不具有成员资格必须被排除在社群之外。

按照沃尔泽的观点,不受限制、允许自由移民的一个世界将会消解社群

---

① 查尔斯·泰勒:《自我的根源:现代认同的形成》,韩震等译,南京:译林出版社,2001年版,第47页。
② 迈克尔·沃尔泽:《正义诸领域:为多元主义与平等一辩》,褚松燕译,南京:译林出版社,2002年版,第35页。
③ 迈克尔·沃尔泽:《正义诸领域:为多元主义与平等一辩》,褚松燕译,南京:译林出版社,2002年版,第50页。

的凝聚力。因此，若要维持一个社群文化的独特性和稳定性，封闭的措施与手段是必不可少的。其结果是，沃尔泽从未想象自我的可能性能够超出社群文化之外，他也从未预期不同社群成员之间文化身份的冲突。在沃尔泽眼里，社群为自我的文化身份提供了终极的共享意义。

综合上述四位社群主义者的批评，我们能够发现在社群主义者的视界中，自由主义的自我观："（1）是空洞的；（2）违反了我们的自我感知；（3）无视了我们在社群的实践中的被植入性（Embeddedness）；（4）无视了对我们个人判断的社会认可的必要性；（5）伪称具有一种不可能达到的普遍性或客观性。"①

6.3.2 对社群主义自我观的批评

为什么在社群主义者看来，自我的意义必须植根于社群之中呢？不妨先来看一下与社群相关的概念演变，以及社群能够为其中的个体提供什么。根据雷蒙德·威廉斯（Raymond Williams）的考证②，自从14世纪起，就已经出现了社群这个概念，它指的是由关系和情感构成的社会组织。自19世纪之后，人们发现与社会相比，与社群的关系更密切，"直接性"和"区域性"是社群最明显的外在特征。

皮尔斯也曾经对社群这个概念进行过系统研究，他认为在"社会"和"社群"之间，后者意味着某种温暖而亲密的情感，而"社会"则让人感觉冰冷③。所以皮尔斯认为应当放弃自我的私密性，塑造彻底的社群意识。鲍曼（Zygmunt Bauman）也认为社群是一个代表某种"感觉"的词汇，它能够为人们提供生活上的安全、快乐和舒适感。如果某人的行为偏离了社群的规范，就会遭到旁人的指责或排斥。

人们生活在一个相互竞争、残酷无情的时代，个体的力量实在过于渺小，生存的危机以及迫切寻求安全感、自我需要某种呵护，而社群恰恰提供了这样一个场所。因此鲍曼说，社群"是一个'温馨'的地方，一个温暖而又舒

---

① 威尔·金里卡：《自由主义、社群与文化》，应奇、葛水林译，上海：上海译文出版社，2005年版，第45页。
② 雷蒙德·威廉斯：《关键词：文化与社会的词汇》，刘建基译，北京：生活·读书·新知三联书店，2005年版，第79-81页。
③ Joseph p. Demarco, "Peirce's Concept of Community: Its Development & Change", *Transactions of the Charles S. Peirce Society*, Vol. 7, 1971, pp.25-27.

第6章 社群自我

适的场所。它就像是一个家，在它的下面，可以遮风挡雨；它又像是一个壁炉，在严寒的日子里，靠近它，可以暖和我们的手。可是，在外面，在街上，却四处潜伏着种种危险"[1]。

不过自我进入某个社群，必须得付出一定的代价：为了寻求社群的确定性，就必须放弃很大一部分自由，包括选择的权利，成为具有独特性自我的自由等。

社群主义批判自由主义的自我观是空洞的，他们认为只有在社群的统一性中自我才能找到存在的根基和生活的意义。为此，他们不惜舍掉自我的某些自由或权利，从而将自我的行为植入社群的权威和秩序之中。这样做的后果固然一方面成就了社群的整体性，但同时也导致了将自我推向向上还原论的立场。

桑德尔批评罗尔斯的自我先于经验和目的存在，从相反的立场，他认为自我是由自我的各种目的构成的。然而自我的目的并不是由自我自由选择，而是必须首先将自我植入某种特定情境中，这个特定的情境即存在共享意义的社群。因此自我获得他的行动目的，"我就必须知道我是谁"[2]，而知道我是谁属于认识论的范畴，即通过发现，而不是自由选择。

在桑德尔看来，自由选择所带来的多重可能性成分复杂、泥沙俱下，自我没有能力将它们进行明确的区分，它们不断冲击自我的身份，于是自我的边界被这些流动的可能性淹没，在对于我是谁的问题上，自我丧失了认知的力量。在此意义上，自我作为认知主体与目的相关，而与自由选择无缘："主体获得其自我命令的方式不是通过选择业已给定的东西（这是不可理喻的），而是通过反思自我和探究自我构成的本性，认清其律法与命令，以及将其追求确认为是自己的。"[3]

基于这样一种立场，桑德尔认为，社群中存在的共享意义，与社群的认同之间存在相互肯定的符号互动现象。对于桑德尔来说，他实际上混淆了作

---

[1] 奇格蒙特·鲍曼：《共同体》，欧阳景根译，南京：江苏人民出版社，2003年版，第2页。
[2] 迈克·桑德尔：《自由主义与正义的局限》，万俊人等译，南京：译林出版社，2001年版，第69页。
[3] 迈克·桑德尔：《自由主义与正义的局限》，万俊人等译，南京：译林出版社，2001年版，第72-73页。

为主体的自我与作为身份的自我之间的差异。他批评罗尔斯的自我居于先验主义的倾向，那么根据桑德尔本人的理解，主体或身份是由既定的目的构成的，实际上已然限定了自我的本质，就是如何在社群共享意义的框架内通过行为发现这些目的，以便确认自我。

桑德尔不止一次地强调自我的可能性，然而从他的结论来看，根本上就是抹杀了自我的各种可能性。他还声称自我具有自反性，不过从他的论述来看，自反性的反思能力主要是向内反思，探寻自我的构成性本质，同时与他人之间划清界限，以达到自我认知的目的。

这里就暴露出桑德尔自相矛盾的一面，一方面他分析说"情景式自我"的目的须在社群中获得，另一方面又为自我建构主体性，以便能达到自我理解的目的。他批评罗尔斯的自我是非主体间性的，然而到了他这里，遇到了同样的问题。于是他不得不采取中庸的立场自圆其说："如果说这种自我理解绝无可能达到完全清晰的话，至少也不会太模糊；同时也达到一种主体性，如果说这种主体性绝对无法最终确定的话，至少也不会太流动不居。这样，通过终身的时间逐渐参与自我主体身份的构成。"[①]

可以说，桑德尔的目的构成性自我极大地影响了麦金太尔的观点，麦金太尔一直致力于恢复重建亚里士多德的伦理学。根据亚里士多德的传统，要获得一个圆满的自我，就必须在社群中承担相应的角色和身份。每个角色或身份都指向特定的目的，麦金太尔分析了三种不同的德性观念，无论哪一种都与人的角色或目的相联系。

正因为自我的德性或善的观念是由自我的角色所规定的，所以人们并不关心自我的来源，而只关心在社群生活中我应当扮演什么样的角色，据此才能回答我能做什么的问题。与桑德尔相一致，麦金太尔认为自我的日常生活必须植入那些具有共享意义的社群中，他强调自我的实践性，通过实践，善的观念和德性内化于社群成员的合作活动形式中，由此自我的经历和历史构成了一种叙述性的自我："这是这样一个自我概念：它的整体性在于这样一种叙述的整体中，这种叙述把诞生、生活和死亡联结起来，作为叙述的开端、

[①] 迈克·桑德尔：《自由主义与正义的局限》，万俊人等译，南京：译林出版社，2001年版，第185页。

第6章 社群自我

中间和结尾。"①

麦金太尔强调自我叙述的整体性,并指出叙述的环境至关重要,个人行为者的历史必须植入社会环境的历史中。麦金太尔认为,在社会环境中,人是能够进行自我阐释的存在,社会环境或社群中的规则就是自我阐释的框架,自我的行为在一种叙述模式下,总是要放到阐释框架中才是可以被理解的。

麦金太尔这里所谈论的叙述与文学文本中的叙述不同,在文学文本中缺乏叙述秩序,而在具备历史背景中的自我叙述:"我们通过这种方式使得其他人的行为可以理解,因为行为本身有一种基本的历史特征。正是因为我们过着可叙述的生活,也因为我们依据我们所过的叙述生活理解我们自己的生活,叙述形式才是理解其他人的行为的适当形式。故事在它说出以前就存在——除了虚构的以外。"②

自我叙述中的主体不仅仅是作为一个行为者存在,同时他还是一个作者。这也就意味着,自我叙述开始之前,就已经存在一个主体可以掌握的叙述模式或结构,叙述必然有某种历史连贯性。而萨特的自我理论则不是这样,在麦金太尔看来,萨特的自我,比如《恶心》中的洛根丁,是由一系列虚无的、非连续性的历史断片构成的,充满各种未知因素。

尽管麦金太尔也承认自我叙述中存在可能性,然而无论如何都不会偏离叙述的框架。他承认人是能够自我解释的存在物,因此必定存在心理连续性,与其他社群主义者类似,麦金太尔同样犯了将自我与身份等同的错误。他说:"在任何时候,对其他人而言,我永远是我已是的任何东西——并且在任何时候都要求我对身份负责。"③

查尔斯·泰勒也倡导一种情景式的自我观,他认为自我的自由必须植根于社群中才能实现。天赋自由的观念是空洞的,自我自行决定自由也不具有确定性,因为缺乏外在情境为自我的行为提供确切的内容以及行为的目标,

---

① 阿拉斯戴尔·麦金太尔:《德性之后》,龚群、戴扬毅译,北京:中国社会科学文献出版社,1995年版,第259页。
② 阿拉斯戴尔·麦金太尔:《德性之后》,龚群、戴扬毅译,北京:中国社会科学文献出版社,1995年版,第266页。
③ 阿拉斯戴尔·麦金太尔:《德性之后》,龚群、戴扬毅译,北京:中国社会科学文献出版社,1995年版,第273页。

自我的行为就缺乏合理化的基础,也不能为创造性提供灵感。

社群的价值才是自我行为的"权威的视界"(Authoritative Horizons),必须接受社群意见为自我指定的目标,否则"对自决的寻求就会导致尼采式的虚无主义"①。社群中的文化和价值被任意地丢弃,最后只剩下独断的权力意志。然而泰勒似乎误解了自由选择的意义,他认为自由主义者所追求的自由选择乃是基于自由本身,自由主义者对此辩解说:"选择的自由并不是为了它自身而被追求的,而是作为追求那些自身就有价值的计划和实践的前提条件被追求的。"②

因此社群主义者批评自由主义者是康德式的纯粹先验理性就站不住脚,总体上泰勒的观点是:自我的自主性是社会和文化的产物。我们是受环境规定的存在,在社群的价值和文化规约下,自我没有自由选择某种生活方式的自由,我们只能通过实践理性发现寓于社群文化中的自我,离开了社群,自我同样会陷入自由主义式的空洞的自我。

沃尔泽面临的问题更多,首先他强调进入社群的成员资格,由此就可能导致人与人之间的身份差异。而在社群中,沃尔泽特别重视社群成员文化身份的重要性。社群成员是社群文化共同的缔造者,共享社群的意义世界。但是沃尔泽并没有提供社群成员的文化身份是重要的充足理由,因此他强调的社群成员文化身份"在理论上是模糊的,在政治上是灾难性的"③。

诺伯特·威利把自我向上还原分为互动的、社会组织的以及文化的三个层面,而社群主义的自我观无论从哪个方面来看,与自我的向上还原都具有相似性,威利指出:"向上还原错误地将不切实际的特征强加于人性。自我是物理有机体的一种特征;自我用某种最低程度的内心一致性,从第一人称视角参与内心对话。向上还原丢弃了上述特征,并用社会组织的、互动的及文化符号特征,来取代真正能够定义自我的特征。"④

---

① 威尔·金里卡:《自由主义、社群与文化》,应奇、葛水林译,上海:上海译文出版社,2005年版,第46页。
② 威尔·金里卡:《自由主义、社群与文化》,应奇、葛水林译,上海:上海译文出版社,2005年版,第46页。
③ 威尔·金里卡:《自由主义、社群与文化》,应奇、葛水林译,上海:上海译文出版社,2005年版,第221页。
④ 诺伯特·威利:《符号自我》,文一茗译,成都:四川教育出版社,2011年版,第175-176页。

6.3.3 两种自我观的还原论倾向

在自由主义和社群主义的激辩中，社群主义批评自由主义的自我是先验的实体，自由主义批评社群主义的自我混淆了自我与身份的区别，一旦进入社群就意味着受到社群规则和价值观的制约，抹杀掉了自我自由选择的权利。

两者之间的矛盾是否不可调和？实际上，从客观的立场来看，两种自我观都分别强调了自我的最主要特征，自由主义强调的是自由选择权，社群主义强调的是社群共享的意义体系。如果我们借助从米德那里发展起来的符号自我理论，或许能够将两者所强调的自我特征纳入符号自我的结构中。在更为一般的意义上，新实用主义的主要人物理查德·罗蒂借用米德的理论对此进行了详尽阐释。

如我们在前面分析指出的，符号自我与社群并不是完全对立或融合的关系。符号自我是一个弹性的表意结构，其自身的有限性，使得它不能完全阐释自身，因此必须在与其他符号自我的交往关系中才能获得发展。从这个层面而言，社群主义的观点是对的，但是社群主义认为一旦符号自我具备成员资格，进入社群之后就独立地获得了自我阐释的叙述框架，用社群的价值和文化绑架符号自我的自由，则是向上还原论的立场。

与此相对，我们认为符号自我并不能完全被社群的价值和文化吞噬，符号自我中的"主我"部分始终游离在社群的观念之外，它不可预测。在此意义上，米德观点接近自由主义者。

在自由主义者看来："我们有一种把我们自己从任何特殊的社群实践中分离出来的能力。没有什么特定的任务是社会为我们指定的，也没有什么特定的文化实践超出个人判断和可能反对之外的权威。我们能够而且应当通过自由地做出关于文化结构的个人判断以得到我们的任务，而文化结构是前人传递给我们的理解和选择的摇篮，它为我们提供了我们能够肯定和否定的可能性。没有什么东西是'为我们指定的'，也没有什么东西在我们对它的价值做出判断之前就是权威的。"[1]

符号自我的自由选择权来自符号的能动力量，对米德来说，它指的是"主

---

[1] 威尔·金里卡：《自由主义、社群与文化》，应奇、葛水林译，上海：上海译文出版社，2005年版，第49页。

我"对社群价值和文化的超越;对萨特来说,它指的是自为存在对虚无的反抗;对克里斯蒂娃来说,它指的是从精神分析学和书写实践两个方面的反抗,并据此得出"我反抗,故我存在"的命题。

内时间意识或时间性成就了符号自我作为一个充满弹性的表意结构,当符号自我在此在的世界感受到虚无,准备用行动来超越虚无时。它首先是在自我意识中进行反叙述的运动,运用其自反性的能力回溯自身,对自身的存在进行追问或探寻,类似于"主我"对"客我"的凝视。胡塞尔在论述内时间意识现象学时也曾谈到自我的回溯运动,他使用的概念是"前摄"和"滞留"。

就符号的表意过程而言,它在过去、现在和未来中保持自身的统一性和整体性,而过去的经验和意义作为记忆存留下来影响着现在的表意。具体来说,记忆的一部分内容成为固定的行为习惯,一部分内容作为对自身存在进行质疑和反思的材料。

此在世界中的存在总是过去之物,同样社群作为符号自我意义表达和栖息的场域,如雷蒙德·威廉斯所说的,社群总是过去的事情。但是在鲍曼看来,今天的社群也总是意味着将来的事情,我们总是对此在的存在感到不满足,幻想另外一种生活方式保持自身的异质性。因而此在世界受到了虚无的困扰,克里斯蒂娃呼吁自我应当重新找回否定的意义。

雅斯贝尔斯在《生存哲学》中追问道,哲学信仰的首要抉择就是,我们是要相信存在"一个自身圆满的世界呢,还是相信思维必须朝向着超越存在"[①]?海德格尔认为此在世界的本质就是操心,然而这并不是主体本真的存在,它始终处在"去存在"的过程,试图出离自身。在萨特那里,自我的存在就是对虚无的否定,否定来源于自我意识的想象,它总是通过想象不在场的事物否定自在存在的虚无,自我意识的这种否定本质是人获得自由的源泉。

从生物学的角度,米德认为人的自由最先开始于某种冲动,当冲动式的行为失败之后,自我意识的自反性开始参与行为过程,自我的社会行为开始趋近于理性。从社会进化的层面,米德认为这是保持自我创造性的基础,当然自我的冲动并不是康德意义上的超验自我。它是符号活动中构造主体的创造性,在符号表意压力下的自我阐释,应当被看作是符号生产理论的层面,

---

① 卡尔·雅斯贝尔斯:《生存哲学》,王玖兴译,上海:上海译文出版社,2005年版,第71页。

第 6 章 社群自我

艾柯称此时的符号主体是"深层的潜在主体"[①]。

米德的这种观点在某种程度上与弗洛伊德对自由的分析十分相像,在弗洛伊德看来,来自于欲望的冲动致使人类追求绝对的自由,然而由于人的有限性,这种绝对自由得不到保护,必须在与他人的合作中克服自身的有限性,为此必须让渡出部分自由。弗洛伊德所说的由欲望的冲动而产生自由主要基于"快感的自然主义观念"[②],是身体上活动的自由,自我一旦进入群体之后,自我意识就开始发挥对欲望冲动的约束。

进入社群关系的主体欲望被压制、转换,通过语言符号在与他人的交往关系中显现出来。在这种社群交往关系中,主体能够辨认出自身,把自己当作一个多元性的主体,并依靠自身的力量对被约束的欲望进行重构或升华。这种共同的感受是社群中其他人共同的命运,即都属于被抛弃者。这促使主体将重构或升华欲望的动能转向对社群规范或价值的挑战、反抗,成为一个不断自我否定和追问的主体。

因此符号自我处在一个不断再生的状态,这种源自"主我"的创造性就是人的最大自由,克里斯蒂娃称之为"有待重新创造的内在性",与之相对的是"有待内化的外在性"[③],塔拉斯蒂将其称为"内符号过程"与"外符号过程"[④]。任何的符号表意都是不断将外在符号内化的过程,在这个过程中,符号主体有选择、开始、放弃或结束的自由。

社群主义者被发现的自我观具有实在论的倾向,米德坚持多元和开放的自我观,自我是在创造中生成的。此过程中,自我具有自主选择生活方式的自由:"对米德来说,自由的行为体现在'主我'与'客我'相对的范畴中。'主我'根源于创造行为的概念、自我的当下经验以及道德责任的观念。由于这种行为,社会不会失去它的创新功能,交往也不是朝向某种既定目的的

[①] 安贝翁托·艾柯:《符号学理论》,卢德平译,北京:中国人民大学出版社,1990 年版,第 357 页。

[②] 于丽娅·克里斯蒂娃:《反抗的未来》,黄晞耘译,桂林:广西师范大学出版社,2007 年版,第 32 页。

[③] 于丽娅·克里斯蒂娃:《反抗的未来》,黄晞耘译,桂林:广西师范大学出版社,2007 年版,第 44-45 页。

[④] 埃罗·塔拉斯蒂:《存在符号学》,魏全凤、颜小芳译,成都:四川教育出版社,2012 年版,第 184-186 页。

活动。"①

　　米德把自我的自由选择权利看作是经验中最迷人的部分，也是自我不断寻求的意义之所在。社群主义者攻击自由主义的自我具有自由选择的优先权利，这种自我是唯意志论的自由，是虚幻和空洞的化合物。后来的新实用主义者罗蒂对此为自由主义的自我观进行了辩护。罗蒂说，罗尔斯设定的原初状态中的自我并非一个实体，也不是谈论的形而上学意义上的自我，而是社会学意义上的民主社会的公民。

　　确立了符号主体的自由选择权之后，其后面对的就是主体自身的意义阐释问题，在此层面上，社群主义者的观点具有借鉴意义，自我作为有限的符号主体，无法获得一个固定的本质，"顶多具有一种潜在的特征"②，只能把自身植入社群共享意义体系中才能获得这种本质。罗蒂认为自我就是由信念和欲望编织的叙述网络，要使这个网络意义不断丰富，就不能离开具体的社群而单独构造自身。

　　从某种程度上说，社群意味着规则、秩序和整体性，自由主义者因此而担忧，自我一旦进入社群关系是不是就意味着主体性或自由被剥夺，从而面临如威利所说的自我被还原为互动的、社会组织的以及文化的层面。而且在思想史中，相当多的理论家就是从上述三种还原的层面来谈论自我，皮尔斯、迪尔凯姆、福柯、拉康等人都属于上述范畴。

　　同样在结构主义符号学中，也认为符号的表意要受到规则的制约。比如在索绪尔的语言符号学中，言语的组合段受到语言惯用法的限制，要按照语言结构的规则进行组合。以此推之，处于系统中的符号自由要受到规则的限制："当每个符号学系统中的组合段单元被确定后，还需找到沿组合轴支配其组合和排列的规则：如天然语言中的符素，菜单中的盘菜，一条路上的路标记号等，都按照一种需要受某些约制因素支配的秩序相互联结。"③

---

① Leszek Koczanowicz, "Freedom and Communication: The Concept of human Self in Mead and Bakhtin", *Dialogism*, Vol. 4, 2000, p. 62.
② 埃罗·塔拉斯蒂：《存在符号学》，魏全凤、颜小芳译，成都：四川教育出版社，2012年版，第73页。
③ 罗兰·巴特：《符号学原理》，李幼蒸译，北京：生活·读书·新知三联书店，1988年版，第155页。

第6章 社群自我

　　认为规则对符号自由的活动或表意构成了某种限制，这与传统符号学过度关注文本有关系。而在社会符号学中，则对上述观点提出了相反的看法，在韩礼德（M. A. K. Halliday）看来，语言的语法并不是限制语言表意的符码和规则，而是"使意义生成的资源"[①]。我们可以将这个观点从语言学扩展到符号学领域，不妨作如下判断：符号表意所遵循的各种规则，是意义生成的符号资源。

　　米德用一种近乎悖论的方式对此进行了阐明，他说当我们遵循规则进行意义表达的内容或过程越多，意味着人的自由就越大。因为各种规则都是由符号主体创造或制定的。在同一个文化社群中，这些规则具有表意普遍性，对任何进入社群的成员来说都适用。也就是说，只有每个人都掌握了这些规则之后才能进入社群关系。以此来看，符号主体掌握的规则越多，与之发生交往的社会关系越多，它所能开拓的领域越广泛，当然也就意味着它获得的自由越多，从而也就为自我的可能性创造更大的空间。

[①] M. A. K. Halliday, *Language as Social Semiotic: The Social Interpretation of Language and Meaning*, 北京：外语教学与研究出版社，2001年版，第192页。

第7章 道德自我

道德自我是米德后期学术思想中的主要内容，并且与他的民主社会理论结合在一起。米德的符号学思想以人的符号—行为作为研究对象，这必然地要牵扯到符号—行为的价值、正当与否等与道德伦理相关的问题。事实上，传统符号学很少涉及道德伦理问题，而主要关心对这个世界意义的描述和解释。

米德的学生莫里斯从符号学的层面对道德和价值问题进行了阐述，此外在一些后现代的符号学家，如福柯、德里达、克里斯蒂娃等人的著作中，开始表现出对道德反思和道德动机的关注，如塔拉斯蒂所指出的，在这些符号学家看来，"符号学应该不仅描述世界而且还要影响世界"[①]。道德问题关乎对人的符号—行为的评价，在符号学中，属于元语言阐释和评价的范畴。

7.1 符号价值与道德论域

7.1.1 作为符号的意识形态

米德本人很少提及意识形态这个概念，但是在他的自我理论中，"广义他者"是一个带有意识形态色彩的词汇，自我通过符号的象征性中介功能将社群观念内化也与意识形态有关联，符号规则发挥效用的方式也必须借助意识形态的功能。

假如我们从道德层面上对自我进行分析，意识形态是无法回避的话题。意识形态作为一种存在于社会层面的观念科学，通常以不在场的符号能指形式隐含地存在于自我的心灵意识中，告知我们在实践中应当趋向于何种所指是正确的，是符合社会文化所树立的价值标准和道德观念。也就是说，意识

---

① 埃罗·塔拉斯蒂：《存在符号学》，魏全凤、颜小芳译，成都：四川教育出版社，2012年版，第119页。

形态决定着社会符号行为的符码,即符号解释的规则和框架。赵毅衡先生认为:"意识形态就是文化的元语言。"①

18 世纪晚期,法国哲学家蒂斯特·德·特拉西(Destutt De Tracy)创造了"意识形态"这个概念,最初被用作一个哲学术语,用来表示观念科学。特拉西在《意识形态要素》中说,意识形态包含三个方面的内容:从主题上它是一门意识形态的科学;从方法上它可以被认为是普通语法;从意图上可以被称作逻辑学。从这三个方面出发,特拉西将意识形态的内在结构表述为三个具有逻辑递进关系的问题②:生成法则、表达方式以及社会功能。

英国学者雷蒙德·威廉斯总结了意识形态的三种主要含义:"特定阶级和群体所持有的信仰系统;幻想性的信仰系统——错误观念或者错误意识,这种信仰系统是与真理性的科学认识相对的;意义与观念生产的一般过程。"③

意识形态作为观念科学强调的是人的感觉、感知,正如人对符号意义的接受方式一样,意识形态作为符号体系的存在物,一经人的感知,立刻就进入了被表征的状态,自身就获得了被解释的意义。意识形态开始进入符号操作层面,充当施为者的角色,因此伊格尔顿(Terry Eagleton)把意识形态称作是"社会生活中符号的意义与价值的生产过程"④。如果将社会中的文化行为比作电脑的运行程序,那么意识形态就是操控程序运行的指令。

齐泽克(Slavoj Zizek)认为意识形态就是社会实在的"生成矩阵"(Generative Matrix),"规范着有形与无形、可能与不可能之间的关系,以及这种关系中的种种变化"⑤。意识形态在元语言层面上既为社会发展提供理论基础,也在实践层面上为人的行为制定道德规范。

意识形态在理论和实践层面发挥影响,依靠的是符号的中介功能,意识形态的构成、生产方式以及影响力都以非可见的形式显现,因此将意识形态看作是脱离现实的乌托邦或者具体化的物质都不具有说服力。

---

① 赵毅衡:《符号学:原理与推演》,南京:南京大学出版社,2011 年版,第 242 页。
② 戈士国:《批判与建构:特拉西意识形态概念的双重意象》,《哲学动态》,2011 年第 2 期,第 43 页。
③ Raymond Williams, *Marxism and Literature*, London: Oxford University Press, 1977, p. 55.
④ Terry Eagleton, *Ideology: An Introduction*, London: The Verso Press, 1991, p. 1.
⑤ 斯拉沃热·齐泽克:《意识形态的幽灵》,参见其主编《图绘意识形态》,方杰译,南京:南京大学出版社,2002 年版,第 1-2 页。

对意识形态最恰当的认知方式是符号学的,伊格尔顿指出:"一方面把意识形态看作脱离现实的理想,另一方面仅是将其当作某种特定行为方式的物质。这两者之间,还有第三条道路,即将意识形态看作是一种推理性的或符号学的现象。这样一来其实体性立即显得突出起来(因为符号是一些物质性的实体),感觉也被坚持认为其本质上与'意义有关'。从根本上讲,对话语和符号的讨论则是社会性的和实践性的活动。"[①]

最先从符号学层面对意识形态展开分析的是苏联语言哲学家沃洛希诺夫(V. N. Volosinov),在《马克斯主义与语言哲学》中,沃洛希诺夫认为,意识形态的生产不仅仅是在物质和社会的现实层面。此外,意识形态还反映和折射出现实之外的层面,任何意识形态都拥有意义,它表征、描述、象征存在于自身之外的事物。意识形态的这些功能是通过符号实施的,基于此,沃洛希诺夫断言:"没有符号,就没有意识形态。"[②]

意识形态是在物化的过程中才产生的,沃洛希诺夫说,符号本身具有物质性,它不仅是现实的反映,而且是构成现实的一部分。而意识形态是人们在运用符号交流的过程中发挥效用,是某种"词语"内在于我们的东西。个体意识之间依赖意识形态链连接起来,然后,"在个体意识的交流中,符号显现出来,个体意识自身被符号填塞,意识只有在它自身充满意识形态(符号)的内容时才能成为意识,并且这一结果只有在社会互动中才能形成。"[③]

沃洛希诺夫认为携带意识形态的符号在社会使用中才具有生命力,他对意识形态所进行的语言学与话语分析,与索绪尔的语言符号学中的"语言"和"言语"结构类似。意识形态在社会层面的权力,并非仅仅是一种生产意义的实体,它还是创造意义的元语言集合。

卡尔·曼海姆(Carl Mannerheim)认为意识形态是一个思想社会学的概念,它实际探讨的是人们在实际社会生活中如何思考的问题。意识形态既表

[①] 特里·伊格尔顿:《话语与意识形态》,麦永雄等译,《马克斯主义美学研究》,1999年第4期,第363页。

[②] V. N Volosinov., *Marxism and the Philosophy of Language*, Translated by Matejka, Ladislav and Titunik I. R., New York: The Seminar Press, 1973, p. 9.

[③] V. N Volosinov., *Marxism and the Philosophy of Language*, Translated by Matejka, Ladislav and Titunik I. R., New York: The Seminar Press, 1973, p. 11.

第7章 道德自我

现在教科书上的逻辑形式,更主要的是在社会生活和政治生活中如何作为集体行动的工具发挥作用。

从知识社会学的主题出发,曼海姆认为人是能够进行独立思考的个体,在我们的头上不存在一个形而上学、能够思维的实体。即便如此,曼海姆仍然指出,社会个体的有限性使他不能从自身出发获得对自我的全部认知:"然而由此得出的如下结论依然是虚假的:作为个人动机的一切观念和感情都起源于个人,可以仅仅根据他自己的生活经验给予充分解释。"①

知识社会学的任务是从历史—社会的背景出发,考察社会群体中已然形成的思想模式,即意识形态对社会个体的影响方式。在罗兰·巴尔特看来,意识形态具有将社会现实和历史自然化的功能,意识形态通过赋予某一符号系统固定的价值观和理解方式,使社会个体其在实践中成为意识形态的维护工具。意识形态以符号化的方式在实践中表述为明示意和隐含意,后者构成了文化中的迷思,用巴尔特的话来说,那是"我的意识形态修辞"。

从巴尔特的意识形态"迷思"(Myth)到阿尔都塞的"询唤"(Interpellation)、葛兰西的"霸权"(Hegemony),意识形态的目的就是要在社会中达成"思维共识",即按照同一种元语言来理解和接受社会现实,脱离社会情境的行为会被认为是非正常或危险的。

从自我层面来说,意识形态压制下的自我缺乏克里斯蒂娃所说的"反抗";从社会层面来说,意识形态试图寻求整体性和统一性,排斥差异性和偶然性:"意识形态是一种语言,它忽视了本质的偶然因素,透过它本身与世界的偶然性关系,导致了将其本身作为某些组织建制种类的错误,结果不可避免地与其所代表的东西结合在一起。……意识形态是一种姿态,它寻求使这些各自分离的秩序一体化,怀旧地搜寻一种词语内部所包含的事物的纯粹的存在,从而把所有自然存在都浸染上能感知的明确色彩。"②

当意识形态运用符号学修辞成为内化于社会个体的集体无意识之后,它就可以按照某种确定的"尺度"建构对象,现实就成为被给定之物。伊格尔

---

① 卡尔·曼海姆:《意识形态与乌托邦》,黎鸣、李书崇译,北京:商务印书馆,2000年版,第2页。
② 特里·伊格尔顿:《话语与意识形态》,麦永雄等译,《马克斯主义美学研究》,1999年第4期,第371页。

顿分析说,自我之所以不能随心所欲地建构对象,是因为在语言和对象之间存在着衡量尺度的元语言。

面对元语言的幻象,实用主义者站了出来,他们声称:在现实中没有什么给定之物。人不是机器,不应当处在被安排的位置上,在人与环境的关系上,人具有主动性和创造性,具有自我反思的能力:"人们可以相对明确地指出,种种因素正在不可避免地促使越来越多的人对外界事物做出反思,甚至在这里,对真理的反思也不及对下述惊人事实的反思,在不同的观察者眼中,同一个世界可能是不同的。"①

马克斯批判意识形态的虚幻性,从更符合现实生活的考察方法以及有生命的个人出发,马克斯认为意识仅仅是人的意识,不是意识决定人的生活,而是人的生活决定他们的意识。处在社会交往和语言交往中的个体相互作用,并对现实世界产生影响,这也是自我意识的来源和基础。

意识形态层面同样也属于人的符号活动领域,据此,马克斯得出了他的著名论断:"人们是自己的观念、思想等的生产者,但这里所说的人们是现实的、从事活动的人们,他们受自己的生产力和与之相适应的交往的一定发展,直到交往的最遥远的形态所制约。意识在任何时候都只能是被意识到了的存在,而人们的存在就是他们的现实生活过程。"②

这表明,当解释和评价社会文化的意识形态从一致性中解放出来,开始走向分歧时,人们对事物的认知方式也发生了变化,从过去的直接观察转向自我反思。正如卡尔·曼海姆所说的,只有打破支撑社会稳定性和保证世界观的内在统一性之后,思维方式的多样性才成为可能。

即便在相对封闭的静态社会中,马克斯·韦伯也发现不同的社会群体对宗教的体验是不同的,当社会发展到一定程度,意识形态的相互交流并构成冲突是不可避免的。当今社会文化多元化趋向更明显,"想在文化生活中追求元语言的单一化,已经不再可能"③。利奥塔用一个极具形象的词汇描述了

---

① 卡尔·曼海姆:《意识形态与乌托邦》,黎鸣、李书崇译,北京:商务印书馆,2000年版,第6页。
② 中共中央著作编译局:《马克斯恩格斯选集(第1卷)》,北京:人民出版社,1995年版,第72页。
③ 赵毅衡:《符号学:原理与推演》,南京:南京大学出版社,2011年版,第244页。

后现代社会的特征：花里胡哨。

7.1.2 符号与价值论

我们都知道，在哲学史上有一个著名的"休谟法则"，也就是"是"与"应当是"的问题，它使得客观事实与价值判断的关系处于一个两难的悖论境地：我们不能必然从"是"推导出"应当是"的问题，但也不能随意就取消这个"应当是"。对此问题的搁置，使得人们长久以来在事实与价值的关系上，天然地设置了一道鸿沟，并且在元伦理学的层面也没有得到解决。

这些伦理或道德学家可能忘了，他们从元伦理学的层面讨论事实与价值的问题，仍然沿袭的是主体哲学的老路，陷入困境自然不可避免。如果我们从符号学的视角观照此问题，并且把事实与价值的问题，转换为符号与价值的问题，其结果会怎样呢？

意识形态多元化的世界，主体能够在符号行为中避开符号的价值，而仅仅谈论符号的意义吗？在索绪尔的语言符号学观点中，符号作为系统的一部分，不仅仅有其自身的意义，而且符号首先有价值。在皮尔斯、杜威、米德等人的实用主义符号学中，不仅在符号与价值之间存在逻辑的关系，而且价值是多元的、可修正的，主体在多样性的价值面前具有自主性和选择自由。从最终的目的来看，实用主义符号学对符号与价值的批评是为了促进现实生活中的公正与善。

7.1.2.1 从元伦理学到逻辑实证主义的分析

在对此问题阐述之前，我们必须在伦理学的价值论与符号学的价值论之间进行一番说明。伦理学的价值论研究的是事实与价值间的关系，符号学分析的是符号与价值的关系。能否将两者等同起来，或者说符号与事实之间的关系怎样？塔拉斯蒂曾经对这个问题产生过疑问，他说符号学经常会把符号与符号载体等同，这里的符号载体大致相当于我们这里所说的事实，它通常以物的形式表现出来。

因此，问题就在于"符号特征到底是物质的物理实体还是我们常说的精神实体"[①]。约翰·洛克在他的《人类理解论》中说，人的心灵为了理解事

---

① 埃罗·塔拉斯蒂：《存在符号学》，魏全凤、颜小芳译，成都：四川教育出版社，2012年版，第117页。

物,传达知识,就得利用符号,用符号来表征特定事物的观念。

而符号学家们,比如皮尔斯告诉我们,符号可以是任何东西,符号总是体现在特定事物里,整个宇宙都充满着符号,因而围绕我们的周围的事物构成了一个巨大的符号宇宙,换言之,任何事物都是潜在的符号。莫里斯对这个问题的回答或许更具有代表性,他说:"符号学并不研究特殊的对象,而只研究那些参与到符号过程之中的对象。"①

因此在元伦理学层面谈论的事实和价值问题,无法绕开符号表意的问题,"表意过程或意义就像价值依赖于符号载体,后者相当于事实"②。但是,元伦理学对待事实与价值的观点,不能套用到符号学上,即便是结构主义符号学领域内的有关价值理论,比如索绪尔的语言符号价值论也存在瑕疵,而实用主义符号学如皮尔斯、杜威、米德等人对符号与价值问题的探讨,或许可以提供某些可资借鉴的理论元素。

所有关于道德价值的分析都必须面对大卫·休谟在《人性论》中提出的问题,即事实/价值二分法的"休谟法则",许多道德学家往往从事实判断的基础上推出价值判断,从"是"推出"应当是"。而在休谟看来,将两者置于逻辑的推理关系是不可思议的事情,这两者之间其实存在着巨大的差异,所以休谟提醒说:"不过作者们既然通常不是这样谨慎从事,所以我倒想向读者们提议要留神提防;而且我相信,这样一点点注意就会推翻一切庸俗的道德学体系,并使我们看到,恶和德的区别并不是单单建立在对象的关系上,也不是被理性所察知的。"③

休谟的怀疑论在今天看来当然很有道理,他强调的是人类经验观察的有限性,由于我们无法穷尽全部客观事实,所以也就不能从"是"推导出"应当是"。不管后人在对休谟的理解中如何忽略掉了其历史语境,至少休谟的观点被认为是元伦理学中事实/价值二分的逻辑起点。摩尔(George Moore)将人的价值选择归结为直觉,这种直觉对应于客观的善,它是自明的,但是

---

① 埃罗·塔拉斯蒂:《存在符号学》,魏全凤、颜小芳译,成都:四川教育出版社,2012年版,第117页。
② 埃罗·塔拉斯蒂:《存在符号学》,魏全凤、颜小芳译,成都:四川教育出版社,2012年版,第118页。
③ 大卫·休谟:《人性论》,关文运译,北京:商务印书馆,1996年版,第510页。

第7章 道德自我

摩尔无法为直觉的存在提供可证实性的理由，之后他不得不转向情感主义。

情感主义的观点是：任何的价值判断与道德判断都是人们情感的表达，并无与之对应的客观事实。史蒂文森（Charles L. Stevenson）使得情感主义道德价值论走向成熟，因为没有与价值相对的事实基础，史蒂文森认为价值判断具有影响和改变他人态度的劝服功能。他改造了符号的意义理论，史蒂文森认为"情感意义"就是利用符号的"刺激—反应"的条件反射原理，将某种价值判断附加到符号上，从而左右对方的观点。史蒂文森的价值论彻底抛弃了伦理学的可能性，走的是非理性、控制论、目的论以及自我中心的路子。

此外坚持价值源于情感的还有逻辑实证主义，比如罗素认为价值本身不具有客观实在性，它只是人的欲望和情感的表达，罗素说："当我们断言这个或那个具有'价值'时，我们是在表达我们各自的感情，而不是在表达一个即使我们个人的情感各不相同但却仍然是可靠的事实。"[①]

早期的维特根斯坦也认为，价值的发生必定在事实之外，世界之内的任何事物都是偶然为之，而价值作为先天必然的存在，只能位于世界之外，一个超验的意志主体那里。卡尔纳普（Rudolf Carnap）和艾耶尔（Alfred Jules Ayer）分别从语言符号的逻辑分析得出结论说，价值判断既不能证实，也不能证伪，因此不可能表达或描述任何客观经验事实，只能表达个人情感。

应当说，价值情感主义注重价值主体的中心角色，强调人的主观性，是有其理论依据的。只不过价值情感主义在这一点上迈的步子大了些，完全不顾价值存在的符号载体和客观事实，认为人是非理性的存在，这样的思路是很危险的，甚至由此会走向道德虚无主义的循环。

情感主义价值论直到黑尔（R. M. Hare）这里才获得重新思考的可能，黑尔认为在事实和价值间存在逻辑关系。情感的成分不能作为语言意义的理论基础，语言分为陈述性的和评价性的，前者作为后者价值判断的事实基础。黑尔用祈使句代替了情感，某种程度上恢复了人的理性主体形象。事实陈述和道德判断都受到普遍规则的制约，这说明道德判断也可以是理性的行为。

事实陈述和道德判断依靠普遍规则联系起来，人作为理性的存在，他的

---

① 罗素·伯特兰：《宗教与科学》，徐奕春 林国夫译，北京：商务印书馆，1982年版，第123页。

行为就不能在情感主义的支配下为所欲为，符号—行为必须依据某种普遍的表意规则。也就是说，价值作为道德判断不是孤立的存在，它的目的是指导实践的行为。

从表面上看来，黑尔的理论似乎没什么问题，并且与维特根斯坦的情感主义形成了巨大的反差。然而仔细分析我们会发现，黑尔与维特根斯坦的意志主体同样都属于情感主义的变体。由于与事实世界的分离，使得这个意志主体就像麦金太尔的情感主义自我一样，"没有必然的社会内容和身份，它能是任何东西，担当任何角色，采取任何观点，因为它不在任何东西之中，本身什么也不是"①。

7.1.2.2 索绪尔论语言符号与价值的关系

索绪尔从语言符号的角度论证了价值不是绝对存在的事物，而是作为符号系统结构的一部分。索绪尔将语言定义为既是"表达观念的符号系统"②同时它也是"一个纯粹价值的系统"③。所以说，语言既是符号系统，又是价值系统。"要理解索绪尔的系统概念，就必须理解他的价值（Value）概念。"④

一般来说，我们都是从符号的意义，而不是从符号的价值角度理解符号系统。然而价值就像意义依附于符号载体，正如塔拉斯蒂所说的，我们必须以对待符号意义的方式来理解符号价值的问题，并且有可能的是，从符号价值出发，比从符号意义出发，将会使我们获得对符号系统更开阔的认识视野。

索绪尔认为语言学像政治经济学一样，都得面临价值这个概念，只不过前者处理的是能指与所指的问题，后者面对的是劳动和报酬的问题。正因为二者都有价值，因此语言系统和商品系统才能维系正常，所不同的是商品的价值由商品本身，即凝结在商品中的无差别人类劳动决定，而语言符号的价值则不能由其自身决定，它只能由符号系统中的其他符号决定。

---

① 阿拉斯戴尔·麦金太尔：《追寻美德》，宋继杰译，南京：译林出版社，2003年版，第41页。
② 费迪南·德·索绪尔：《普通语言学教程》，高明凯译，北京：商务印书馆，1999年版，第37页。
③ 费迪南·德·索绪尔：《普通语言学教程》，高明凯译，北京：商务印书馆，1999年版，第157页。
④ 费迪南·德·索绪尔：《普通语言学教程》，高明凯译，北京：商务印书馆，1999年版，第72页。

第7章 道德自我

首先我们可以从心理层面来理解索绪尔的意思，假设如果没有词作为符号事实，那么思想的表达就是一团模糊不清的星云，因为观念不可能是事先确定的。所以思想和符号的关系好比一枚硬币的两面，互为表里。这一方面反映了语言符号的任意性，索绪尔说："符号的任意性又可以使我们更好地了解为什么社会事实能够独自创立一个语言系统。价值只依习惯和普遍同意而存在，所以要确立价值就一定要有集体，个人是不能确立任何价值的。"[①]

另一方面，索绪尔也再次重申了语言符号的系统性观点。索绪尔从三个方面论述了符号与价值的关系：能指、所指以及符号的整体。索绪尔的结论是：语言符号的价值不能先于语言系统存在，符号的价值是由围绕它周围的符号决定的。

从符号的所指方面考虑，价值与意义有什么不同吗？价值首先是意义的一个要素，它依附于意义，却又不同于意义。索绪尔指出，任何价值都要受到两个条件的制约，它们是："①一种能与价值有待确定的物交换的不同的物；②一些能与价值有待确定的物相比的类似的物。"[②]所以说，交换只能让我们看到符号的意义，而类比则是发现符号的价值因素，从这个层面来说，符号的价值是比其意义更广的范畴。

从符号的能指方面来看，符号价值的能指重要的不是符号本身，而是这个符号与其他符号之间的差别，即符号学上所说的"能指分节"。这仍然是从符号系统的角度来考虑的，根据结构主义的观点，系统内的符号存在各种差异，因而被系统组织起来，形成各种对立，系统才能保持生命力，这是"能指分节"的重要性，罗兰·巴尔特甚至建议把符号学改为"分节学"。

从整个符号系统来考虑价值，索绪尔认为由"能指分节"造成的语言符号的差异是消极的。也就是说，系统高于符号个体，"一个符号所包含的观念或声音物质不如围绕它的符号所包含的那么重要"[③]。由此可以想象的是，

---

① 费迪南·德·索绪尔：《普通语言学教程》，高明凯译，北京：商务印书馆，1999年版，第159页。
② 费迪南·德·索绪尔：《普通语言学教程》，高明凯译，北京：商务印书馆，1999年版，第161页。
③ 费迪南·德·索绪尔：《普通语言学教程》，高明凯译，北京：商务印书馆，1999年版，第167页。

即便一个符号的能指与所指保持不变,而与这个符号相邻的符号发生了变化,这个符号的价值也会发生变化。

总体来看,索绪尔的言下之意是,符号系统作为一个整体结构,其自身具有完备性,符号的价值必须在与其他符号的交换、类比关系中才能获得自身的价值。在这里,尽管索绪尔强调了价值与符号(事实)的连带关系,但并不说明索绪尔的价值理论就没有缺陷。首先如果符号系统自身是完备的,那么必定也是封闭的,由此存在于系统中的价值观必定也是静态和固化的;其次,如果符号的价值只能由它在系统中所处的位置决定,那么符号主体似乎在面临价值选择时,无任何选择自由。

因此,塔拉斯蒂就对索绪尔的语言符号价值论提出了如下批评:"如果价值完全由每个社会或交往的情境来决定,我们将没有任何标准来评价和划定它们。但是人们总能理解普遍的价值并非唯一可能的价值,且尽管系统授予它们权威性或保证,它们仍然是需要质疑的甚至是错误的,因此可以被拒绝。否则集权政权下的人们怎么能够选择摆脱奴役呢?或者,我们怎么能够明白这个事实,即当下在电子交往和交往生产的全球世界中,一些人敢于质问统治机制确立的那些价值。"①

7.1.2.3 实用主义的多元符号价值论

从元伦理学、情感主义,到逻辑实证主义、结构主义的价值论,都未能给价值概念很好的注解。实用主义符号学改变了传统的价值分析方式,赋予价值主体以自主性和选择自由,在社群内倡导多元的价值观。

在经典实用主义的几位奠基人当中,给予了价值理论多样性的分析:"皮尔斯认为价值是现在或者将来被体验为'可赞许'的事物;米德把价值看作是那种行动得以完成的对象的特性;詹姆斯把价值看作是对'需要'的满足;杜威认为价值是被珍视的对象,或者以更加狭隘的方式说,价值是在这种珍视的后果进行预测之后出现的那些被珍视之物。"②

---

① 埃罗·塔拉斯蒂:《存在符号学》,魏全凤、颜小芳译,成都:四川教育出版社,2012年版,第111页。
② C. W. 莫里斯:《莫里斯文选》,涂纪亮译,北京:社会科学文献出版社,2007年版,第236页。

第7章 道德自我

皮尔斯认为在符号和价值之间存在着关联的因素,对皮尔斯来说,伦理学并不必然导向评价性的现象,但是伦理学却是关于评价性的理论。皮尔斯反对传统伦理学中将真理和价值神圣化,因为价值可以是被修正的、多元的。皮尔斯认为,主体能够认知符号有价值,是因为"逻辑的自我控制(Self-Control)是伦理自我调节的完美镜子"①。尽管皮尔斯在符号和价值关系的论述上未能彻底将二者统一起来,但是他的理论为其他实用主义者提供了思想渊源。

实用主义价值论旨归在于反对事实/价值二分法,科学判断也可应用于价值判断。米德认为,传统的观点中科学方法只适用于科学研究,而不能应用于和价值、目的相关的问题,这种论点是错误的。科学方法本身并不具有价值判断,它仅仅是人们在理性行为中运用的假设,而不规定假设的性质,它只规定,"凡是涉及的一切目的、一切有价值的目标、公共机构、实践等都必须得到考虑"②。也就是说,当涉及价值问题的时候,所有与价值相关的事实都应当被纳入科学方法的考虑范围。

那么如何界定道德行为中的价值呢?米德认为价值不可定义,它只能从行为中所产生的冲突来判断和评价,这必然会卷入符号的表意问题,比如表意过程中符号的相互需求、符号功能,以及符号在符号系统中的价值。杜威同样批判科学与伦理学、事实与价值二元论的观点,科学在道德判断中的工具性,表现在既是经验的也是实验的。经验与符号表意的过去相对应,实验与符号表意的未来可能性相对应。因此米德认为从这个层面上来分析,科学方法与道德判断之间并没有什么冲突。

运用科学方法进行价值判断,它的效用就在于既可以避免纯粹理性为了保持价值判断的客观性,将价值与符号载体或事实分离;另一方面还能防止情感主义的主观性和非理性判断。可以说,实用主义的符号价值论介于理性主义和情感主义之间的维度:"价值判断就是关于经验对象的条件与结果的判断;就是对于我们的想望、情感和享受的形成应该起着调节作用的判断。因为凡决定着我们的想望、情感和享受形成的东西就决定着我们的个人行为和

---

① Hartshorne, C Weiss p. ed., *Collected Papers of Charles Sanders Peirce*, Cambridge: Harvard University Press, p. 3.
② 丁东红选编:《米德文选》,丁东红、霍桂桓等译,北京:社会科学文献出版社,2009年版,第370页。

社会行为的主要进程。"①

但是上述的分析并不意味着价值就是脱离实际单独存在的,塔拉斯蒂说,价值是一种超越符号载体的存在,但是在相当多的情况下,"超越的价值开始在此在中实施影响"②。在杜威看来,哲学家设定了一个"价值域"(Realm of Values),把所有的与人类道德或情感有关的事物都安置在这个"价值域"之内,并且与此在世界相对照。但是作为超越世界的"价值域"通过符号中介对此在世界产生影响,通常表现为批评和判断。因此价值论必定不是停留在传统形而上学的虚幻层面,它就是切切实实地发生在经验领域,发生在具体的符号表意的行为中。

价值不可被精确地定义,却可以被理解。价值就是它本身,它是具有内在性的东西。价值本身具有客观实在性,是可以通过经验感受得到,也能通过科学方法进行观察,杜威说:"任何与价值有关的理论必定进入批评的领域之内。"③批评的内容包括:从对符号欣赏中发现新的意义,将符号的意义转化为可用于实践的价值,并对符号的价值所产生的条件和后果进行评估。

对符号与价值的批评最终的目的都是促进现实生活中的善与公正:"有待于我们理智择定的价值理论,只有两种:一种把我们送入一个永恒不变的价值领域;一种使我们获得实际的享受。在这种情况之下,对于那种把价值和作为在智慧指导下的活动果实的诸善等同起来的实验的经验主义陈述,即使是理论上的陈述,也是具有实践意义的。"④

7.1.3 道德论域

任何有关道德的陈述都必须在符号—行为中予以判断,在符号—行为中,如果"A"将"B"作为自己的某个目的,并且使用符号"C"来达到这个目

---

① 约翰·杜威:《确定性的寻求:关于行知关系的研究》,傅统先译,上海:上海译文出版社,2005年版,第205页。

② 埃罗·塔拉斯蒂:《存在符号学》,魏全凤、颜小芳译,成都:四川教育出版社,2012年版,第119页。

③ John Dewey, *Experience and Nature*, London: George Allen and Unwin, Ltd., 1929, p.398.

④ 约翰·杜威:《确定性的寻求:关于行知关系的研究》,傅统先译,上海:上海译文出版社,2005年版,第221页。

第 7 章 道德自我

的的手段，那么"C"就被应用于符号的目的。在符号的使用中，会卷入正当与否等与道德有关的命题。符号可以用来撒谎，也可以用来获得金钱，还可以获得别人的信任，总之，符号可以影响甚至控制别人的行为。

鉴于符号功能的多样化，符号学家们准备将符号的各种用法予以分类，但是莫里斯指出，无论符号学家们如何努力，其分类方法和依据大多都沿袭了奥格登和理查兹的标准，即把符号分为陈述的和情感的。

根据符号表意方式和符号功能的不同，莫里斯区分了符号的四种用法，分别对应于符号—行为的四个方面："符号可以被用来向机体报导关于某个事物的特性，帮助机体选择它较喜爱的对象，激起某个属于行为族的反应序列，和把符号所引起的行为（即解释）组织成一个确定的整体。这些用法，可以依次叫作符号的告知的（Informative）、评价的（Valuative）、鼓动的（Incitive）和系统化的（Systemytic）用法。"[1]

这四种用法是符号最为一般的用法，其他所有用法都是从这四种用法中衍生出来的。符号主体通过符号-对象-目的对自我或他人的态度、行为施加影响。根据上述四种符号用法，日常生活的实际应用的符号表意可以细分为不同类型的论域。根据符号表意方式和符号用法，莫里斯划分了十六种符号论域类型，如下图[2]：

主要论域类型的例证

方式＼方法	告知的	评价的	鼓动的	系统化的
陈述的	科学的	虚构的	法律的	宇宙论的
评价的	神话的	诗的	道德的	批评的
规定的	技术的	政治的	宗教的	宣传的
形式的	逻辑的	修辞的	语法的	形而上学的

从这张表可以看出，道德的论域属于评价—鼓动的论域。道德的论域与社会行为联系在一起，在道德论域中，往往是从某个社群集体的意见出发判断一个行为是否符合道德标准，或者此种行为应当被鼓励还是被禁止。不过

---

[1] C. W. 莫里斯：《符号、语言与行为》，罗兰、周易译，上海：上海译文出版社，1989年版，第 116 页，对译文有改动。

[2] C.W. 莫里斯：《符号、语言与行为》，罗兰、周易译，上海：上海译文出版社，1989年版，第 153 页，对译文有改动。

莫里斯关于道德论域的评价标准也是有问题的，莫里斯把集体福利作为道德论域的评价中心，他说："绝大多数人都会毫不犹豫地把道德的论域这个术语用到根据集体福利来评价行动的那种语言上。……根据什么是有助集体福利的这个观点而做出的对自己或别人的评价（如果这些评价的目的是鼓动的话），就组成道德的论域。"[1]

很显然，这是功利主义的道德观，后面我们将会对此进行陈述。但是莫里斯的观点并不是没有道理，它说明在一个集体或社群中的得到普遍认同的道德观对个人具有强大的制约力量。在米德看来，自我的经验是由无数的符号组成的结构，并且这个符号结构超出人们通常意义上的意识，这个符号结构既"决定着我们的观念方式，同样也决定着我们的思考方式"[2]。查尔斯·泰勒认为自我的道德直觉根植于人的本能。

塔拉斯蒂认为道德由四个因素决定："①规定性。道德伦理经常出现在语言学的祈使句中。②普遍性。道德规则约束所有人，而不仅仅是特定群体。③自主性。道德原则不能用任何其他价值观来维护。④至上性。对人类而言这是最重要的——道德价值超越一切其他价值。"[3]

道德秩序包含和隐含在世界秩序中，在米德看来，存在于世界秩序中的道德秩序应当能够被自我的理性所认知。但是另一方面，道德主体不能始终如一地存在于一个既定的道德领域，道德意识必须与道德情境的变化相关联。也就是说，米德不认同查尔斯·泰勒认为道德意识根植于人的本能的观点。约束自我行为的道德力量不是来自于人的自身，"他只不过是在自己的世界中发现了一种意义"[4]，然后他对这些意义进行回应。

道德论域就像上面我们提到的"价值域"一样，它是外在和超越的符号结构。而形而上学所宣扬的"人因道德而存在"，则在自我之上无形中施压了

---

[1] C. W. 莫里斯：《符号、语言与行为》，罗兰、周易译，上海：上海译文出版社，1989年版，第170页，对译文有改动。

[2] 丁东红选编：《米德文选》，丁东红、霍桂桓等译，北京：社会科学文献出版社，2009年版，第365页。

[3] 埃罗·塔拉斯蒂：《存在符号学》，魏全凤、颜小芳译，成都：四川教育出版社，2012年版，第120页。

[4] 丁东红选编：《米德文选》，丁东红、霍桂桓等译，北京：社会科学文献出版社，2009年版，第380页。

第7章 道德自我

一个大写的"他者",压制着自我的主体性和能动性。当然我们首先得认识到道德的制约力量,它在自我的周围布上了一张无形的符号之网,但同时我们也得秉承这样的信念:"没有真理,只有关于真理的陈述。"①

在米德的实用主义符号学看来,自我在道德面前应当具有很强的自主性。但是需要明白的是,自主选择不是恣意妄为,当自我选择某种道德理想作为追求的目标,同时也意味着,自我必须为自己的选择承担责任。一旦自我选择某种道德价值,实施符号—行为之后,就进入了格雷马斯(A. J. Greimas)所说的模态性领域以及此在的激情之中。

符号表意在道德论域中将展现为如下的模态化:① 意志,即主体的自主选择,我希望在哪种道德意识下展开符号—行为;② 懂得,主体知道按照这种道德意识发生的符号—行为意味着什么;③ 能够,即主体的符号能力,能够在道德意识和符号—行为中构建表意方式;④ 必须,要求主体将道德意识内化,付诸实践的可能,这仍是主体的自愿选择;⑤ 相信,即便道德意识在此世界中产生影响,仍然要相信它是超越的存在,外在于主体。②

7.2 米德论道德的三个层次

米德对道德的理解与他的符号自我理论是一致的,他认为道德的约束力不是来自主体内部的神圣法则,道德行为与个体的社会行为联系在一起,并且在与他人的关系中道德才发挥它的制约力。从这个层面上说,道德也是社会群体中具有共享意义的符号结构,具有社会契约的特征。米德反对情感主义的道德论,他认为在现代民主社会中,人的理性能力能够将道德控制在认知的水平上,而不是情感主义的非理性水平上。根据不同社会状况,米德区分了道德论的三个层次。

---

① 埃罗·塔拉斯蒂:《存在符号学》,魏全凤、颜小芳译,成都:四川教育出版社,2012年版,第119页。
② 格拉马斯发表于1979年的《论存在的模态化》提出建立符号学模态理论的构想,塔拉斯蒂将格雷马斯的模态理论应用于存在符号学的道德价值研究,在后面对米德道德论的分析中,我们将会看到,米德的道德论与此模态化具有非常相似的结构。

7.2.1 功利主义道德论

在上一节中我们曾经提到，米德的学生莫里斯把集体福利作为道德论域的评价中心，这是功利主义的道德论。按照这种道德评价标准，将会以社群中的多数成员利益作为道德评价标准，由此可能导致不公正的社会后果。

从元语言的层次来说，功利主义的道德论坚持在社群内部用集体福利作为唯一的评价标准。表面上看来，这是一种合情合理的道德规范，少数服从多数，个人利益服从社群利益，没有什么值得怀疑的地方。不过从历史实践来看，功利主义道德观很容易被极权社会所利用，用集体福利作为整个社会的意识形态元语言，来绑架个体的价值需求，它要求每个人都必须无条件地遵守，不允许有越界的个人主义行为，否则就会受到相应的惩罚。

从格雷马斯或塔拉斯蒂的符号表意在道德论域的模态化来看，用集体福利作为意识形态的元语言，主体符号—行为的模态化伊始就已经被破坏了，主体的"意志"，即自主的选择性被排斥掉，甚至模态化的第二个阶段"懂得"，也会被废弃掉，因为他没有关于自身或者道德框架的知识。

此种情况下，主体所有的符号—行为都是被动地接受一个完全外在的道德律令，他也不具备在道德意识和符号—行为间构造新的表意方式的符号能力。主体几乎是一个中心虚化的符号，自身没有创造、解释符号的能力，只能由来自外部的内容填充进去。

英国人杰里米·边沁（Jeremy Bentham）和斯图亚特·密尔（John Stuart Mill）是功利主义的领军人物，他们的理论都基于英国经验主义。在《道德和立法原则导论》中，边沁给功利主义下了一个定义："功利主义是指这样的原理：它按照势必增大或减小利益有关者之幸福的倾向，亦即促进或妨碍此种幸福的倾向，来赞成或非难任何一项行动。我说的是无论什么行动，因而不仅是私人的每项行动，而且是政府的每项措施。"[1]

以此来看，边沁将痛苦与快乐作为判定道德与否的标准，并认为痛苦与快乐是自然赐予人类的两个最高主人。从自然本能出发，边沁认为享受快乐和逃避痛苦是每个人都承认的事实。因此在公共生活中，立法者需要考虑的

---

[1] 杰里米·边沁：《道德与立法原理导论》，时殷弘译，北京：商务印书馆，2000年版，第58页。

第 7 章 道德自我

问题，就是采取什么样的行为模式才能增进集体的福利。所以道德的标准就是看结果，而非过程和目的。

为此边沁还设计了一套计算快乐的方法，即"快乐计算法"，从个人的快乐到群体的快乐，要考虑其中的因素，包括：快乐的强度、发生的概率、延续的时间、发生的时间、产生有益后果的概率、产生有害后果的概率以及发生的范围七个指标。将这七种因素考虑进去并加以估算，我们就可以得出快乐的总量。我们不妨来看一个例子：

1988 年《华盛顿邮报》报道了这样一起事件：20 世纪 70 年代末，美国福特汽车公司生产的一款小轿车油箱存在安全隐患，但是福特公司拒绝召回存在问题的轿车，反而继续生产该类型的轿车以牟取利益。之所以这样做，是因为福特公司通过计算，得出改进油箱所花的费用要多于赔偿死者家属的费用。通过计算，这里面牵扯的经济利益高达 8800 万美元，这笔钱可以用来增加社会的集体福利。

密尔作为边沁的追随者，仍然把快乐和痛苦作为判断行为是否道德的标准，不过在某些细节方面对边沁的理论进行了修正。首先，边沁只考虑快乐的总量，而密尔更注重快乐的质；其次，边沁认为功利主义原则适用于任何行为，密尔认为应当有所取舍，考虑行为的后果；第三，边沁主张一切行为以快乐最大化为原则，密尔认为应当在行为中适时观照他人。

功利主义把快乐作为道德行为的目的，但是反驳者说，边沁的功利主义实际上与伊壁鸠鲁的享乐主义没有什么本质的区别，假如古罗马竞技场上的奴隶与狮子的搏斗，作壁上观的贵族们的快乐总量自然大于奴隶的痛苦，能说这样的行为也是符合正义的伦理吗？所以极端者称以快乐最大化为原则的功利主义简直就是"猪的哲学"。

在米德看来，按照功利主义原则的实施的符号—行为属于人类行为最低的道德层次，与低等动物的行为没有什么区别，因为这样的行为只关注当下的感官刺激，而不在意未来的可能后果。

米德把功利主义的道德行为看作是人类行为的第一个层次："第一层次的人类行为可以被归为处于史前人类或儿童时期的行为，此阶段人们还未意识到更多的习俗或禁忌，因此属于低等动物的行为，反应仅仅是出于感官刺激，而不考虑未来的后果。在这个阶段，仅仅是主体对客体欲望的释放，并不计算可能对未来产生的影响或重要性，自然这个客体也不具有普遍性。"[①]

米德还批评说，边沁把快乐作为道德行为的目的和内容，容易使功利主义导向极端个人主义，那么在社群中就缺乏共享的意义体系。尽管后来的密尔试图改进这一问题，但在评判快乐与痛苦的道德原则上，密尔仍旧承袭了边沁的遗产。

功利主义把集体福利作为道德行为的唯一评价元语言，这意味着主体在符号—行为中将没有任何选择自由，它自身是一个内部空虚的符号。如此显然的问题就是，这样还有一个能创造和解释符号的主体自我吗？塔拉斯蒂同样提出这样的疑问，他用"内在/外在"符号来说明：我们自身内部的符号以及围绕我们的外在符号是由我们创造的，还是由外界施予的？

他举了一个关于知识与智慧的例子："我们对外在投入的智慧越多，将之客观化为各种符号产品，如机器、电脑、媒体等，那么留给自身的智慧就越少。相反，我们周围的智慧越少，我们自身内部的智慧就越多。……受此假说的启发，我们可以理解为什么传媒时代的人们，整日沉浸于电脑与网络，可是在理性思考方面却还不如 19 世纪那些仅靠推演就建立了关于存在、视界与预言的强大体系的德国哲学家。"[②]

这里的"内在/外在"符号与米德所说的"形式/内容"的划分是一致的，功利主义道德论的集体福利意识形态或元语言相当于外在符号，不过它的运动过程不是符号主体主动施予，因为符号主体自身内部是空无的，它是从外部运动向内部施加力量，符号主体全盘接受，不能实施任何反抗或拒绝的行为。

如果按照"内在/外在"符号或米德"形式/内容"的区分，在功利主义原则下（或者行为主义者、社群主义者的观点也一样），符号主体的内在符号处于缺席状态，也没有符号形式，只有外在符号或外在的内容。通过之前我们对符号自我的考察可以确定的是，当符号自我通过符号的象征性中介将外在的符号内化的过程中，符号自我既作为发送者，也作为解释者存在。在功利主义原则下，一切都变得颠倒了方向。

[①] David L. Miller, *George Herbert Mead: Self, Language, and the World*, Austin: University of Texas Press, 1973, p. 229-230.

[②] 埃罗·塔拉斯蒂：《存在符号学》，魏全凤、颜小芳译，成都：四川教育出版社，2012 年版，第 184 页。

第 7 章 道德自我

在现实中，这意味着自我主体的缺席，形成现代社会中的"生命政治"，弗洛伊德曾经做过一个心理实验：在深夜中当我们问自己，从自我意识出现的那一刻，把所有不属于自我的东西拿掉，我们发现将会一无所有。福柯声称人的自我是被发明出来的，在拉康那里，从镜像阶段时起，自我就不是真实的出场，从"小他者"到"大他者"，自我不过是被符号包围的虚无，从拉康到齐泽克，自我是不存在的，人本质上是空心人。

按照米德的分析，符号表意过程必须是内在的，通过符号过程、价值、道德或意识形态这些外在的符号在自我意识中出场。然后主体将外在符号转化成内在符号，相应地，根据米德的符号互动论，"外在符号被解释为内在符号然后又还原为外在符号"①。但是功利主义原则不是这样，他们声称任何的道德行为都是外在的编码，内在的符号创造或解释行为并不存在，一切的行为都是为了外在的目的，并且从外在的目的中获得快乐。

米德批评功利主义说："对他们来说，一个人始终把从他所从事的事情中获得的快乐作为目的。它不是某人想要的食物，而是从吃食物中所获得的快乐；它也不是某人所欣赏的伟大艺术家的音乐，而是从音乐中获得的满足；它不是朋友、儿童，不是使某人服从，并奉献自我的问题，这些只是行为的结果。根本上，这些快乐或满足来自于某人为他人工作，为子女、家庭或事业献身。这是一幅人类本性贫乏且不公正的图景。"②

7.2.2 理性主义道德论

米德道德论的第二个层次，指的是康德绝对普遍性的道德法则。功利主义强调道德行为的结果和目的，康德反对功利主义的幸福最大化伦理观。他说建立于经验主义基础之上的幸福最大化判断标准是不具有历史连续性的，而我们所拥有的理性能力和自由能力可以给我们提供伦理的最高原则。人们的自由行动是根据人们内在的自律的目的，而不是像动物一样追求快乐或避免痛苦，或者是为了某种特定的目的而选择最佳的手段。

---

① 塔拉斯蒂·埃罗：《存在符号学》，魏全凤、颜小芳译，成都：四川教育出版社，2012年版，第 191 页。
② George Herbert Mead, *Movements of Thought in the Nineteen Century*, Chicago: University of Chicago Press, 1936, pp. 209-210.

与功利主义追求外在的目的相反，康德道德论追求道德内在的绝对形式。也就是说，康德舍弃了外在符号的规定性，从内在世界中寻找道德义务论的根据。对内在世界的执迷，从柏拉图那里就开始了，他把世界分为理念世界和表象世界，只有在理念世界中，自我才能获得真正的德性和实践智慧的本质。人们所追求的道德的善就在于理性的自制，"善良的人是他自己的主人。"①在《高尔吉亚》中，柏拉图论证说，一个人若因为德性而遭受苦难，也比他外在的不正义行为幸福，即使后者获得很大成功。

对柏拉图来说，内符号或内在世界是他的灵魂领域，外符号或外在世界是古希腊城邦中的世俗行为。奥古斯丁承接了柏拉图对内在/外在的划分，在《三位一体》中，奥古斯丁区分了人的内在和外在，相对应的是灵魂/肉体。奥古斯丁总是劝诫世人，回到内在世界才是触摸上帝灵光的永恒之途。

奥古斯丁对内在/外在的区分比柏拉图更激进，他把认识活动从古希腊的外在世界转向内在世界，直接引导西方思想领域走向了后来福柯所言的"自我关心"的立场。或许更重要的是，对内在世界的关注确证了自我的在场。只有自我在场，在此根基上，上帝在场并用他的慈爱烛照众生。

直到一千两百年之后，当笛卡尔复活了奥古斯丁的思想之后，笛卡尔彻底将道德根据置于自我的心灵内部。而康德为现代主体内在道德本性提供了最严格的表述，在康德的道德论中，责任是核心概念，它是康德道德价值论的源泉。合乎道德的行为，就是把道德责任中的"应当"在现实中予以实践。

出于对责任的道德要求，康德提出道德的三个命题："道德的第一个命题是：只有出于责任的行为才具有道德价值。第二个命题是：一个出于责任的行为其道德价值不取决于它所要实现的意图，而取决于它所被规定的原则。从而，它不依赖于行为对象的实现，而依赖于行为对象所遵循的意愿原则，与任何欲望对象无关。第三个命题：责任就是由于尊重规律而产生的行为必要性。"②

道德的最高原则，在康德看来，是基于我们的理性命令意志的方式，包

---

① 查尔斯·泰勒：《自我的根源：现代认同的形成》，韩震等译，南京：译林出版社，2001年版，第 171 页。
② 伊曼努尔·康德：《道德形而上学原理》，苗力田译，上海：上海人民出版社，1986年版，第 49-50 页。

第7章 道德自我

括两种：假言命令和绝对命令。假言命令属于有条件的命令，运用的是工具理性，康德说如果一个行为只是作为一种达到其他事物的手段，那么它就是假言命令。

而绝对命令，则是不带进一步的任何目的或动机，这个行为本身就代表着善，只有绝对命令才可以作为道德伦理的最高法则："一切命令式，或者是假言的，或者是定言的。假言命令把一个可能行为的实践必然性，看作是达到人之所愿的，至少是可能愿望的另一目的的手段。定言命令、绝对命令把行为本身看作是自为的、客观的、必然的，和另外目的无关。"[①]

在绝对命令最高伦理法则的支配下，有两种形式的行为准则被认为是合乎道德的：其一是将个人的行为准则普遍化，也将就是康德所说的要只按照你同时认为也能成为普遍规律的准则去行动。与此类似的还有中国儒家所提倡的"己所不欲，勿施于人"；基督教的"如果你希望他人真心待你，则你必首先以同等态度待人"。米德从社会性的角度来评价康德的绝对命令，人是理性的社会存在，社会性使得人的道德判断具有普遍性，因此康德的这种道德普遍性判断是形式的。

其二是将人看作是行为的目的，而不是手段。不能将道德伦理法则建立在任何外在的意图或目的之上，哪怕这种目的或意图具有主观善意的倾向。在康德看来，人作为理性的存在，必须尊重人的尊严，而与其他任何特殊的事物无关。康德说："我认为：人，一般来说，每个有理想的东西，都自在地作为目的而实存着，他不单纯是这个或那个意志所随意使用的工具。在他的一切行为中，无论是对于自己还是对于有理性的东西，任何时候都必须被当作目的。"[②]

康德设立了一个目的王国，在这个王国中，人既是立法者，也是守法者，一切都以普遍性作为立法的根据。简而言之，康德认为道德根源的基础是内在的符号形式，应当把所有外在的内容剔除掉。

传统符号学只关注可见的符号文本，即外在符号。康德颠覆了这个观点，康德的道德价值对任何外在的经验事实都不感兴趣，他的道德论并不着眼于

[①] 伊曼努尔·康德：《道德形而上学原理》，苗力田译，上海：上海人民出版社，1986年版，第65页。
[②] 伊曼努尔·康德：《道德形而上学原理》，苗力田译，上海：上海人民出版社，1986年版，第80页。

看得见的行为，而只着眼于那些内在符号领域——人们看不见的理性原则。

并且，按照康德的观点，如果我们践行从内在世界寻求道德自律，所获得的就是纯粹理性的道德。譬如像功利主义或情感主义所表述的情绪、欲望不能掺杂在道德学说中。因此全部的道德概念都先验地存在于理性之中，道德生产只能源于理性。道德绝不可能被看作是外在的某种经验，也不可能具有偶然性。这样从理论上，道德具备了纯粹性，就应当作为我们的最高实践原则，也就规定了纯粹实践理性原则。

通过梳理皮尔斯的符号定义我们知道，符号总是与一定的客观事物相关联，"总是有某种东西，它本身不是一个符号，但行使着符号的功能"[①]。因此符号必有载体作为根基，甚至符号以很多不同形式的质料出现，所以皮尔斯说整个宇宙都被符号包围着，当然这是外在的符号。

此外还有我们心灵或意识中的符号，它们是内在的符号，但是它们中的某些成分如果不通过外在符号来解释，就只能作为"前符号"存在。符号处在自身形塑之中，但是它们并不打算以符号文本的形式出现，主体自身就是符号接受者和解释者。

康德的立场已经确凿地表明，道德完全属于内在符号领域，这与我们前面所阐述的观点背道而驰。从符号学的观点来看，道德价值是超越的，道德价值存在于超越之中，并规定和影响着此在世界的行为。在道德行为判断中，符号主体与外在对象联系在一起，也就是说，内在符号领域与外在符号领域之间，存在着交集和互动。正如塔拉斯蒂所说的，有些内在符号以外在符号形式表现出来，必须要在外在符号领域来理解；反之，某些外在符号必须在内在符号领域来得到解释。

康德把道德原则植根于内在符号领域，并且他宣称，如果按照这种纯粹理性的自律意志行事，就是绝对的善，是善良意志的最高律令。所以，按照绝对命令的行为准则，"要能同时使其自身成为像自然普遍规律那样的对象"[②]，这就是彻底善良意志的公式。

米德并不完全反驳康德所提出的道德原则普遍性，甚至存在一个包括全

[①] 科尼利斯·瓦尔：《皮尔斯》，郝长墀译，北京：中华书局，2003年版，第100页。
[②] 伊曼努尔·康德：《道德形而上学原理》，苗力田译，上海：上海人民出版社，1986年版，第90页。

第7章　道德自我

人类在内的普遍社会，在这个社会中，所有人都可以运用交流媒介与他人建立联系，其中普遍的表意符号是不可少的。只有理性的存在才可能赋予它的行为以普遍的形式，但同时米德认为："任何建设性的行为，都超出了康德普遍性原则的范畴。"①当一个命题或符号—行为面临重新表述或调整的时候，会出现一个新的情境，此时，新的道德原则还没有被建构起来，能用旧有的元语言体系代替新的元语言体系吗？看来似乎不太现实，正是在这一点上，康德的道德普遍性失效了。

米德认为康德所描述的道德目的王国，这种社会形态只能在传统社会或部落社会中才能存在。在这种社会形态中，社会成员被要求严格遵守道德法则："这种社会中没有关于什么是个体权利，或者个体应当作什么或不应当作什么的问题。问题永远是：我这样做是正确的吗？……这种社会中没有个人主义的空间，因为自我中的创造性部分——'主我'被压制，个体仅仅以'客我'的形式显现，冲动自觉地指向被认知的对象。"②

康德坚持主体的内在符号领域是自足的，于是一个人在道德上应当作什么就被先行规定了。尽管康德认为，如果一个人达到了理性自律，那么也就意味着他实践了意志自由。但是当我们从道德行为的模态性来分析的话，第一个步骤即"意志"，它是符号主体把道德准则与外在行为联系起来的意志。明显在康德那里，他是反对任何外在的他律。康德的道德普遍性原则仅仅告诉符号主体，哪种行为是不道德的，"但它并不告诉人们什么是合乎道德的行为。"③

不难理解，康德假设了每个符号主体都是理性的，他们也就无须有关于什么是理性的问题了。当预设了这一前提之后，道德行为的模态性就不能在道德价值行为中起任何作用。康德的绝对命令要求，只存在一种行为方式，这种行为方式既是法则也是动机。当米德用进化论或者多元主义的视角来拷

---

① George Herbert Mead, *Mind, Self and Society*, Chicago: University of Chicago Press, 1934, p. 381.
② David L. Miller, *George Herbert Mead: Self, Language, and the World*, Austin: University of Texas Press, 1973, p. 230.
③ George Herbert Mead, *Mind, Self and Society*, Chicago: University of Chicago Press, 1934, p. 381.

问康德的道德普遍性的时候，比如，假设存在可供选择的行为方式，那么康德的原则不就失效了吗？

所以在米德看来："当出现一个新的假设之后，理性主义的方法从来就不能够提供关于这种情景的表述。"①即道德行为的模态中的"意志"不能实现自由选择，康德的目的王国就失去了创造性。

7.2.3 实用主义道德论

毫无疑问，米德的道德论是实用主义的。这也是米德所表述的道德论的第三个层次。在此层面上，科学方法在人们的道德行为中扮演着重要角色。这种方法追问："理解个体行为与社群中其他成员之间的功能性关系，是什么赋予一个行为以道德价值？道德行为的目的是什么？道德行为将会形成社会中的什么样的普遍对象？个体的善与公共的善之间有何关系？"②

对这些道德伦理问题的解释，米德建基于他的自我理论之上，米德认为在对道德行为的考察上，所有与某个道德行为有关的因素都应当被考虑进去。并且，道德行为的目的要着眼于当下问题的解决。

功利主义道德论关注外在符号领域，理性主义关注内在符号领域，它们都希望能够将某个道德原则普遍化。这种普遍性在功利主义那里指的是最大多数人的福利，在康德那里指的是某种行为态度作为普遍化原则。前者专注于道德的内容，后者专注于道德的形式，总体上都在于用某种单一化的元语言形式规定主体的道德行为，因此并不适合多元和进化的社会形态。

米德论述道德行为的过程首要阶段就是冲动，即我们在前面所分析的道德行为模态的"意志"阶段。这里的"冲动"并不是非理性的，此阶段米德认同康德所说的道德普遍性原则，冲动指向特定的社会对象，这些对象被社群中的所有成员共享。关键在于主体到底想不想实施这个行为，无论是与否，它都表明主体具备将道德价值与行为联结起来的选择意志。

可以明见的是，道德行为是内在符号领域与外在符号领域互动的过程：

---

① George Herbert Mead, *The Philosophy of the Act*, Charles W. Morris, ed. Chicago: University of Chicago Press, 1938, p. 635.

② David L. Miller, *George Herbert Mead: Self, Language, and the World*, Austin: University of Texas Press, 1973, p. 230.

第7章 道德自我

认识论和世界观决定造访外在领域的内在符号是否作为来自'规范'地位的升华还是堕落来体验，或者决定内在世界中的外在符号是否会作为更高现实来对待。法国存在主义哲学家让·瓦尔创造了专业术语来描述这种上升或下降的'超越'：前者称为'向上超越'，后者称为'向下超越'。如果参考框架是现实主义的，那么现实就被理解为基础的、外在的、可测的和物理的。当内在符号上升到外在领域，它们能够获得客观的证实，此时内在符号获得存在理由。"[①]

道德和价值都是超越的、外在的符号，它们存在于客观现实中，道德秩序包含于社会秩序中。人作为有理性的存在，相互之间发生着一定的关系，而道德与这种关系不可分。道德秩序与社会秩序紧密地融合在一起，人类切实地生活在这个现实世界中。这与基督教的救赎计划很相似，米德出生在基督教家庭，宗教信仰不可能不对他的道德论产生影响。

当把内在符号领域与外在符号领域联系起来看待道德行为之后，米德分析说，应当把注意的中心集中在交往的对象上，予以普遍化的不仅是行为的形式，还包括行为的内容。从符号表意的过程来看，米德把表意的中心放在对象上是正确的，即解释者是符号交流中的关键因素。

从康德的普遍化原则来看，他把意志的对象当作规定的基础，这样的规定只能是来自于外在的他律，是受到外在符号的规定应当如何行为，这永远不是道德命令："在这里，意志不能永远直接地通过行为的表象来规定自身，而是借助于行动对意志的预期效果，把预期效果作为动机来规定自身：我应该做某种事情，乃是因为我意愿另一种事情。……像这样的规律不仅通过经验而认识，还必定通过经验来证明，所以其本身是偶然的，不足以成为其中也包括道德规则的必然实践规则，它永远只不过是意志的他律性。"[②]

康德假设存在绝对命令，每个人都能从其他人的立场出发，人只能永远是目的而不是手段，这是正确的。但是康德道德论的最大麻烦在于，当有多重可供选择的价值形态或行为模式出现时，新的社会情境要求人的行为做出

---

① 塔拉斯蒂·埃罗：《存在符号学》，魏全凤、颜小芳译，成都：四川教育出版社，2012年版，第192页。
② 伊曼努尔·康德：《道德形而上学原理》，苗力田译，上海：上海人民出版社，1986年版，第98页。

调整或改变。而康德的原则对新出现的对象无动于衷，它忽略符号表意中出现的任何与既定法则相异的符号衍义，只根据内心固有的绝对命令行事。

米德对此批评道："康德原则所起的作用是告诉人们，在哪些条件下某种行为是不道德的，它并不告诉人们什么是合乎道德的行为。康德的绝对命令假设只存在一种行为方式。如果是这样，则只有一条路线是可以普遍化的，于是对法则的尊重将成为以该方式行为的动机。但是如果人们假设存在可供选择的行为方式，人们便不能利用康德的动机来确定什么是正义的。"①

米德不同意康德的观点在于，康德的目的存在于意志中，因此重要的是道德行为的动机。米德认为目的存在于对象之中，动机存在于针对行为对象的冲动之中。

当然这并不是说米德是一个绝对目的论者，他是反对绝对目的论的。这里的绝对目的是指在符号—行为展开之前，在主体意识内部首先预设了行为的模式，因而具有先验论的色彩。从符号表意过程来看，它是二元论的，由特定的能指指向特定的所指。

米德的符号学是皮尔斯意义上的三元结构，当符号表意开始之后，总是会出现一个新的解释对象，而主体则要根据当下的语境对其做出回应，所以米德说在"行为的任何阶段，人们都可以根据目的而行动，并且可以在当下采取的步骤中体现该目的"②。

尽管米德在他的著作中经常回归到亚里士多德，然而米德抛弃了亚里士多德关于人的本性固化的观念。他的实用主义道德论与自我论是一致的，共同拒斥彻底的决定论。米德所理解的第三层次上的道德论对于社会交往的符号主体来说，在社群中与其他个体之间的关系是动态的，在一种动态化的进程中，社群中的各个符号主体对道德谱系进行修正和创造。

道德作为符号规则的一种存在形式，传统的伦理学的观点一直是"人是道德的产物"或"人为道德而存在"。特别是在社群主义者看来，道德原则限定了自我在社群中所扮演的角色，自我的独立性和自由将在社群行为中被过

---

① George Herbert Mead, *Mind, Self and Society*, Chicago: University of Chicago Press, 1934, p. 382.
② George Herbert Mead, *Mind, Self and Society*, Chicago: University of Chicago Press, 1934, p. 383.

第 7 章 道德自我

滤掉。

而在米德看来,道德作为一种符号规则,并不能破坏人们行为的自由,相反,社群当中的规则越多,说明人们所拥有的自由越多。在实用主义者看来,比如威廉·詹姆斯所说的:"如果他是一个真正的哲学家,他就必须明白,在任何实际给定人类理想的平衡中,一切都不是最终的。相反,如同我们现在的法规和风俗习惯一样,它们也将被任何新的秩序所推翻……'规则为人而定,而非人为规则所造'——这句话足以使格林的《伦理学绪论》永垂不朽。"①

正如我们前面所指出的,道德秩序并不是一个独立存在的外在符号系统,作为一种价值评判体系,实用主义反对符号/价值二分法的评价标准,与存在主义的符号学一致的是,道德秩序作为价值评价体系,尽管它是超越的,然而当主体需要时,他能够体验或感觉到道德秩序的符号力量,并且"体验这种价值以迫使他或她自己去做某事,并且终于意识到了作为符号的价值"②。

米德更为激进的立场是,道德秩序寓于社会秩序之中,社会秩序就是道德秩序:"显而易见的是,社会秩序意味着一个被决定的道德秩序,我们可以用道德秩序来替代社会秩序,道德是同人们之间的理解力有关系的,这决定了一个社会中的道德或道德秩序是什么样子以及可能会成为什么样子。无论康德主义、功利主义还是基督教主义的道德秩序的概念是明确还是模糊的,它都意味着我们生活于真实感知世界中的普遍性过程是与美好的人类社会相关联的。"③

据此,合乎道德的行为就不是为了大多数人的利益,或者为了遵循内心的道德律令。对米德来说,绝对命令仅仅是一个人应当考虑到所有有关的利益来行动,也因此主体不必被某种既定的道德法则所束缚。用简单的"恶"或者"善"的原则来规定某种行为都不属于科学方法的范畴。在道德行为中,主体的意志是首要的,它意味着主体的某种兴趣或冲动,并指向行为的对象,

---

① 威廉·詹姆斯:《詹姆斯文选》,万俊人、陈亚军译,北京:社会科学文献出版社,2007年版,第 347 页。
② 埃罗·塔拉斯蒂:《存在符号学》,魏全凤、颜小芳译,成都:四川教育出版社,2012年版,第 119 页。
③ George Herbert Mead, "Scientific Method and Moral Science", *The International Journal of Ethics*, Vol. 58, 1923, p. 229-230.

当然这个行为阶段要受到道德价值在此在世界中的约束，此时外在符号领域与内在符号领域开始展开互动。

在其后的符号—行为中，主体和对象都可能在意义解释中发生变化，此时出现了新的语境，便不可能再按照原来的符号表意方式继续进行，道德价值呈现多元化的格局，那么也就不存在终极的道德规范，而只存在某个可能的道德原则适用于特定的行为阶段。一旦被施加新的表意元素，它就有可能获得新的表意空间，从而面临被重新解释的可能。

米德的实用主义道德论把道德价值从超越的外在符号世界与内在符号领域联系起来，彰显的是在行为过程中主体自由选择的自主性以及对道德价值和自我的反思性。这种道德论完全符合我们在本章 7.1 节所提出的道德论的模态化，它表明当面临一种给定的道德原则的时候，符号主体的对抗性和超越性至关重要。

在此过程中，符号主体因为创造而不是被动接受道德秩序从而获得了自由："我们生活其中的宇宙秩序因为人类社会中存在的自我意识而成为道德秩序。我们不是朝圣者和局外人，这个世界就是我们自己的家园，但我们不是通过继承而是通过征服得到它，过去的世界掌握和控制着我们，而我们又通过创造和发现掌握了这个世界，这就是关于道德秩序的世界，如果我们能够获得拯救，那将是一次壮观的冒险历程。"①

7.3 民主社会中的符号自我

米德认为，民主社会就是一个道德人格，它应当为社会个体提供自由表达和利益诉求的空间与平台。毫无疑问，民主社会的建构需要一种合适的自我理论，它是符号的，符号自我扎根于社会结构中，拥有不可剥夺的平等、自由和独立的自然权利。米德反对用任何既定的秩序和原则来限定自我与社会结构的变迁，当把符号自我的这种动态和进化特征与社会发展联系起来之后，米德提出了关于民主社会的观念。

---

① George Herbert Mead, "Scientific Method and Moral Science", *The International Journal of Ethics*, Vol. 58, 1923, p. 247.

第7章 道德自我

7.3.1 人的自然权利

理查德·罗蒂曾经追问：民主社会到底是否需要一种自我理论？当罗蒂考察了杜威和罗尔斯的著作之后，他认为政治似乎应当远离哲学和宗教的纠缠，只需要历史学和社会学就足够了。只要我们能够认识到"我们的历史和传统包含于我们的政治生活中"[①]，这就是一种对于民主而言最合理的正义观念，而且这种理论并不受到关于人类自我的某种哲学解释。

然而如果真的像罗蒂所声称的那样，关于民主社会的理论仅仅需要"某种我们关于现在的生活方式的历史—社会学描述"[②]，而不需要一种合适的自我理论作为支撑，那么这样的民主观念是值得怀疑的。正如米德所指出的："民主作为一种姿态依赖于自我的形式。"[③]或者如威利所说的："民主如果有一种自我理论，会运作得更好。"[④]这样的自我理论应当建立于自由、平等和独立的基础之上，也就是说，建立于一种人的自然权利神圣不可侵犯的基础之上。

米德所生活的年代，从19世纪60年代到20世纪初，正是美国各种社会思潮激烈碰撞的时代。社会达尔文主义、新黑格尔主义以及实用主义等理论就自我与社会分别提出了各自不同的见解和主张，在激烈的思想交锋中，实用主义的自我和社会理论成为美国民主社会的旗帜，更有甚者，称实用主义将美国社会从早期的法西斯主义形态中拯救了出来。

达尔文出版《物种起源》之后，斯宾塞深受达尔文进化论和孔德社会学的影响，他认为进化论不仅适用于生物学，同时也可以运用在社会学研究上，即一种关于"优胜劣汰、适者生存"的生物进化论用于社会进步的原则。19世纪60年代之后，斯宾塞的社会达尔文主义传到了美国，对美国镀金时代的社会思潮产生了极大的影响。

斯宾塞的社会达尔文主义，之所以在美国社会有着极为广阔的社会土壤，与美国历史上的个人主义传统有关，这两者的结合缔造了一种"自我成就"

[①] 理查德·罗蒂：《后哲学文化》，黄勇译，上海：上海译文出版社，2004年版，第177页。
[②] 理查德·罗蒂：《后哲学文化》，黄勇译，上海：上海译文出版社，2004年版，第177页。
[③] George Herbert Mead, *Movements of Thought in the Nineteen Century*, Chicago: University of Chicago Press, 1936, p.286.
[④] 诺伯特·威利：《符号自我》，文一茗译，成都：四川教育出版社，2011年版，第236页。

的个人英雄主义气质。当然对于急需发展和扩张的垄断资产阶级来说，同样为自己找到了成功的辩护工具。

而在思想领域，19世纪初的启蒙哲学所宣扬的天赋人权的思想被社会达尔文主义所解构。社会达尔文主义的主要代表人物萨姆纳（William Graham Sumner）认为，社会进化中的一个显著特征就是不平等，这种不平等表现在先天的不平等以及后天的不平等。萨姆纳的结论是：按照丛林法则，我们从自然中获得的只是关于进化的能力，不存在任何的自然权利。

尽管社会达尔文主义为美国社会自由放任的社会经济政策提供了实践依据。然而当它将生物界"适者生存"的自然法则用在人类社会中，既剥夺了人所拥有的自然权利，同时也忽视了社会个体在环境面前的主体性，因而属于一种生物学向下还原的自我理论。

随着民主社会观念的觉醒，美国社会中适宜社会达尔文主义生长的土壤日渐稀薄。不少学者达成了一个共识，他们发现20世纪在欧洲兴起的"纳粹主义和法西斯主义，就是以社会达尔文主义作为理论基石，被用来为纳粹的战争、人种论和种族歧视进行辩护"[①]。

当某些美国思想家发现社会达尔文主义并不是民主社会想要的理论时，他们提出在社会领域应当采取国家干预政策以替代自由放任的政策，国家应当凌驾于个人自由之上。与此同时，在哲学领域新黑格尔主义在继承德国浪漫主义的思潮中开始崛起。

在关于自我与社会的理论上，新黑格尔主义提出了如下主张："首先，他们在'个性'或'自我行动'的概念中发现了核心价值，即个人的行动只要是自我规定的或合乎理性的，就是自由的、合乎道德的；……其次，根据这种见解，他们为道德设立了必要的'社会'基础，即真正的、自由的人格只有在承认他人的平等个性和承认有机社会的伦理要求时才能获得。最后，宗教真理被看作是绝对者的象征性代表，它在历史上是保障个人自由兴起的同盟军，它提供了一套统一的道德规范。"[②]

---

① Mike Hawkins, *Social Darwinism in European and American Thought, 1860-1945*, London: Cambridge University Press, 1997, p.272.
② D. 沃森：《美国的新黑格尔主义传统》，朱晓红摘译自《美国研究杂志》，1980年第14卷第2期，第1页。

第7章 道德自我

新黑格尔主义尽管在美国历史上存在的时间并不长,然而它所产生的影响却较为深远。米德早年的老师罗伊斯就是新黑格尔主义的主要代表人物,总体上而言,罗伊斯强调自我应当忠于社群中作为道德的善,自我实现必须溶于理想的社会整体之中。作为罗伊斯的学生,米德一度成为一个新黑格尔主义者。在新黑格尔主义理论当中,自我被社会或社群所吸纳,自我的个体性被遮蔽,这是一种向上还原的自我理论,同样不符合民主精神。

无论是社会达尔文主义还是新黑格尔主义的自我理论,实际上都没有将自我看作一个弹性的符号结构,前者将自我还原为生物,后者将自我还原为社群。本质上都否定了自我所拥有的神圣不可侵犯的自然权利。

当米德和杜威后来在芝加哥大学继承了皮尔斯和詹姆斯开创的实用主义衣钵之后,他们抛弃了早年的新黑格尔主义思想,开始秉持一种实用主义的自我观念:"实用主义的自我理论构想出一种独立自主、自成一类的人,既不能被向下还原为身体,也不能被向上还原为社群。这种立场用符号的方式将自我描述为一种由文化以及文化符号来定义的实体。这些自我是自由的、平等的,包括黑人、女性以及新移民。"①

实用主义坚持一种自由主义—多元主义的自我与社会观念,它融合了启蒙精神、行为主义、进化论以及美国早期社群主义思想,支持美国的民主传统。美国早期在建构民主社会的观念中,首先受到了来自欧洲启蒙精神的自然权利观的影响。

正如米德所指出的,自然权利作为欧洲17世纪以来的革命口号,在催生代议制政府以及民主政体的过程中扮演着越来越重要的角色,同样,对自然权利的论述也成为米德论证民主社会理论的逻辑起点。在一种较为明确的意义上,对自然权利的重视使得米德的实用主义成为一种彻底的民主理论,自然权利与民主观念成为相互支撑的理论框架。

关于自然权利,从霍布斯、洛克到卢梭,米德所讨论的自然权利与霍布斯和洛克的自然权利观并不完全相同。米德的立场更接近卢梭的观点,因为"卢梭更为强调人性的社会特征"②。这与米德的自我社会性如出一辙。

---

① 诺伯特·威利:《符号自我》,文一茗译,成都:四川教育出版社,2011年版,第10页。
② George Herbert Mead, "Natural Rights and the Theory of the Political Institution", *The Journal of Philosophy, Psychology and Scientific Method*, 1915, Vol. 12, p. 146.

霍布斯的自然权利分为自然状态和主权国家状态下自然权利，霍布斯所描述的自然状态是一个野蛮、争斗、人们之间彼此互不信任的状态。因为自然赋予人们身心方面的平等，由此出发，人们就会希望平等地获得或者享用自然中的事物。如果达不到这个目的，相互之间就会成为仇敌，"彼此都力图摧毁或征服对方"①。这是人类的天性使然，因而霍布斯得出结论说："在没有一个共同权力使大家慑服的时候，人们便处在所谓的战争状态之下。"②

由于人类个体天性崇尚自由以及相互征服的状态，人类的自然权利便不能在自然状态下实现。因而需要在人类自然权利之上有一个权威的力量使人们服从，于是便产生了"利维坦"——国家。

人们为了抵御外来侵略以及制止相互侵害的行为，以保障人们的自然权利，那么就只有一条道路：把所有人的自然权利托付给能代替大家行使公共意志的个人或集体，并且订立共同遵守的契约："我承认这个人或这个集体，并放弃管理我自己的权利，把它授予这人或这个集体，但条件是你也把自己的权利拿出来授予它，并以同样的方式承认它的行为。……用一个定义来说，这就是一大群人相互订立信约，每个人都对它的行为授权，以便使它能按其认为有利于大家的和平与共同防卫的方式运用全体的力量和手段的一个人格。"③

霍布斯承认人的自然权利存在，然而某种程度上他也把人的自然权利看作是自我实现的障碍，因此必须在订立契约之后，将所属的自然权利让渡给君主。由此所带来的潜在危险是，个体的自然权利成为自我欲望的满足，而"让渡这些权利的个体成为一种空泛的社会存在，成为专制君主的傀儡"④。

尽管霍布斯的"利维坦"政治受到不少人的诟病，然而霍布斯却开启了从自然法向自然权利的根本转向。霍布斯之后的约翰·洛克公开宣称，他反对霍布斯而追随传统政治哲学，不过当我们对洛克的自然状态和自然权利进

---

① 托马斯·霍布斯：《利维坦》，黎思复、黎廷弼译，北京：商务印书馆，1985年版，第98页。
② 托马斯·霍布斯：《利维坦》，黎思复、黎廷弼译，北京：商务印书馆，1985年版，第99页。
③ 托马斯·霍布斯：《利维坦》，黎思复、黎廷弼译，北京：商务印书馆，1985年版，第138页。
④ George Herbert Mead, "Natural Rights and the Theory of the Political Institution", *The Journal of Philosophy, Psychology and Scientific Method*, 1915, Vol. 12, p.145.

行考察后会发现，洛克的思想与传统政治哲学毫不相干。在一种比较隐晦的基础上，洛克实际上是霍布斯的追随者。只不过相比于霍布斯，洛克更强调政府的有限性以及人的自然权利优先于政府权力，因而洛克的自然权利理论也被称为"没有霍布斯的霍布斯主义"[1]。

洛克同样是以自然状态开始他对人类自然权利的表述，在自然状态中，人们既是自由的，也是完全平等的。与霍布斯所不同的是，洛克认为人们受到自然法的约束，这其中包括道德法、上帝意志以及人的理性诉求，因而在自然法的约束下，人们应当是和平相处，而不是处于战争状态。但是个体的力量毕竟有限，不能够提供充分地给予我们尊严和自足的生活，为了弥补社会个体的孤独状态，"我们自然地想要去和他人群居并共同生活，这是人们最初联合起来成为政治社会的原因"[2]。

同样在契约基础上建立的国家政府，并没有像霍布斯的"利维坦"那样剥夺掉自我的自然权利，洛克的观点是：建立政府的目的在于保障人们的自然权利。洛克最珍视人的个人自由，他说："如果谁企图将另一个人置于自己的绝对权力之下，谁就同那人处于战争状态。"[3]个体的自然权利必须居于国家整体之上。

某种程度上，卢梭的自然权利论可以看作是霍布斯与洛克的调和。在卢梭的社会契约论中，既强调个人的自由与平等，同时更注重缔结契约的社群中的公意。这也是米德所反复论及的人的社会性，在卢梭的契约社群中："不但存在为所有人认可的公共利益，而且还存在用以证明和实现公共利益的公意。"[4]按照卢梭的表述，公意考虑的是社群中所有成员的利益，人的自然权利是在缔结契约之后获得的，它有赖于群体成员之间的社会化以及共同遵守作为普遍意志的道德的善。

对于米德来说，他不赞成霍布斯和洛克在人的社会属性之外谈论自然权

---

[1] 靳希平：《洛克》，香港：中华书局，2000年，第109页。
[2] 约翰·洛克：《政府论（下）》，叶启芳、瞿菊农译，北京：商务印书馆，2011年版，第10页。
[3] 约翰·洛克：《政府论（下）》，叶启芳、瞿菊农译，北京：商务印书馆，2011年版，第11页。
[4] George Herbert Mead, "Natural Rights and the Theory of the Political Institution", *The Journal of Philosophy, Psychology and Scientific Method*, 1915, Vol. 12, p.146.

利,"自然权利并不先于国家社会而存在于自然状态中的孤独的个体身上"①。但是这并不意味着米德否认人的自然权利,米德相信人的自然权利神圣不可侵犯,但是自然权利只有在社会化的个体身上才能体现出来。

换句话说,自然权利与作为符号的自我具有一致性,即必须在一种主体间的立场上得到他人的接受和承认,才有意义。自然权利的私人性与公共性同在:"需要指出的是,在康德、黑格尔以及密尔的设想中,社会中的自我所追求的目的在很大程度上并不完全是私人性的,个体的利益和公共的利益同在。在这里,我们得到了权利学说的基础,在无须设定个体以及个体权利先于社会存在的情况下,这种权利就是自然权利。"②

在同一个社群当中,自我的自然权利与他人联结在一起:"个体在坚持他自己权利的时候,同时也在维护社群中所有其他人的权利;社群只有在承认和坚持共同目的的前提下才得以存在。在这些共同目的中,个体和社群的意志同时得到了表达。"③

因而,米德在分析人的自然权利观时,他追随卢梭,米德被称为"一位温和的社会契约论者,自然权利只有在得到他人承认时才是存在的"④。米德并不认为在霍布斯或者洛克的自然权利观中存在社会契约意识,作为一位实用主义者,米德认为自然权利最终的获得存在于自我与社会的交往过程中,"而不是某种固定的遗产或不变的自然结构"⑤。这与米德的自我论是一致的,自我的社会属性使得自我成为一个开放的符号表意结构。

当米德抛出上述言论后,我们是否会存在这样的担忧,即将个体的自然权利与公共利益联系在一起之后,如何对私人权利与公共利益做出裁定?或

---

① Joseph Betz, "George Herbert Mead on Human Rights", *Transactions of the Charles S. Pierce Society*, 1974, Vol. 10, p. 199.
② George Herbert Mead, "Natural Rights and the Theory of the Political Institution", *The Journal of Philosophy, Psychology and Scientific Method*, 1915, Vol. 12, pp. 149-150.
③ George Herbert Mead, "Natural Rights and the Theory of the Political Institution", *The Journal of Philosophy, Psychology and Scientific Method*, 1915, Vol. 12, p. 150.
④ Joseph Betz, "George Herbert Mead on Human Rights", *Transactions of the Charles S. Pierce Society*, 1974, Vol. 10, p. 200.
⑤ Joseph Betz, "George Herbert Mead on Human Rights", *Transactions of the Charles S. Pierce Society*, 1974, Vol. 10, p. 200.

第 7 章 道德自我

者,是不是存在这样的可能,一方面出于道德的制约,私人权利被公共利益所绑架;另一方面,由于个体欲望的膨胀,使公共利益处于危险状态。

关于个体自然权利的两个最重要的方面:平等与自由。既然它们存在于社会化的自我身上,那么也就意味着在民主社会中,平等和自由不能外在于社会,而必须在民主社会内部得到保障。米德是一位现代民主论者,他认为基于社会契约的人的自然权利不能停留在口头契约上,而必须诉诸立法制度,米德认为,对自然权利的保障必须"在宪法中对这些根本权利进行明确地阐述,并用司法手段对它们予以保护"[①]。

在立法制度保护下的自然权利对所有个体来说都具有平等的地位,当然这种平等不仅仅是制度上的,同时也根深蒂固地凝结在文化中,成为一种道德人格。一方面由立法制度所保障的自然权利为自我提供了制度上的平等,自我为立法机构所承认,这是一种形式上的平等;而在自我的内容上,构成符号自我的主我、客我以及广义他者对任何社会个体都具有相同的结构,这种结构内容既被自我接纳,也被社会中的其他个体承认。"也就是说,所有人都是符号学意义上的符号。"[②]

与此相似,基于人人平等的基础上才能谈论自由,正如卢梭所言:"没有平等,自由就不可能存在。"[③]自我的自由既是针对符号自我的结构而言,同时也存在于自我与社会的关系上。"对于米德来说,人类自由的行为是在与'客我'对抗的'主我'关系范畴中获得的。"[④]把符号自我的这种结构移植到自我与社会的关系上也是适用的。卢梭说,人人生而自由,却无时不处在各种枷锁之中。

米德并不完全赞同卢梭的观点,他认为对自由的这些"枷锁"并不构成对自由的限制,因为他们都是人类自己制定的各种规则,规则越多,说明人们掌握的自由越多,当然有一个前提,即这些规则对所有人都是平等适用的。

符号自我能保持自身的独立性,并且不会被外部环境所吸纳,他们能认知到自身的价值所在,对于社会中的秩序和规则保持一种天然的对抗性和否

[①] George Herbert Mead, "Natural Rights and the Theory of the Political Institution", *The Journal of Philosophy, Psychology and Scientific Method*, 1915, Vol. 12, p.151.
[②] 诺伯特·威利:《符号自我》,文一茗译,成都:四川教育出版社,2011 年版,第 240 页。
[③] 卢梭:《社会契约论》,李平沤译,北京:商务印书馆,2012 年版,第 58 页。
[④] Leszek Koczanowicz, "Freedom and Communication: The Concept of Human Self in Mead and Bakhtin", *Dialogue*, 2000, Vol. 4, p.62.

定性，在符号学的意义上："他们内心都是自由的，因为在某种程度上，符号过程是独立自主的。客体并没有决定符号或解释项，正如客体在实证主义的二元论中也是这样。符号和解释项是从许多可能性中挑选出来的，而挑选的过程是自由的。"①

同样的问题是，当米德将个体的自然权利与公共利益联系起来之后，如何在保障自然权利的同时不侵犯公共利益。在这方面，米德主要是一位道德论者，米德认为社会秩序就是道德秩序。这也就意味着，社会化的个体在拥有自然权利的同时，必须承担起道德的责任。

但是这里需要澄清的是，米德所说的道德行为与功利主义和理性主义的道德论并不相同。功利主义的道德行为屈从于外在的规则，理性主义的道德论强调的是内在纯粹理性，以此建立一个目的王国。而米德所说的道德行为结合了外在符号领域与内在符号领域，"责任产生于个体意识与他人合作以取得达成共识的社会结果"②。

同样在这里需要注意的是，一个道德和负责任的行为并不必然导致一劳永逸的结果，也并不必然在一种通畅无阻的语境中得到解决，在交往的过程中总是面临着某种"非意图性结果"，此时就要求交往的主体具备一种责任意识，即应当考虑行为所涉及的所有价值和利益。

根据米德的观点："自我也是一种道德现象，他发展了与行为有关的规范概念。米德和杜威在不同的层次上对此做出解释，他们试图在基于非确定性的道德情境以及行为过程中建立一种道德伦理，而解决的办法则是这样一种观点：尽可能地包含系统中那些冲突性的价值观。这种观念与米德的普遍理性原则相关，他假定人们社会生活的状况具备采取他人角色的能力。"③

7.3.2 作为秩序与结构的自我与社会

迄今为止，我们主要讨论了作为一个结构的符号自我，这种观点主要强

---

① 诺伯特·威利：《符号自我》，文一茗译，成都：四川教育出版社，2011年版，第240-241页。
② David L. Miller, *George Herbert Mead: Self, Language, and the World*, Austin: University of Texas Press, 1973, p. 187.
③ Leszek Koczanowicz, "Freedom and Communication: The Concept of Human Self in Mead and Bakhtin", *Dialogue*, 2000, Vol. 4, pp. 63-64.

第7章 道德自我

调一种开放的自我观，然而也难免给人造成这样的错觉：是否自我的形成和实现纯粹依赖于动荡人生中的各种偶然性和可能性？如果将这种观点推而广之，是否我们的社会也处在这样一种局面之中？

很多人倾向于将米德看成是激进的社会改革者，似乎并不恰当。根据本人的理解，米德实际上是一位温和的、循序渐进的社会改良主义者。各种偶然性和可能性只是赋予自我与社会一个开放的结构，在这种开放的结构之下隐含着某种表征稳定、规范的秩序，能够在这两者之间取得平衡，是米德所追求的主要的民主观念。

就作为结构的符号自我而言，一个践行民主的社会必须为自我提供平等、自由和多元的发展语境。毕竟社会是由不同的符号论域组织起来的系统，而这些社会的符号"在任何时候都不会是完全可靠的和恰当的"①。但是在社会中却存在使得符号的恰当性和可靠性改造的条件。

米德首先认同的是自我与社会的互动功能，就某一个人而言，他单独不可能成为一个自我，而多个自我的联合就具有了社会的属性，但是到底先有自我还是先有社会，这属于是先有鸡还是先有蛋的问题，对此我们不必追究。但是就具体的个体自我而言，必须承认社会的优先存在，但是自我有选择的自由，不存在一个吞噬另外一个的问题。

从符号自我本身来说，它必须与过去的自我与其他自我之间保持差异性，否则就没有进一步实现自我的空间和奋斗的动力。符号自我既向自身内部观察，同时也朝向自身外部观察，而这种自反性并不仅仅是建设性的功能。在自我成长的初级阶段，符号自我首先展现的是它的可塑性方面，它必须通过社会交往将"广义他者"作为一种规范内化于心灵和意识中。

自我形成之后，社会文化还试图将自我控制或驯化为掌中的玩物时，此时自我为了捍卫自身的独立性和自由，开始展现出叛逆性的符号力量。现今社会是一个功能分化的社会，它由许多的子系统构成，每个社会子系统都有其特定的文化符码，就像每个不同的文化社群一样。当符号自我在这个子系统中获得肯定的时候，在另外一个子系统中可能会遭遇否定的评价。

这种社会功能分化的特征促成了符号自我的多元特征，在整个大的社会

---

① C. W. 莫里斯：《符号、语言和行为》，罗兰、周易译，上海：上海译文出版社，1989年版，第253页。

系统内，符号自我永远不可能获得自身的圆满状态，它在某一个方面总会有缺失，这也促使它不断地进行自我超越。因而任何社会组织如果妄图用某一种整齐划一的社会形式来塑造并且限定自我的形式，必定会遭遇到符号自我对抗的力量。

自反性不仅仅作用于符号自我身上，通过符号自我而凝聚的自反性力量也会作用于整个社会系统。如莫里斯所指出的："认为社会仅仅是按照它的一个模型来塑造一个被动的个人，这是错误的想法。社会只是在人们的相互作用中存在，人的差异和多样性必然是社会改变的一个源泉。虽然社会通过语言使得个人的后一语言符号成为可能，但是当这些符号产生了，它们就扩大了个人行为的范围，反作用于社会的语言和文化。"①

然而米德所说的存在于自我和社会中的偶然性和可能性，并非是以疾风骤雨式的革命形式对社会形成反作用。无论是自我还是社会的自反性，它的显著特征是赋予自我或社会理性思考的可能，从而能够以一种科学的思维方法解决现实中所面临的问题。

米德不止一次地谈到，合乎道德的科学方法唯一所要遵循的原则就是，凡是与社会行为有关的所涉及的一切目的、价值和实践都必须得到考虑，但是科学方法并不会为人们指明具体的方向是什么。

很显然，自我或社会变革之前公共讨论的阶段很重要，自反性的作用在于观察到存在变革的可能性之后，尽量延迟变革的时间，使得问题得以在最广泛的范围内得到讨论，从而使得与该问题有关联的各种利益关系显现出来，从而寻求一种合理的解决方法，避免个人专断或者极权主义的横行。

米德在关乎个人权利的问题上，十分强调司法制度对个人权利的保障，但是米德并不是纯粹的唯制度论者。他认为即使在一个看似完善的民主社会中，"由司法机构保障的每一项权利，毫无疑问采取的是一种并不完善的形式，原因在于，我们的社会就是一个并不完善的社会"②。

这种情况下，就需要对制度中的某些部分进行改革，但是为了使得关涉

---

① C. W. 莫里斯：《符号、语言和行为》，罗兰、周易译，上海：上海译文出版社，1989年版，第252页。

② George Herbert Mead, "Natural Rights and the Theory of the Political Institution", *The Journal of Philosophy, Psychology and Scientific Method*, 1915, Vol. 12, pp. 154-155.

第 7 章 道德自我

到的所有利益都得到清晰的表达,最为重要的是忌讳草率行事,而一种充满弹性的制度结构延迟了社会非理性变革的时间,因而制度规则仅仅是人们维系社会关系的工具。当社会处于稳定结构时,它保障社会契约关系的实施,当社会面临变革之时,制度为人们提供公共讨论的平台,让所有与行为本身有关的利益得到自由表达。

同时从道德上来说,也不应当为公共利益的出现设置种种障碍,在社会中践行这样一种开放的制度,是为了"延迟发生在我们社会结构中的变化,这种延迟的唯一目的在于,它能够使得在公共讨论中所牵涉的一切利益,包括那些处于危险状态的利益呈现在我们面前,从而得到充分的评估"[①]。

这种"慢工出细活"的思维并非仅仅停留在理论上的空谈,在美国民主实践中体现得也非常明显。譬如 1787 年 5 月,独立战争领导人召集各界精英人士,召开了一次修改《联邦条例》的政治会议,这个会一直开了四个多月,虽然时间漫长,却修订出了一部延续至今的美国宪法。

在一个相对成熟的民主社会中,民主原则不仅仅体现在具有偶然性和可能性的变革上,否则民主原则将缺乏一种连续性和稳定性,使得制度本身的运行成本极高,反而会破坏社会的福利以及民主本身。再以美国的宪法为例,美国宪法自制定沿用至今二百多年的历史中,具有相当强的稳定性和权威性,以宪法修正案的形式推翻最高法院的判决,在美国历史上一共只出现过四次。

这种稳定和规范的秩序既体现在社会结构中,也体现在符号自我的结构中,从时间上来说,实用主义的自我与社会理论坚持符号的三元结构,即在过去、现在和未来的综合判断中思考行为的结果[②]。况且符号自我本身也存

[①] George Herbert Mead, "Natural Rights and the Theory of the Political Institution", *The Journal of Philosophy, Psychology and Scientific Method*, 1915, Vol. 12, p.152.

[②] 与此相对,在乌托邦社会中,乌托邦缔造一个美丽的梦想把人们引向遥远的彼岸,为了未来而否定现在,甚至不允许人们保留独立的自我观念(美国社会在 20 世纪五六十年代兴起的"嬉皮士"运动,多少带有一些乌托邦色彩,然而在缺乏文化根基以及脱离历史脉络的状况下,在重蹈了 19 世纪乌托邦实践运动的覆辙,同样都成为一个没有结果的梦。参见让-珀蒂菲斯•克里斯蒂安:《十九世纪乌托邦共同体的生活》,梁志斐周铁山译,上海:上海人民出版社,2007 年版);在功利主义社会中,被现实欲望主宰的人们,为了要得到快乐规避痛苦,舍弃未来而保留现在,在追求集体福利的统一性中同样没有一种独立的自我观念。

在于三元的时间结构中，这使得它在实施行为的过程中，既能保持一种时间上的连续性，而且在这种连续性的基础上扩大观察的范围，通过自反性的三元对话结构使得公共讨论和理性成为可能。

符号自我时间结构中的稳定性和秩序性，在美国社会的民主实践中表现为循序渐进式的改良，着手解决眼下和短期的问题，很少出现雄心壮志式的长远规划。托克维尔（Alexis de Tocqueville）于19世纪30年代在美国考察期间，发现有两件事特别引起他的注意：其一，在美国努力奋进试图改进自身命运的人多得不计其数；其二，虽然每个人都很努力上进，然而胸怀大志者甚少，他们把精力都用在竭尽全力去做好眼下的平凡的事情上去了。①托克维尔把这种奇怪的现象归结为身份的平等。

符号自我呈现为一个三元的符号结构，如同三元的时间结构一样，"自我的三项式符号结构如同自我与时间的三元关系。符号、解释项以及客体也同样是当下、未来以及过去"②。符号的三元结构在米德的自我中是主我、客我以及广义他者。符号自我中的"客我"部分作为"广义他者"的投射，同时也是在社会交往中非常活跃的过去的"主我"部分，通过符号与社会进行象征性的互动，将社会性的价值和观念内化为"客我"部分，并进而沉淀为符号自我的习惯和规范，这些成为符号自我中的稳定的规范和秩序。

但是这种规范和习惯并不受到外在强力的影响，与极权社会中统治者利用对个人的符号—过程的控制，并且将这种控制推进到极致是完全不同的。或者说，民主社会中的规范和习惯本质上属于"文化自觉"的范畴，并且建立在社会保障它的成员的符号能力多元化和平等自由的基础上。在长期的民主实践中，将会形成具有稳定性的传统和民主精神，它植根于符号自我和社会深层的心理结构中。对于托克维尔眼中的美国社会而言，这种深层结构就是身份平等的观念，以及由身份平等而衍生出的自由和独立的传统。

尽管美国民主制度诞生以来饱受"多数的暴政"的诟病，然而这里的多数并非固定不变的某个阶层或阶级，人们相信在一个平等和自由的社会中身份具有流动性，任何人都可能成为多数中的部分，也可能成为少数中的一分

---

① 托克维尔：《论美国的民主（下卷）》，董良果译，北京：商务印书馆，1991年版，第790—795页。
② 诺伯特·威利：《符号自我》，文一茗译，成都：四川教育出版社，2011年版，第230页。

第 7 章 道德自我

子,在一种动态的平衡中社会为自我创造了机遇和可能性。

这种开放的自我和社会观念既植根于自我的普遍信念,同时也体现在社会制度建构中,米德指出:"在立法、行政和司法的相互制约下,不仅诞生出了自我发展的机遇,而且也孕育出了由法律所认可的、对政府机构不断进行重建的契机。持续的变化以制度的形式发生,政府在其自身的运作中可能变得与过去截然不同。在此过程中,制度的既定权威没有受到任何削弱,而变革则融入了政府本身的组织形式中。"[①]

[①] George Herbert Mead, "Natural Rights and the Theory of the Political Institution", *The Journal of Philosophy, Psychology and Scientific Method*, 1915, Vol. 12, p. 141.

结　　语

米德的自我理论思想基础从早期的进化论、行为主义、新黑格尔主义，转向后来的实用主义。米德表达了这样的观点：自我是在社会过程中使用符号进行意义交流的个体。在米德之前，传统哲学一直试图在心灵和意识内部认识自我的本质，以笛卡尔为代表的"唯我论者"将自我的存在作为社会存在的前提，于是得到的是绝对的自我观念，这也是近代以来主体哲学陷入困境的主要原因。

米德认为"唯我论"的自我观及其后来的行为主义自我观都走向了极端，在米德看来，自我不能作为封闭的心灵实体存在，更不能作为没有思想的机械个体存在。只有在社会交往关系中，自我才不至于陷入孤独无依的困境，看不到未来的希望和前途。

在社会交往关系中，依赖能够表意的语言和符号，自我能够进行内心对话，把自己当作交往的对象，而自我的自反性使得这种交往关系从心灵内部移植到社会层面上，由此构成在"主我""客我"以及"广义他者"的三元交往关系。这种三元交往关系对应于符号的三元表意结构，于是自我也应当被看作是能够表意的符号。

作为符号的自我是一个悖论性的存在，一方面它自身具有不完备性、有限性，于是它不能完全认识自身；另一方面，正因为自身的有限性，使得它在各种符号表意的压力下，不断进行超越，以求能够获得最大限度的认知。在这种悖论性的存在状态下，符号自我一直处在自我否定和自我肯定的两个表意序列中，由此使得符号自我不断超越自身，不断进行创造性的表意行为，于是符号自我就呈现为各种可能性。正如莫里斯所说的："人是不断重新创造自己的东西，是自我创造者，是把自己作为他的创造材料的工匠。"[①]

[①] C. W. 莫里斯：《开放的自我》，定扬译，上海：上海人民出版社，1987年版，第2页。

结　语

毫无疑问，现时代出现了自我认识的危机："我们近代关于人的理论失去了它的理智中心，我们所得到的只是思想的完全无政府状态，……形而上学、神学、数学、生物学相继承担起了对思考人的问题的领导权并且规定了研究的路线。"[①] 这其中最重要的原因在于，人们倾向于将自我看作是某一个固定的本质，人们常常提出这样的问题：自我究竟是什么？

在米德的视野中，如果将自我看作是一个符号，就不应当提出上述对自我本质盖棺论定的结论。因为符号自我内心的超越性，下一刻它很可能就会变得与之前不同，于是相应的问题就应当追问：自我可能是什么？符号自我存在的可能性不是存在于苦思冥想的基础上，恰恰在于把内心的想法和观念付诸实际行动，在实际行动中确认自我的存在。针对笛卡尔的"我思故我在"，米德就表达了与之相对的"我行动故我在"的实用主义观念。

把自我看作社会交往关系中的符号，要同时反对向下还原与向上还原的自我论。每一个符号自我都具有相同的三元模式，这意味着每一个符号自我都具有本质上的平等，不应当以出身或身份来对符号自我作各种限定。在身份平等的基础上，每一个符号自我都获得了表达意见以及实施行为的自由，当然自由的获得是建立在道德责任的基础上的，以不损害他人的利益为普遍原则。

在社会交往行为中，符号自我作为意义的生产者和解释者，置于行为的中心，任何外在的符号规则或道德准则都属于外在的符号领域，它们都是由社会中的符号自我基于社会契约基础上共同制定的，并且将其作为共同遵守的普遍表意规则。在一个多元化的社会中，存在多个功能分化的社会子系统或具有文化差异的社群，符号自我为了保持自身的超越性和独立性，置身于不同的社会子系统或文化社群，这使得符号自我呈现出多元的特征和丰富的差异性。

因此米德的符号自我是一种开放的自我观，从社会进化的层面来说，语言符号的获得意味着社会性的自我形成，这时人就成为符号的创造者，并且拥有决定自我命运的主体性和选择自由。但是正如我们在文中所强调过的，米德强调自我的社会性。这意味着符号自我的各种本质特征只有置于社会中才能显现出来，因此一个开放的社会形态同样至关重要。莫里斯认为："我们

---

① 恩斯特·卡西尔：《人论》，甘阳译，上海：上海译文出版社，1985年版，第28页。

有自由来设计文化的新形式，假如我们向往一个有自主性的个人世界，我们就必须准备那些培养和扶植有创造性的个人的社会条件。"①

变革的因素融入社会本身的形式之中并且以制度化的形式得到保障，这就是米德所表述的开放的社会形态。它为符号自我的意见表达或权利获得提供了一个公共讨论的平台，任何人的声音或观点都不会遭到歧视、讽刺或者暴力的压制，它鼓励人们公开地表达自我的个性自由。同时，它并不为社会中人们指定某种明确的方向或路线，也不试图将人们塑造成具有相同思维或行为方式的社会个体。

而在封闭的社会形态中，将自我压制在个人权力或集体权力可操控的范围之内，用某种单一化的教条形式把自我塑造成符号的接受者，而不允许自我成为符号的解释者和创造者。社会文化中各种意义的传达和沟通被压制，自我在社会中的位置缺席，将会导致病态或残缺的社会人格。与开放社会中的开放自我相比，凸显的是封闭社会形态表现出的"历史决定论"②和"整体乌托邦工程"③的贫困。

---

① C. W. 莫里斯：《开放的自我》，定扬译，上海：上海人民出版社，1987 年版，第 43 页。
② "历史决定论"宣扬社会科学的任务是能够揭示社会进化规律以便预见社会的未来，卡尔·波普尔作为反历史决定论者，提出了反驳历史决定论的五个命题：①人类历史的进程受人类知识增长的强烈影响；②我们不可能用科学方法来预测科学知识的增长；③所以，我们不能预测人类历史的未来进程；④这就是说，没有一种科学的历史发展理论能作为预测历史的根据；⑤所以，历史决定论不能成立。参见卡尔·波普尔：《历史决定论的贫困》，杜汝楫、邱仁宗译，上海：上海人民出版社，2009 年版，中文版序言。
③ "整体乌托邦工程"是卡尔·波普尔在《开放社会及其敌人》以及《历史决定论的贫困》中着重反对的社会思潮，它同属于历史决定论的范畴，"它的目的在于按照一个确定的计划或蓝图来改造整个社会"。常常与历史决定论的意识形态联合在一起，将社会个体的权益根植在国家、公共集体的名义下，从而否定独立自主的自我观念。参见卡尔·波普尔：《开放社会及其敌人》，郑一明等译，北京：中国社会科学出版社，1999 年版。

参 考 文 献

中文文献

[1] 阿克塞尔·霍耐特. 为承认而斗争[M]. 胡继华, 译. 上海: 上海人民出版社, 2005.

[2] 埃罗·塔拉斯蒂. 存在符号学[M]. 魏全凤, 颜小芳, 译. 成都: 四川教育出版社, 2012.

[3] 爱德华·萨皮尔. 语言论[M]. 陆卓元, 译. 北京: 商务印书馆, 1985.

[4] 艾柯. 符号学与语言哲学[M]. 王天清, 译. 天津: 百花文艺出版社, 2006.

[5] 奥古斯丁. 忏悔录[M]. 周士良, 译. 北京：商务印书馆，1963.

[6] 柏拉图. 蒂迈欧篇[M]. 谢文郁, 译. 上海: 上海人民出版社, 2005.

[7] 查尔斯·达尔文. 人类的由来[M]. 潘光旦, 胡寿文, 译. 北京: 商务印书馆, 1997.

[8] 查尔斯·泰勒. 自我的根源: 现代认同的形成[M]. 韩震, 译. 南京: 译林出版社, 2001.

[9] 迪尔凯姆. 社会分工论[M]. 渠东, 译. 北京: 读书·生活·新知三联书店, 2000.

[10] 迪尔凯姆. 宗教生活的基本形式[M]. 渠敬东, 汲喆, 译. 上海: 上海人民出版社, 2006.

[11] 丹尼尔·丹尼特. 意识的解释[M]. 苏德超, 译. 北京: 北京理工大学出版社, 2008.

[12] 弗洛伊德. 图腾与禁忌[M]. 文良文化, 译. 北京: 中央编译出版社, 2005.

[13] 哈贝马斯. 交往行动理论(第一卷): 行动的合理性和社会合理化[M]. 洪佩郁, 蔺青, 译.重庆: 重庆出版社, 1994.

[14] 哈贝马斯. 交往行动理论（第二卷）：论功能主义理性批判[M]. 洪佩郁, 蔺菁, 译. 重庆:重庆出版社, 1994.

[15] 海德格尔. 存在与时间[M]. 陈嘉映, 王庆节, 译. 北京：读书·生活·新知三联书店, 2006.

[16] 黑格尔. 精神现象学[M]. 贺麟, 王玖兴, 译. 北京：商务印书馆, 1979.

[17] 洪堡特. 语言与人类精神[M]. 钱敏汝, 译. 北京：北京师范大学出版社, 1997.

[18] 伽达默尔. 真理与方法：哲学诠释学的基本特征[M]. 洪汉鼎, 译. 上海：上海译文出版社, 1999.

[19] 杰里米·边沁. 道德与立法原理导论[M]. 时殷弘, 译. 北京：商务印书馆, 2000.

[20] 卡西尔. 人论[M]. 甘阳, 译. 上海：上海译文出版社, 1985.

[21] 康德. 道德形而上学原理[M]. 苗力田, 译. 上海：上海人民出版社, 1986.

[22] 康德. 纯粹理性批判[M]. 韦卓民, 译. 武汉：华中师范大学出版社, 2004.

[23] 卡尔·波普尔. 开放社会及其敌人[M]. 郑一明, 译. 北京：中国社会科学出版社, 1999.

[24] 科尼利斯·瓦尔. 皮尔斯[M]. 郝长墀, 译. 北京：中华书局, 2003.

[25] 克里斯蒂娃. 反抗的未来[M]. 黄晞耘, 译. 桂林：广西师范大学出版社, 2007.

[26] 库利. 人类本性与社会秩序[M]. 包凡一, 王源, 译. 北京：华夏出版社, 1987.

[27] 利科. 活的隐喻[M]. 汪堂家, 译. 上海：上海人民出版社, 2004.

[28] 列维-斯特劳斯. 结构人类学[M]. 俞宣孟, 译. 上海：上海译文出版社, 1999.

[29] 勒内·笛卡尔. 第一哲学沉思集[M]. 庞景仁, 译. 北京：商务印书馆, 1986.

[30] 雷蒙德·威廉斯. 关键词：文化与社会的词汇[M]. 刘建基, 译. 北京：读书·生活·新知三联书店, 2005.

[31] 卢梭. 社会契约论 [M]. 李平沤, 译. 北京：商务印书馆, 2012.

[32] 罗兰·巴尔特. 符号学原理: 结构主义文学理论文选[M]. 李幼蒸, 译. 北京: 读书·生活·新知三联书店, 1988.

[33] 罗素. 宗教与科学[M]. 徐奕春, 林国夫, 译. 北京: 商务印书馆, 1982.

[34] 罗蒂. 后哲学文化[M]. 黄勇, 译. 上海: 上海译文出版社, 2004.

[35] 玛丽·道格拉斯. 洁净与危险[M]. 黄剑波, 译. 北京: 民族出版社, 2008.

[36] 麦金太尔. 追寻美德[M]. 宋继杰, 译. 南京: 译林出版社, 2003.

[37] 曼海姆. 意识形态与乌托邦[M]. 黎鸣, 李书崇, 译. 北京: 商务印书馆, 2000.

[38] 梅洛-庞蒂. 知觉现象学[M]. 姜志辉, 译. 北京: 商务印书馆, 2001.

[39] 尼古拉斯·卢曼. 社会中的艺术[M]. 张锦惠, 译. 台北: 五南图书出版股份有限公司, 2009.

[40] 米德. 心灵、自我与社会[M]. 赵月瑟, 译. 上海: 上海译文出版社, 2008.

[41] 米德. 十九世纪的思想运动[M]. 陈虎平, 刘芳念, 译. 北京: 中国城市出版社, 2003.

[42] 米德. 现在的哲学[M]. 李猛, 译. 上海: 上海人民出版社, 2003.

[43] 莫里斯. 符号、语言和行为[M]. 罗兰, 周易, 译. 上海: 上海人民出版社, 2011.

[44] 莫里斯. 开放的自我[M]. 定扬, 译. 上海: 上海人民出版社, 2010.

[45] 莫里斯. 莫里斯文选[M]. 涂纪亮, 译. 北京: 社会科学文献出版社, 2007.

[46] 倪梁康. 自识与反思[M]. 北京: 商务印书馆, 2002.

[47] 欧文·戈夫曼. 日常生活中的自我呈现[M]. 冯钢, 译. 北京: 北京大学出版社, 2008.

[48] 帕特里克·贝尔特. 时间、自我与社会存在[M]. 陈生梅, 摆玉萍, 译. 北京: 北京师范大学出版社, 2009.

[49] 齐泽克. 图绘意识形态[M]. 方杰, 译. 南京: 南京大学出版社, 2002.

[50] 约翰·塞尔. 心灵、语言和社会: 实在世界中的哲学[M]. 李步楼, 译. 上海: 上海译文出版社, 2001.

[51] S E 斯通普夫, J 菲泽. 西方哲学史: 从苏格拉底到萨特及其后[M]. 匡宏, 邓晓芒, 译. 北京: 世界图书出版公司, 2009.

[52] 索绪尔. 普通语言学教程[M]. 高明凯, 译. 北京: 商务印书馆, 1999.

[53] 特伦斯·霍克斯. 结构主义和符号学[M]. 瞿铁鹏, 译. 上海: 上海译文出版社, 1987.

[54] 塔尔德. 模仿律[M]. 何道宽, 译. 北京: 中国人民大学出版社, 2008.

[55] 威廉·詹姆斯. 詹姆斯文选[M]. 万俊人, 陈亚军, 译. 北京: 社会科学文献出版社, 2007.

[56] 威尔·金里卡. 自由主义、社群与文化[M]. 应奇, 葛水林, 译. 上海: 上海译文出版社, 2005.

[57] W C 丹皮尔. 科学史: 及其与宗教和哲学的关系[M]. 李珩, 译. 北京: 商务印书馆, 1997.

[58] 雅克·德里达. 多重立场[M]. 佘碧平, 译. 北京: 读书·生活·新知三联书店, 2004.

[59] 约翰·杜威. 确定性的追寻: 关于行知关系的研究[M]. 傅统先, 译. 上海: 上海人民出版社, 2005.

[60] 威廉·冯特. 人类与动物心理学讲义[M]. 叶浩生, 贾林祥, 译. 西安: 陕西人民出版社, 2003.

[61] 约翰·菲斯克. 传播研究导论: 过程与符号[M]. 许静, 译. 北京: 北京大学出版社, 2008.

[62] 约翰·华生. 行为主义[M]. 李维, 译. 杭州: 浙江教育出版社, 1998.

[63] 赵毅衡. 符号学: 原理与推演[M]. 南京: 南京大学出版社, 2011.

[64] 包国祥. 传统时间观的奠基: 柏拉图和亚里士多德[J]. 哲学研究, 2011(5): 61-65.

[65] 陈亚军. 心灵存在何以可能?——杜威-米德的心灵发生学探讨[J]. 文史哲, 2006(6): 126-132.

[66] 陈岩, 汪新建. 米德"符号互动论"思想的新诠释[J]. 南开学报, 2010(3): 135-140.

[67] 冯月季. 符号自我: 对社群主义与新自由主义自我观的一种修正[J]. 学术交流, 2017(10): 68-73.

[68] 冯月季. 符号与价值: 价值研究的符号学考察[J]. 符号与传媒, 2016(1): 183-191.

[69] 冯月季. 论米德的符号与符号自我理论[J]. 理论界, 2017(1): 21-27.

[70] 冯月季. 社会交往理性：米德的语言符号理论研究[J]. 重庆交通大学学报, 2017(3): 123-129.

[71] 冯月季. 言语行为理论：米德与牛津学派的比较研究[J]. 重庆工商大学学报, 2017(4): 122-128.

[72] 冯月季. 从政治化到世俗化：意识形态研究的符号学转向[J]. 符号与传媒, 2016(1): 153-160.

[73] 冯月季. 实用主义哲学的传播观念：从皮尔斯到罗蒂[J]. 关东学刊, 2016(4): 58-65.

[74] 付宗国, 张爱玲. 米德的符号互动自我理论初探[J]. 山东师范大学学报, 1995(2): 65-69.

[75] 黄晓京. 符号互动理论——库利、米德、布鲁默[J]. 国外社会科学, 1984(12): 56-59.

[76] 黄爱华. 米德自我理论的来龙去脉及其要义综析[J]. 社会学研究, 1989(1): 112-118.

[77] 李美辉. 米德的自我理论述评[J]. 兰州学刊, 2005(4): 66-69.

[78] 汪新建 俞容龄. 米德社会行为理论的经验论证[J]. 山西大学学报, 2009(6): 10-14.

英文文献

[1] Andrew J Reck. Selected Writtings: George Herbert Mead[C]. Chicago: University of Chicago Press, 1964.

[2] Anselm Strauss. The Social Psychology of George Herbert Mead[M]. Chicago: University of Chicago Press, 1956.

[3] C Weiss P Hartshorne. Collected Papers of Charles Sanders Peirce[C]. Cambridge: Harvard University Press, 1998.

[4] David L. George Herbert Mead: Self, Language, and the World[M]. Austin: University of Texas Press, 1973.

[5] David L Miller. The Individual and the Social Self: Unpublished Work of George Herbert Mead[C]. Chicago: University of Chicago Press, 1982.

[6] Darnel Rucker. The Chicago Pragmatists[M]. Minnesota: University of Minnesota Press, 1969.

[7] Gary A Cook. George Herbert Mead: The Making of Social Pragmatist[M]. Illinois: University of Illinois Press, 1993.

[8] George Lakoff. Metaphor and Thought[M]. Cambridge: University of Cambridge Press, 1993.

[9] Theo Van Leeuwen. Introducing Social Semiotics[M]. London: Routledge Press, 2005.

[10] George Herbert Mead. Mind, Self and Society[M]. Chicago: University of Chicago Press, 1934.

[11] George Herbert Mead. Movements of Thought in the Nineteen Century[M] Chicago: University of Chicago Press, 1936.

[12] George Herbert Mead. The Philosophy of the Act[M]. Chicago: University of Chicago Press, 1938.

[13] George Herbert Mead. The Philosophy of the Present[M]. London: The Open Court Publishing Company, 1932.

[14] Herbert Blumer. Symbolic Interactionism: Perspective and Method[M]. California: University of California Press, 1969.

[15] Hans Joas. George Herbert Mead: A Contemporary Re-examination of His Thought[M]. Boston: The MIT Press, 1997.

[16] H P Rickman. Wilhelm Dilthey: Pioneer of the Human Studies[M]. Los Angeles: University of California Press, 1979.

[17] Justus Buchler. Philosophical Writings of Peirce[M]. New York: Dover Publications, Inc., 1955.

[18] L J Austin. How to Do Things with Words[M]. Beijing: Foreign Language Teaching and Research Press, 2002.

[19] Mary J Deegan. George Herbert Mead's Essays in Social Psychology[M]. New Brunswick: Transations Publishers, 2001.

[20] M A K Halliday. Language as Social Semiotic: The Social Interpretation of Language and Meaning[M]. Beijing: Foreign Language Teaching and

Research Press, 2001.

[21] Mike Hawkins. Social Darwinism in European and American Thought, 1860—1945[M]. London: Cambridge University Press, 1997.

[22] Mitchell Aboulafia. Philosophy, Social Theory, and the Thought of George Herbert Mead[M]. New York: University of New York Press, 1991.

[23] Pete A Y Gunter. Creativity in George Herbert Mead[M]. Lanham: University Press of America, Inc., 1990.

[24] Philip J Kain. Hegel and the Other: A Study of the Phenomenology of Spirit[M]. Albany: State of University of New York Press, 2005.

[25] Raymond Williams. Marxism and Literature[M]. London: Oxford University Press, 1977.

[26] Robert Williams. Hegel's Ethics of Recognition[M]. Berkeley and Los Angeles: University of California Press, 1997.

[27] Roland Barthes. Mythologies[M]. New York: The Noonday Press, 1991.

[28] R G Collingwood. The Idea of Nature[M]. Oxford: The Clarendon Press, 1945.

[29] Thomas J. Morrione. George Herbert Mead and Human Conduct[M]. New York: Altamira Press, 2004.

[30] Terry Eagleton. Ideology: An Introduction[M]. London: The Verso Press, 1991.

[31] Vincent M Colapietro. Peirce's Approach to the Self: A Semiotic Perspective on Human Subjectivity[M]. Albany: University of New York Press, 1989.

[32] William James. The Principles of Psychology[M]. New York: Cosimo Inc, 2007.